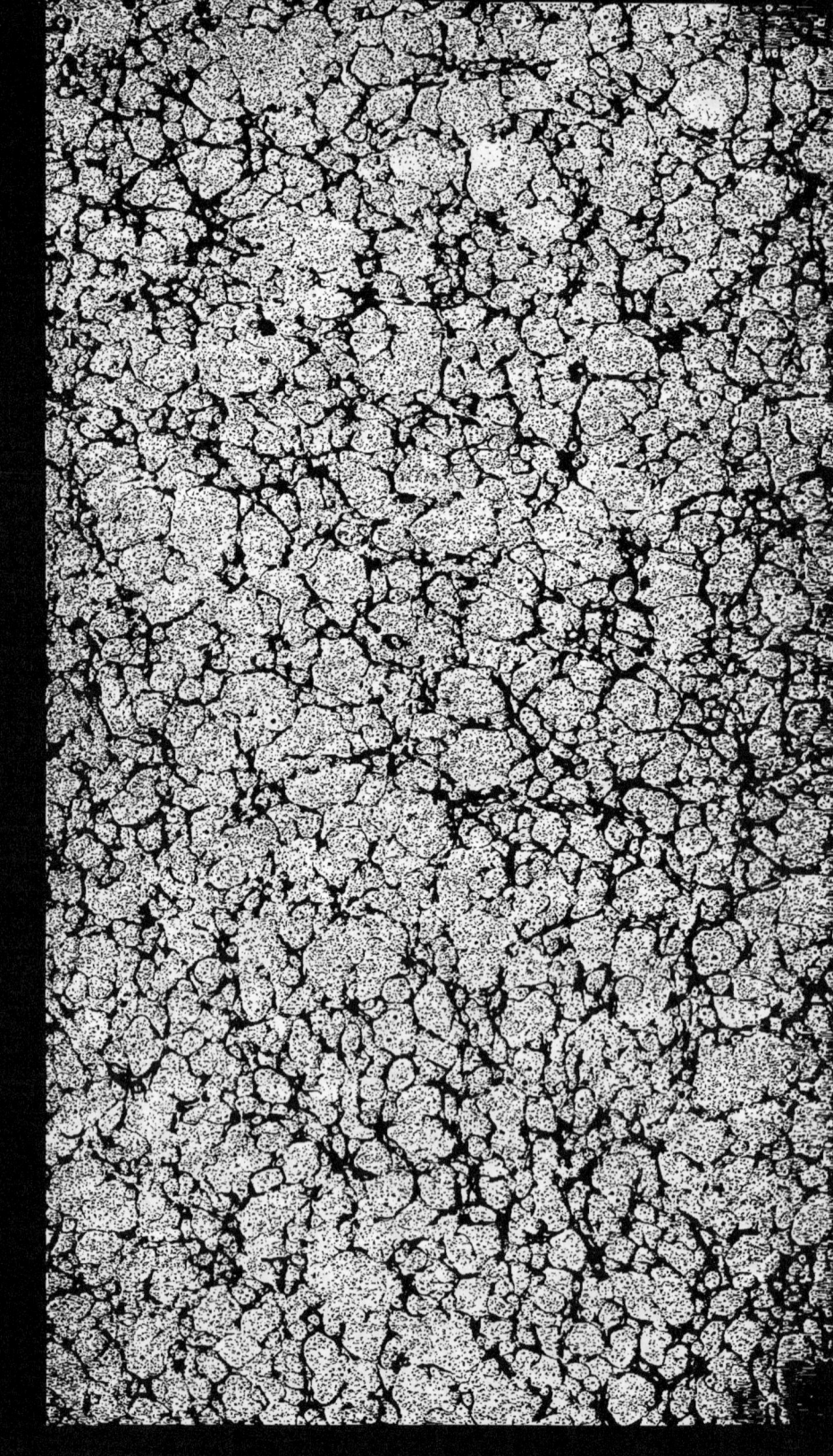

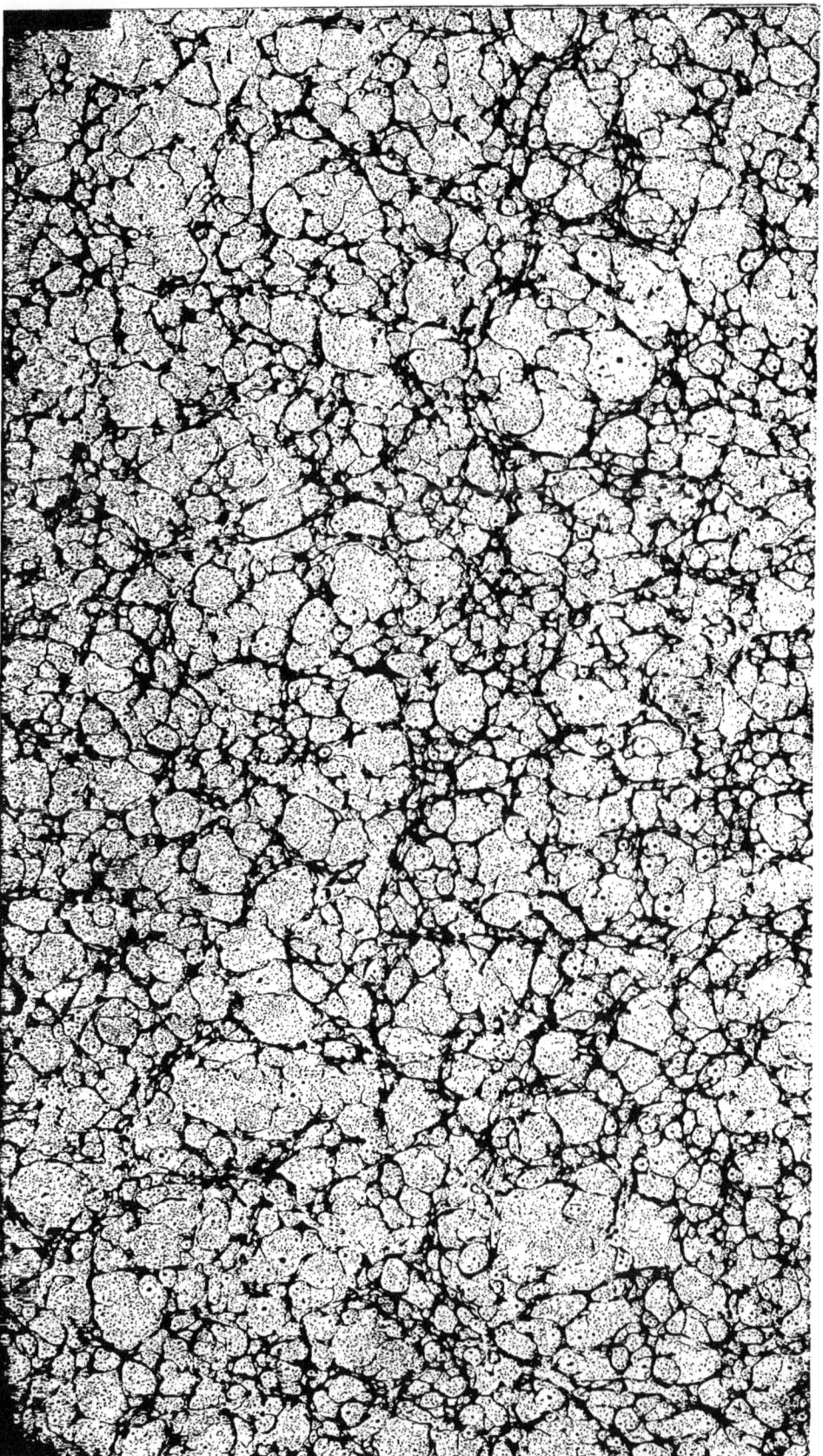

MÉMOIRES

SUR LA

REINE HORTENSE

Paris. — Imprimerie Dupray de la Mahérie
26, boulevard Bonne-Nouvelle (Impasse des Filles-Dieu, 5. — 24

HORTENSE

MÉMOIRES

SUR LA

REINE HORTENSE

MÈRE DE NAPOLÉON III

PARIS

LIBRAIRIE PARISIENNE

DUPRAY DE LA MAHÉRIE, ÉDITEUR

14, RUE D'ENGHIEN, 14

1863

(Tous droits réservés)

MÉMOIRES

sur

LA REINE HORTENSE

CHAPITRE I.

JOURS D'ENFANCE.

Un grand poëte Allemand a dit « qu'un moment
» de bonheur n'est pas payé trop cher, même au
» prix de la mort, » mais une longue vie de tortures
et de douleurs est une compensation trop forte pour
un court instant de félicité. Pour Hortense Beauharnais, fille d'une Impératrice et mère d'un
Empereur, il est difficile de dire à quelle époque
elle a connu cet instant de bonheur qui devait
compenser une vie entière de souffrances. Elle

pleura beaucoup et souffrit beaucoup; dès sa plus tendre jeunesse, elle apprit à connaître les larmes et le malheur; dans la suite, l'infortune n'épargna ni la jeune fille, ni l'épouse, ni la mère.

Hortense est celle de toutes les femmes de la famille de Napoléon qui excite le plus de sympathies. Cette reine, à la fois délicate et altière, lorsqu'elle descendit du trône, quand elle cessa d'être reine douce et résignée, quand, épuisée par les chagrins et fatiguée de la vie, elle trouva un refuge dans la tombe, resta encore parmi nous comme reine des fleurs. Les fleurs ont conservé le souvenir de la fille de Joséphine, et on ne les vit pas se détourner d'elle, comme tant de ses amis, lorsqu'elle ne fut plus la fille d'un tout-puissant Empereur, mais d'un exilé. Elle continue à vivre parmi elles, et Grandville, le grand poëte des fleurs, a élevé un monument des plus touchants à leur reine dans ses *fleurs animées*. Sur un parterre d'Hortensias on voit le portrait de la Reine Hortense, et dans le lointain, comme dans un nuage qui disparaît, on découvre les dômes et les tours de Paris. La solitude règne partout, mais dans l'air plane l'Aigle Impériale. Le manteau Impérial avec ses abeilles d'or s'étend derrière le noble oiseau comme la queue d'une comète, le ruban rouge et la croix de la Légion-d'Honneur sont attachés à son cou, et dans son bec il porte un rameau richement fleuri de Couronne Impériale.

La Reine de Hollande a connu toutes les grandeurs

et toutes les magnificences de la terre, et elle les a
vues toutes se réduire en poussière. Mais, non, pas
toutes, ses chants et ses poésies ont survécu, car le
génie n'a pas besoin de couronne pour être immortel.
Quand Hortense cessa d'être reine par la grâce de
Napoléon, elle resta poëte par la grâce de Dieu. Ses
poëmes sont charmants et gracieux, pleins de tendresse et d'accents profonds et passionnés qui, cependant, ne dépassent jamais les limites de la délicatesse
féminine, et toutes ses compositions musicales sont
agréables et mélodieuses. Qui ne connaît la romance
Partant pour la Syrie, dont Hortense composa les
vers et la musique, et que plus tard, sur le désir
de Napoléon, elle arrangea en marche militaire.
C'est au son de cette marche que nos soldats quittèrent un jour la France pour porter jusqu'en Russie
les Aigles Impériales, et c'est au son de la même
marche que, récemment encore, ils ont envahi de
nouveau la Russie, et fait la glorieuse campagne
d'Italie.

La romance d'Hortense lui a survécu. D'abord le
monde entier la chanta à haute voix et gaiement,
et quand les Bourbons furent revenus, les soldats,
blessés et hors de combat, la fredonnaient doucement
aux Invalides, tout en s'entretenant, entre eux et à
voix basse, de la gloire de la France. Aujourd'hui ce
chant fait encore retentir tous les échos; il s'élève
fièrement jusqu'au faîte de la colonne Vendôme, et
la figure de bronze de l'Empereur semble sourire.
Ce chant a maintenant une signification sacrée pour

la France, c'est l'hymne d'une religion devant laquelle elle désire s'agenouiller et rendre hommage : la religion des souvenirs. Et *Partant pour la Syrie*, que la France chante aujourd'hui, vibre sur la tombe de la Reine Hortense, comme des salves funèbres sur la tombe d'un brave guerrier.

L'infortunée et charmante Reine eut à soutenir une lutte terrible ; mais elle eut constamment et conserva toujours le courage, particulier aux femmes, de sourire à travers ses larmes. Son père mourut sur l'échafaud ; sa mère, Impératrice deux fois détrônée, de douleur ; son beau-père sur un rocher solitaire. Exilés et repoussés, tous ces rois et ces reines sans couronnes, durent errer çà et là, bannis de leurs foyers, et obtenant à peine un peu de pitié de ceux auxquels ils avaient témoigné tant de commisération, et un coin de terre où ils pussent vivre dans la retraite, loin du tourbillon du monde, méditant sur leurs grands souvenirs et leurs grandes douleurs. Leur passé restait derrière eux comme un éblouissant conte de fées, auquel personne ne voulait plus croire, et le présent semblait agréable aux nations, puisqu'il leur permettait d'irriter et de torturer la famille détrônée de Napoléon.

Et pourtant, en dépit de toutes ces douleurs et de toutes ces humiliations, la Reine Hortense eut le courage de ne pas haïr l'humanité, et d'apprendre à ses enfants à aimer leurs semblables et à les traiter avec bonté. Le cœur de la reine détrônée saignait par mille blessures ; mais elle ne le laissa ni se cica-

triser, ni s'endurcir sous les rudes coups de la douleur.
Elle aimait ses souffrances et ses blessures, et les
conservait béantes avec ses larmes ; mais souffrir
d'une manière si terrible la rendit compatissante aux
souffrances des autres et désireuse de chercher à
apaiser leur chagrin. Depuis lors sa vie fut une suite
incessante de bontés, et quand elle mourut, elle put
dire d'elle-même ce qu'avait dit sa mère, l'Impératrice Joséphine : « J'ai beaucoup pleuré, mais je n'ai
jamais fait pleurer personne. »

Hortense était la fille du Vicomte de Beauharnais,
qui, malgré le désir de sa famille, avait épousé une
jeune créole, Mademoiselle Tascher de la Pagerie.
Cette union, quoiqu'elle fût un mariage d'amour, ne
fut pas heureuse, car tous deux étaient jeunes et
sans expérience, passionnés et jaloux, et tous deux
manquaient de la force de caractère et de l'énergie
nécessaires pour dompter l'impétuosité de leur nature
et les assouplir au calme du mariage.

Le Vicomte était trop jeune pour devenir pour
Joséphine autre chose qu'un mari aimant et tendre ;
il ne pouvait pas être son guide et son ami, dans la
route difficile de la vie ; et Joséphine était trop
inexpérimentée, trop candide, et trop enjouée, pour
éviter les inconséquences dont ses ennemis se ser-
virent contre elle comme d'une arme, en les déna-
turant et en les changeant en calomnies.

Aussi arriva-t-il que le bonheur domestique du jeune couple fut bientôt troublé par de violents orages. Joséphine était trop charmante et trop belle pour ne pas exciter l'attention et l'admiration, et elle n'était pas encore assez expérimentée pour cacher sa satisfaction de se voir ainsi admirée, ni assez prudente pour éviter de soulever une telle admiration. Dans la sincérité et l'innocence de son cœur, elle croyait impossible que son mari ressentît la moindre contrariété ou le moindre soupçon de sa coquetterie enjouée; et elle pensait qu'il devait avoir une confiance aveugle en sa fidélité. Son orgueil se révoltait donc contre la méfiance de son mari, de même que la jalousie de celui-ci s'enflammait devant sa légèreté apparente, et quoique sincèrement attachés l'un à l'autre, ils auraient probablemeut rompu leur union, si leurs enfants n'avaient pas été un lien qui les retenait ensemble.

Ces enfants étaient un garçon, Eugène, et une fille, Hortense, qui était de quatre ans plus jeune que son frère. Le père et la mère aimaient passionnément ces enfants, et toutes les fois qu'une querelle avait lieu en leur présence, un mot enfantin d'Eugène ou une caresse d'Hortense venait effectuer une réconciliation entre leurs parents, dont la colère n'était autre chose que de l'amour irrité.

Mais ces orages matrimoniaux devenaient de plus en plus violents avec le temps, et malheureusement Hortense était restée seule pour réconcilier ses mal-

heureux parents dans ces occasions. Eugène, à l'âge
de sept ans, avait été envoyé en pension, et la petite
Hortense, qui n'était plus aidée par son frère, commença à ne plus être à la hauteur de la tâche de
calmer les tempêtes, sans cesse renaissantes, qui
s'élevaient entre son père et sa mère. Intimidée par
la violence de ces querelles domestiques, elle s'en-
fuyait dans quelque coin retiré de la maison pour
pleurer sur un malheur dont la grandeur ne pouvait
encore être appréciée par son cœur enfantin.

Durant cette triste et orageuse période de sa vie,
Joséphine reçut une lettre de la Martinique dans
laquelle madame Tascher de la Pagerie décrivait
son isolement dans une maison dont personne ne
partageait avec elle les énormes dépendances, si ce
n'est des serviteurs et des esclaves, et elle parlait
avec effroi du changement qui s'était opéré dans la
conduite de ces derniers. Elle priait en outre sa fille
de revenir près d'elle, pour égayer par sa présence
les dernières années de la vie de sa mère.

Joséphine regarda cette lettre comme un ordre
du ciel. Fatiguée des discordes domestiques, et déterminée à y échapper pour toujours, elle quitta
la France, avec sa fille, pour chercher de l'autre
côté de l'Océan, dans les bras de sa mère, le bonheur d'une vie paisible.

Mais, à cette époque, la paix semblait avoir disparu
du globe. Des orages s'amoncelaient de tous côtés,
et un terrible pressentiment de danger imminent,
d'horreurs prochaines, semblait planer sur la race

humaine. Cela ressemblait aux sourds grondements
du tonnerre qui ébranlent les entrailles de la terre
quand le cratère est près de donner passage à une
éruption volcanique, et d'ensevelir sous des flots de
la lave brûlante tout ce qui l'environne. Et le cratère vomit au loin ses flammes, répandant partout
la destruction et la mort, et emportant des nations
entières de la surface de la terre. C'était la Révolution.

La première et la plus effrayante explosion de ce
terrible volcan eut lieu en France, mais ces effets
ne se firent pas sentir que dans ce pays. Toute la
terre trembla et sembla menacée de destruction par
la sauvage matière volcanique qui était en ébulli-
tion sous sa surface. La Martinique ressentit également le tremblement moral qui venait de produire
en France le plus hideux de tous les instruments
de la Révolution, la guillotine. La guillotine était
devenue l'autel de ce qu'on appelait la liberté nationale, sur lequel la fureur folle et fanatique du
peuple sacrifiait à ses nouvelles idoles ceux qui
avaient été jusqu'à ce moment ses maîtres et sei-
gneurs, et par la mort desquels il pensait acquérir
son éternelle liberté.

Liberté, Egalité, Fraternité! tel était le cri de
guerre de ce peuple ivre et altéré de sang. Ces mots
étaient écrits, comme s'ils l'eussent été dans un
esprit de cruelle moquerie, en lettres de sang sur la
guillotine, et voyaient la chute du sanglant couteau
au moment où il tombait pour couper les têtes des

aristocrates, qui, en dépit des principes exprimés par ces trois mots, n'étaient pas admis à jouir de la liberté de penser et de vivre, ni reconnus comme frères.

La fureur révolutionnaire de la France avait passé jusqu'à la Martinique. Elle avait réveillé les esclaves de cette colonie de leur sombre obéissance, et les avait armés contre leurs maîtres. Ils étaient résolus à avoir leur part de cette liberté, de cette égalité et de cette fraternité qui venaient d'être proclamées; mais la torche incendiaire qui était lancée dans la maison des planteurs blancs était une terrible lueur pour souhaiter la bien-venue à la liberté nouvellement née.

La maison de Madame de la Pagerie fut brûlée comme celle de beaucoup d'autres.

Une nuit, Joséphine fut réveillée en sursaut par la livide lueur des flammes, qui avait tout à coup pénétré dans sa chambre à coucher. Elle sauta à bas de son lit en poussant un cri de désespoir, et saisissant Hortense, qui dormait paisiblement à côté d'elle, elle se précipita hors de la maison incendiée, et, avec le courage désespéré d'une mère, elle se fraya un passage à travers la foule de soldats et de nègres qui se battaient et emplissaient la cour. Vêtue seulement d'une légère robe de nuit, elle courut au port, où le capitaine d'un vaisseau, au moment où il mettait le pied dans sa chaloupe pour retourner à bord de son navire, aperçut la jeune femme avec son enfant qu'elle pressait sur son sein.

juste comme elle tombait épuisée de peur et de fatigue sur la plage. Ému de compassion, il se hâta
de la secourir, et relevant la mère et l'enfant, il les
porta à son canot, qui quitta immédiatement la
terre et conduisit son précieux fardeau à bord du
bâtiment marchand.

Le navire fut bientôt atteint, et Joséphine, serrant
son enfant sur son cœur, et heureuse de l'idée d'avoir
sauvé ce qu'elle avait de plus cher, grimpa à
l'échelle vertigineuse. Toutes ses pensées étaient
encore dirigées vers l'enfant, et ce ne fut que lorsque
Hortense eut été mise en sûreté dans la cabine, que
Joséphine remarqua combien elle était légèrement
vêtue. Quand la mère eut accompli son devoir, la
femme retrouva tous ses sentiments de pudeur, et
elle regarda craintivement et modestement autour
d'elle. A moitié vêtue d'une robe de nuit légère et
flottante, le col et le sein à peine couverts, si ce
n'est par sa longue chevelure flottante, qui l'entourait comme d'un épais voile noir, la jeune Vicomtesse de Beauharnais s'aperçut qu'elle attirait
les regards indiscrets de l'équipage et des pas-
sagers.

Quelques dames qui se trouvaient à bord pour-
vurent à ses besoins avec bonté, et à peine sa toilette
était-elle achevée, que Joséphine demanda à être
ramenée à terre, où elle voulait s'informer du sort
qui avait été réservé à sa mère. Le capitaine du
navire refusa d'exaucer ses vœux, de peur que la
jeune femme ne tombât dans les mains des nègres

révoltés, dont on pouvait distinctement entendre les cris hideux. Toute la côte, aussi loin que la vue pouvait atteindre, paraissait en feu, et ressemblait à une seconde mer, à une mer de flammes, dont les vagues furieuses lançaient au loin des colonnes de feu en se heurtant les unes contre les autres. C'était une scène horrible à contempler; et Joséphine, incapable d'y assister plus longtemps, chercha un refuge dans la cabine, où, s'agenouillant à côté de sa fille toute tremblante, elle pria Dieu avec ferveur d'avoir pitié de sa pauvre mère.

Après que le navire eût pris le large, Joséphine remonta de nouveau sur le pont, et regarda encore une fois la maison sous le toit de laquelle elle avait passé les jours de son enfance, et qui s'écroulait alors rapidement sous la fureur des flammes. Comme elle devenait de plus en plus petite à mesure que la distance augmentait, et que finalement elle disparut tout à fait, Joséphine sentit que l'étoile de sa jeunesse venait de s'évanouir, qu'elle venait de terminer une première existence, existence de doux rêves et de cruels désappointements, et qu'elle en commençait une seconde avec des idées et des sentiments bien différents. Le passé, comme le vaisseau de Cortez, avait été détruit par le feu, mais les flammes qui le dévoraient semblaient en ce moment projeter une lueur magique sur l'avenir. Tandis que Joséphine regardait disparaître les rives de son île natale, elle se rappela les paroles d'une vieille négresse qui, peu de jours auparavant, lui avait murmuré une étrange prophétie à l'oreille.

— Tu retourneras en France, — lui avait-elle dit, — et bientôt tu verras ce pays à tes pieds. Tu deviendras reine... même plus qu'une reine!

CHAPITRE II.

LA PROPHÉTIE.

Ce fut vers la fin de 1790 que Joséphine arriva à Paris avec sa fille Hortense; elle se logea dans un modeste hôtel. Elle apprit bientôt après que sa mère avait été sauvée, et que la tranquillité avait été rétablie à la Martinique. En France, cependant, la Révolution continuait avec une fureur toujours croissante, et la guillotine et le drapeau rouge de la Terreur étendaient leur ombre sanglante sur Paris. La crainte et l'effroi s'étaient emparés de tous les cœurs; personne ne pouvait dire le soir s'il serait libre le lendemain matin, et s'il vivrait jusqu'au coucher du soleil. La mort veillait à chaque porte, et trouvait de nombreuses victimes dans chaque maison, presque dans chaque famille. Au milieu de telles horreurs, Joséphine oublia les querelles et les humiliations du passé; son ancien amour pour son mari se réveilla, et, comme elle n'était pas sûre de vivre le lendemain, elle désira employer le moment présent à se réconcilier avec son mari, et à embrasser encore une fois son fils.

Mais toutes les tentatives pour aboutir à cette ré-
concialiation semblaient devoir être inutiles. Le
vicomte avait regardé son départ pour la Martinique
comme une telle insulte, comme un acte de cruauté
si délibérée, qu'il paraissait ne jamais plus vouloir
rouvrir les bras à son épouse. Quelques bons amis
des jeunes gens, finirent enfin par amener une entrevue, quoique sans consulter M. de Beauharnais.
Sa colère fut par conséquent très-grande, lorsque, en
entrant dans le salon du Comte de Montmorin, il se
trouva en présence de sa femme, Joséphine, qu'il
avait évitée si obstinément. Il allait quitter le salon
quand une petite fille se précipita vers lui, les bras
ouverts, en l'appelant « papa. » Le vicomte s'arrêta
tout à coup, et il ne lui fut plus possible de conserver sa colère. Il souleva la petite Hortense et la
pressa sur son cœur. Elle lui demanda innocemment
d'embrasser sa mère comme il l'avait fait pour
elle. Il regarda sa femme dont les yeux étaient
remplis de larmes et quand il vit son père s'approcher et lui dire : — « Mon fils, réconciliez-vous
avec ma fille ; je ne lui donnerais pas ce nom si elle
n'en était pas digne, » quand il vit Eugène s'élancer
dans les bras de sa mère, — il ne put résister
davantage. Tenant toujours Hortense dans ses bras,
il s'avança vers sa femme qui cacha sa figure dans
sa poitrine, en poussant un cri de joie.

La paix fut ainsi conclue, et le couple réuni s'aima
plus tendrement qu'il ne l'avait jamais fait. Il semblait que leurs querelles de ménage étaient passées,

pour ne plus revenir, et qu'à partir de ce moment rien ne devait plus les séparer. Mais la Révolution devait bientôt détruire leur récent bonheur.

Le Vicomte de Beauharnais avait été choisi par la noblesse de Blois pour la représenter aux États-Généraux, mais il avait renoncé à cet honneur pour servir son pays avec son épée au lieu de la servir par sa parole. Malgré les larmes et les prières de Joséphine, il partit pour l'armée du Nord dans laquelle il occupa le rang d'adjudant-général. L'épouse entendait dans son cœur une voix qui lui disait qu'elle ne devait plus le revoir, et cette voix ne la trompait pas. L'esprit d'anarchie et de rébellion régnait non-seulement dans le peuple, mais encore dans l'armée qui était sous son influence. Les aristo-crates, qui, à Paris, tombaient sous la hache du bour-reau, étaient regardés par les soldats avec des yeux méfiants et remplis de haine; et c'est ainsi qu'il arriva que le Vicomte de Beauharnais qui, en récompense de sa bravoure à la bataille de Soissons, avait été élevé au rang de commandant en chef, fut peu de temps après accusé par ses propres officiers d'être ennemi de son pays et hostile au nouveau régime. Il fut arrêté et envoyé prisonnier à Paris, où on le logea dans les prisons du Luxem-bourg, avec un grand nombre d'autres victimes de la Révolution.

Joséphine apprit bientôt le malheureux destin de son mari, et ces tristes événements forcèrent son dévouement et son amour à agir. Elle résolut de sauver son mari, le père de ses enfants, ou de mourrir avec lui. Sans songer au péril, elle brava tous les dangers, toutes les craintes qui auraient pu la détourner de son entreprise, et elle usa de tous les moyens en son pouvoir pour obtenir une entrevue avec son époux et lui apporter des consolations.

Mais en ce temps, on regardait même l'amour et la fidélité comme des crimes méritant la mort, et par conséquent, deux fois coupable, — d'abord, parce qu'elle était aristocrate elle-même ; et, ensuite, parce qu'elle aimait un noble, traître à sa patrie — Joséphine fut arrêtée et envoyée en prison à Sainte-Pélagie.

Eugène et Hortense pouvaient être considérés comme orphelins, car à cette époque, les prisonniers du Luxembourg et de Sainte-Pélagie ne quittaient leurs cachots que pour monter à l'échafaud. Isolés, privés de tous secours, abandonnés par ceux qui avaient été autrefois leurs amis, ces deux enfants étaient exposés à la faim et à la misère. La fortune de leurs parents avait été confisquée à l'heure même où Joséphine avait été jetée en prison, toutes les portes de leur maison avaient été mises sous les scellés, de sorte que les pauvres enfants n'avaient pas même un toit pour s'abriter. Cependant ils ne furent pas tout à fait abandonnés, car une amie de Joséphine, Madame Holstein, eut le courage de venir en aide aux malheureux enfants et de les garder chez elle.

Il était nécessaire d'agir avec précaution pour ne

pas éveiller les soupçons et la haine de ceux qui, sortis des bas-fonds de la populace, étaient devenus les gouvernants de la France, et qui teignaient la pourpre de leur pouvoir dans le sang de l'aristocratie. Un mot inconsidéré, un regard aurait suffi pour faire soupçonner Madame Holstein, et la conduire à l'échafaud. On regardait comme un crime d'adopter les enfants des traîtres; il était donc absolument nécessaire de tout faire pour éloigner les soupçons de ceux qui étaient au pouvoir. Hortense fut obligée de se joindre avec sa protectrice aux processions solennelles de chaque décade, en honneur de la République une et indivisible; mais elle ne fut jamais appelée à prendre une part active dans ces fêtes. On ne la jugeait pas digne de marcher de pair avec les filles du peuple; on ne lui pardonnait pas d'être la fille d'un vicomte, d'un ci-devant emprisonné. Eugène fut mis en apprentissage chez un menuisier, et l'on put voir souvent le fils d'un gentilhomme vêtu d'une blouse, et portant une pièce de bois sur son épaule, une scie ou un rabot sous son bras.

Pendant que les enfants passaient ainsi leur vie dans une sécurité momentanée, l'avenir de leurs parents devenait de plus en plus sombre, car ce n'était pas seulement la vie du Général de Beauharnais, mais encore celle de sa femme, qui était sérieusement menacée. Joséphine avait été transportée de la prison de Sainte-Pélagie au couvent des Carmélites, et avait ainsi fait un pas vers la guillotine. Elle ne tremblait pas pour elle-même, elle pensait seulement à ses enfants et à son mari. Elle écrivait aux premiers des lettres très-tendres, qu'elle leur faisait parvenir par un geôlier qu'elle avait gagné, mais tous ses efforts pour communiquer avec son mari furent inutiles.

Tout à coup elle reçut avis qu'il avait été conduit devant le tribunal révolutionnaire. Joséphine attendait dans une cruelle anxiété de plus amples détails. Le tribunal l'avait-il acquitté? Avait-il été condamné à mort? Etait-il libre? Etait-il délivré d'une autre manière — était-il mort? S'il eût été libre il aurait trouvé moyen de l'informer de son bonheur; s'il avait été exécuté, pourquoi son nom n'était-il pas sur la liste des condamnés? Joséphine passa toute une journée d'angoisses, et quand la nuit vint, il ne lui fut pas possible de fermer l'œil. Elle s'assit avec ses compagnons d'infortune, qui tous, comme elle, s'attendaient à mourir bientôt.

Les personnes qui étaient réunies dans cette prison étaient de rang et de naissance. C'étaient la Duchesse Douairière de Choiseul, la Vicomtesse de Maillé, dont le fils, malgré ses dix-sept ans, venait de monter sur l'échafaud, — la Marquise de Créqui, cette femme spirituelle qu'on a souvent nommée la dernière Marquise de l'ancien régime, et qui nous a laissé dans ses mémoires, écrits il est vrai à un point de vue tout aristocratique, l'histoire de France pendant le XVIIIe siècle. Il y avait aussi cet Abbé Terrier, qui, lorsqu'il fut appelé devant

les propagateurs de la terreur pour donner un gage
de fidélité au nouveau gouvernement, et menacé sur
son refus de le faire, d'être pendu à la lanterne, demanda à ceux qui l'entouraient : « Y verriez-vous
plus clair? » Avec toutes ces personnes se trouvait
aussi un Monsieur Duvivier, élève de Cagliostro, qui,
comme son maître, pouvait deviner l'avenir, et dé-
chiffrait les mystérieuses énigmes du destin à
l'aide d'une carafe d'eau et d'une colombe, c'est-à-
dire d'une jeune fille innocente au-dessous de sept
ans. Joséphine s'adressa à lui, comme au Grand
Cophte, après ce jour d'angoisses, et lui demanda
de lui révéler le sort de son mari.

Ce fut une scène étrange, que celle qui se passa
dans le silence de la nuit, dans cette froide et obscure
prison. Le geôlier, gagné par un assignat de cinquante livres, qui valait alors à peu près quarante
sous, avait consenti à ce que sa fille jouât le rôle de
la colombe, et avait fait tous les préparatifs nécessaires. Au milieu de la chambre était une table, sur
laquelle on avait placé une carafe remplie d'eau,
et trois bougies en triangle. Ces bougies étaient placées aussi près que possible de la carafe, pour permettre à la colombe de voir plus distinctement. La
petite fille venait d'être réveillée, et elle s'assit sur
une chaise près de la table, vêtue de sa robe de nuit;
derrière elle, se tenait l'imposant prophète. Les
Duchesses et les Marquises, qui peu de temps au pa-
ravant, avaient fait partie d'une cour brillante, et qui
conservaient même en cet endroit, l'étiquette et les

manières de Versailles, s'étaient rangées tout autour.
Celles qui avaient joui de l'insigne privilége du tabouret, avaient le pas sur les autres et étaient trai-
tées avec tout le respect possible. De l'autre côté de
la table, la malheureuse Joséphine se tenait debout,
pâle, et suivant des yeux avec une anxiété terrible
l'expression des traits de la jeune fille; dans le fond,
on apercevait les figures du geôlier et de sa femme.

Le prophète étendit les deux mains sur la tête de
l'enfant et dit d'une voix forte :

— Ouvre les yeux et regarde.

L'enfant devint pâle et tressaillit en regardant la
carafe.

— Que vois-tu? — demanda le Cophte. — Je
t'ordonne de pénétrer dans la prison du Général de
Beauharnais... que vois tu?...

— Je vois — répondit l'enfant très-émue — un
jeune homme qui dort sur un lit de camp. A côté
de lui, il y a un homme qui écrit quelque chose sur
une feuille de papier posée sur un grand livre.

— Peux-tu lire?

— Non, citoyen! Oh!... regardez... le gentilhomme
coupe une mèche de ses cheveux, et la met dans du
papier.

— Celui qui dort?

— Non, non, celui qui vient d'écrire. Il recom-
mence à écrire, il écrit quelque chose sur le papier
dans lequel il met ses cheveux; maintenant il prend
un petit portefeuille rouge, il l'ouvre, il compte
quelque chose : à présent il referme le portefeuille,

et il marche sans aucun bruit... sans aucun bruit...

— Comment sans bruit...? avais-tu entendu du bruit auparavant?

— Non, mais il marche sur la pointe des pieds.

— Que vois-tu maintenant?

— Il cache sa figure dans ses mains, je crois qu'il pleure.

— Où met-il son portefeuille?

— Parbleu, il le met dans la poche de l'habit de celui qui dort, et la lettre aussi.

— De quelle couleur est l'habit?

— Je ne puis le voir parfaitement; mais je crois qu'il est rouge ou mauve avec des boutons luisants.

— C'est assez, enfant, dit le devin; retourne à ton lit.

Il se baissa vers la petite fille et lui souffla sur le front. Elle se réveilla comme si tout cela n'était qu'un songe, et ses parents l'emmenèrent.

— Le Général de Beauharnais est encore vivant, — dit le grand Cophte, en s'adressant à Joséphine.

— C'est vrai, — dit-elle tristement, — mais il se prépare à mourir.

Elle avait raison; quelques jours plus tard, la Duchesse d'Anville reçut une lettre et un paquet, envoyés par un prisonnier de la Force, dont le nom était de Ségrais. Il avait été emprisonné avec le Vicomte de Beauharnais, et le jour de l'exécution du Général, il avait trouvé la lettre et le paquet adressés à la Duchesse dans la poche de son habit.

Dans cette lettre, Beauharnais priait la Duchesse de faire remettre à sa femme le paquet qui contenait

une mèche de ses cheveux, et ses derniers adieux à
elle et à ses enfants.

Ce fut le seul héritage que le Général laissa à sa famille. Quand Joséphine reçut ces gages d'affection, son
chagrin fut si vif qu'elle s'évanouit, et qu'une écume
sanglante parut sur ses lèvres. Ses compagnons d'infortune s'empressèrent de la secourir autant qu'ils le purent, et prièrent le geôlier d'aller chercher un médecin.

— A quoi bon un médecin? — dit cet homme d'un
ton indifférent. — La mort est le meilleur docteur.
Aujourd'hui même elle a guéri le Général, demain
ou après demain, elle guérira sa femme.

Cette prophétie fut presque réalisée. Joséphine était
à peine remise, qu'elle reçut l'acte d'accusation du
Tribunal Révolutionnaire. C'était le signe certain
d'une mort prochaine, et Joséphine se prépara à la
subir courageusement, quelque peine qu'elle ressentît
en pensant à ses enfants qui allaient rester orphelins.

Un événement inattendu lui sauva la vie. Les chefs
des terroristes étaient arrivés à l'apogée de leur pouvoir, et une pareille fortune ne pouvait être très-stable;
ils furent précipités de cette hauteur, et tombèrent
dans l'abîme qu'ils avaient eux-mêmes creusé.

La chute de Robespierre ouvrit les prisons à des
milliers de gens que l'on considérait déjà comme les
victimes de la Révolution. La Vicomtesse de Beauharnais fut mise en liberté, et on lui permit de rejoindre
ses enfants; mais elle quitta la prison, veuve et sans
argent, car sa fortune, aussi bien que celle de son
mari et de tous les aristocrates, avait été confisquée
par la République une et indivisible.

CHAPITRE III.

CONSÉQUENCES DE LA RÉVOLUTION.

La France respirait encore une fois librement. Le règne de la Terreur était passé, un gouvernement plus juste et plus doux tenait les rênes de cette malheureuse nation encore palpitante. Ce n'était plus un crime qui méritait la mort de porter un nom noble, d'être mieux vêtu que les sans-culottes, de ne pas mettre le bonnet rouge, ou d'être en relation avec un émigré. La guillotine qui, pendant les deux dernières années, avait fait couler tant de larmes dans Paris, se reposait enfin de son horrible activité, et les Parisiens avaient autre chose à penser qu'à faire leur testament ou à se préparer à la mort.

Comme ils pouvaient, à tous égards, appeler l'ère présente la leur, ils voulurent se réjouir avant qu'elle ne prît fin, et avant que de nouveaux jours d'anxiété ne vinssent troubler leur sécurité si nouvelle. Ils avaient tant pleuré qu'ils avaient besoin de rire ; ils étaient restés si longtemps dans le deuil et la crainte qu'il leur tardait de s'amuser. Les jeunes femmes de Paris, que la guillotine et le règne de la Terreur avaient privées de leur empire, et renversées de leur trône, eurent assez de courage pour ressaisir le sceptre qu'elles avaient laissé échapper, et reprendre la place d'où la tourmente révolutionnaire les avaient arrachées. Madame Tallien, la femme toute-puissante d'un des cinq directeurs qui étaient alors à la tête de la nation Française, Madame Récamier, l'amie de tous les hommes distingués de son siècle, et Madame de Staël, fille de Necker et femme de l'ambassadeur de Suède, dont le pays avait seul reconnu la République Française, — ces trois dames rendirent à Paris ses salons, ses réunions, ses splendeurs, et ses modes.

Paris avait l'air complétement différent de ce qu'il avait été peu de temps auparavant. Quoique les églises ne fussent pas encore publiquement réouvertes, quelques personnes commençaient cependant à croire à l'existence de Dieu. Robespierre avait eu le courage de placer au-dessus des autels des églises transformées en temples dédiés à la Raison, cette inscription : « Il est un Être Suprême, » et il put bientôt expérimenter par lui-même qu'il ne s'était pas trompé. Trahi par ses collègues, accusé de vouloir s'élever au rang de dictateur, d'être un nouveau César pour cette nouvelle République, Robespierre fut conduit comme prisonnier devant l'odieux tribunal qu'il avait lui-même créé. Il était occupé à signer les sentences de mort à l'Hôtel-de-Ville quand une nuée de Jacobins et de gardes nationaux forcèrent la porte et vinrent l'arrêter.

Il essaya de se faire sauter la cervelle avec un pistolet, mais il ne réussit pas, il s'enleva seulement un des côtés de la mâchoire.

Couvert de sang, il fut traîné devant Fouquier-Tinville pour entendre son arrêt, et pour être remis ensuite entre les mains du bourreau. Selon la coutume, il fut cependant conduit aux Tuileries où le Comité de salut public siégeait alors. Robespierre fut traîné dans cette pièce et jeté d'une façon brutale et insultante sur la grande table qui était au centre. La veille, il s'était assis à cette même table ayant plein pouvoir sur la vie et la propriété des Français, mais la veille il n'avait fait que signer des sentences de mort. Elles étaient encore là, toutes éparses, et c'était maintenant ces papiers qu'il avait pour tous bandages pour étancher le sang qui coulait à flots de sa blessure. Il était étrange de voir ces papiers boire le sang de l'homme qui les avait signés. Un sans-culotte, qui était à côté de lui, fut ému de pitié et donna à Robespierre un morceau d'un vieux drapeau tricolore, pour couvrir la blessure de son visage. En voyant le dictateur étendu et hurlant au milieu de ces papiers teints de sang, un vieux garde national leva le bras, et le dirigeant vers ce spectacle terrible, s'écria :

— Robespierre avait raison, — il y a un Être Suprême.

Le temps de la terreur et du sang était donc passé. Robespierre était mort, Théroigne de Méricourt ne représentait plus la Déesse de la Raison, et Mademoi-

selle Maillard avait cessé déjà d'être le type de la
Liberté et de la Vertu. Les femmes étaient fatiguées
de jouer le rôle de déesses, et de représenter des
personnages symboliques ; elles désiraient redevenir
elles-mêmes, et relever encore une fois dans leurs
salons, par la grâce et par l'esprit, ce trône que la
Révolution avait brisé en éclats.

Madame Tallien, Madame Récamier et Madame de
Staël reconstituèrent la société dans Paris, et chacun
était désireux d'être admis dans leurs salons. Ces
soirées et ces réunions avaient certainement un caractère étrange et attrayant ; il semblait que la
mode qui s'était tenue si longtemps à la carma-
gnole et au bonnet rouge voulût prendre sa revanche
de ce long exil, en satisfaisant tous ses caprices et
toutes ses extravagances, et en affectant souvent un
air politique et réactionnaire. Les femmes ne s'ha-
billèrent plus à la *Jacobine*, mais à la *Victime* et
au *Repentir* ; pour montrer le bon goût classique,
elles adoptèrent les draperies des statues de l'ancienne Grèce et de l'ancienne Rome. On donnait
des fêtes Grecques dans lesquelles figurait le brouet
noir de Lycurgue, tandis que, dans les banquets Romains, on déployait un tel luxe et une telle profusion
que ces derniers pouvaient rivaliser avec les fêtes de
Lucullus.

Ces banquets Romains avaient généralement lieu
au Luxembourg, où les cinq directeurs de la République s'étaient logés, et où Madame Tallien fit connaître à la nouvelle société Française ces merveilles

de luxe. Trop fière pour porter la tunique de la république Grecque généralement adoptée, Madame
Tallien choisit celle des patriciennes Romaines. Sa
robe de pourpre flottante, brodée d'or, et le diadème
éblouissant qui couronnait ses cheveux noirs comme
le jais, donnaient à cette belle républicaine l'air imposant d'une Impératrice. Elle avait aussi une cour
brillante autour d'elle, car chacun désirait présenter
ses hommages à la toute-puissante femme du tout-
puissant Tallien, et de gagner ainsi ses bonnes
grâces. Sa maison devint le lieu de réunion de tous
ceux qui occupaient une place importante dans
Paris, et de tous ceux qui désiraient en obtenir une.
Pendant que dans le salon de Madame Récamier
qui, en dépit de la République, était restée royaliste,
tout le monde soupirait en songeant au temps heureux
de la Monarchie, et faisait des remarques caustiques
sur la République, — pendant que dans le salon de
Madame de Staël on ne s'occupait que de science et
d'art, — dans ceux de Madame Tallien on ne songeait
qu'à jouir du moment présent, et des splendeurs de
la position élevée qu'occupaient les dictateurs.

Cependant Joséphine de Beauharnais et ses enfants
vivaient très-retirés. Le jour vint, néanmoins, où elle
fut obligée d'abandonner ses tristes réflexions sur
ses malheurs, car la pauvreté frappait à sa porte; elle
devait protéger ses enfants contre la faim et la misère. La Vicomtesse fut forcée d'adresser une pétition
à ceux qui avaient le pouvoir de lui accorder comme
une faveur ce qui n'était que son droit, et qui pou-

vaient lui rendre une partie de sa fortune. Joséphine avait connu Madame Tallien quand cette dernière était encore Madàme de Fontenay. Elle se
rappela cette connaissance pour le salut de ses enfants, car elle espérait pouvoir peut-être, par ce
moyen, leur faire recouvrer l'héritage de leur père.
Madame Tallien, la *merveilleuse* du Luxembourg,
que ses admirateurs avaient aussi l'habitude d'appeler *Notre-Dame de Thermidor*, fut extrêmement
flattée de voir une vraie Vicomtesse, qui avait occupé
un rang distingué à la cour du Roi Louis XVI,
réclamer sa protection ; elle la reçut avec beaucoup
d'affabilité et chercha à s'en faire une amie.

Cependant ce n'était pas une chose facile que de
recouvrer une fortune confisquée ; la République
était toujours prête à prendre, mais ce n'était pas
du tout son habitude de rendre, et l'amitié même
de la toute-puissante Madame Tallien ne put venir
au secours de Joséphine aussi vite que le réclamait
son dénûment. La Vicomtesse souffrit grandement ;
elle dut passer avec ses enfants par la rude école
du besoin et de l'humiliation qui suivent toujours
la pauvreté. Mais, au milieu de cette misère, elle
avait quelques amis, qui entretinrent sa table et celle
de ses enfants, et leur fournirent les objets de première nécessité. En ce temps-là, on ne considérait
pas comme une humiliation d'accepter l'aide de ses
amis, car ceux qui avaient tout perdu ne l'avaient
pas perdu par leur faute, et ceux qui avaient été
assez heureux pour conserver leurs propriétés dans

ce désastre général, savaient qu'ils n'avaient que le
hasard à remercier, et nullement leur propre mérite
ni leur prévoyance. Ils considéraient par conséquent
comme un devoir sacré de partager avec ceux qui
avaient été moins heureux qu'eux, et ces derniers
pouvaient accepter sans rougir les offrandes de l'a-
mitié. La Révolution avait donné naissance à une
espèce de communisme.

Joséphine accepta donc avec beaucoup de reconnaissance, et sans rougir, les prévenances de ses
amis. Elle permit à Madame de Montmorin de l'habiller ainsi qu'Hortense, et elle accepta les invitations qui, deux fois par semaine, la conviaient à la
table de Madame Dumoulin. Dans la maison hospita-
lière de cette dame on rencontrait, à certains jours,
nombre de personnes que la Révolution avait privées de tous leurs biens. Madame Dumoulin, femme
d'un riche fournisseur des armées, faisait ces jours-
là préparer à dîner pour ses amis, mais chaque hôte
devait apporter son pain avec lui, cet aliment étant
considéré comme un grand luxe à cette époque. Le
blé était si rare à Paris que la République édicta une
loi d'après laquelle, dans chaque section de Paris,
on ne devait cuire qu'un certain nombre de pains
par jour et chaque individu n'avait droit qu'à deux.
Dans de pareilles circonstances, il était très-ordi-
naire d'ajouter à chaque invitation : « Vous êtes
prié d'apporter votre pain, » car souvent il était impossible de se procurer cet aliment en plus grande
quantité que le gouvernement ne le permettait, et

de plus il était extrêmement cher. Joséphine Beauharnais cependant n'était pas assez riche pour acheter
les deux onces auxquelles elle avait droit ; elle était
la seule qui vînt aux dîners de Madame Dumoulin
sans son pain ; mais son aimable hôtesse s'arrangeait
toujours de façon à trouver un pain pour elle et pour
la petite Hortense.

Le temps était venu où la Vicomtesse de
Beauharnais allait voir la fin de sa misère. Un
jour, en dînant chez Madame Tallien, le dictateur
lui dit que, par son intervention, « le gouvernement
voulait faire quelques concessions en faveur de la
veuve d'un vrai patriote, qui était devenu victime
des erreurs du temps, » et qu'il avait donné un ordre
à l'administration des domaines, grâce auquel les
scellés seraient levés de toutes ses propriétés mobi-
lières. La République lui donnait aussi un mandat,
payable par le Trésor, et lui promettait que ses
biens seraient prochainement libérés du séquestre.

Joséphine ne put trouver de paroles pour
exprimer ses remerciements ; elle pressa sa fille sur
son cœur et s'écria au milieu de ses larmes :

— Nous allons encore être heureux, puisque mes
enfants ne souffriront plus du besoin !

C'étaient les premières larmes de joie que Joséphine
versait depuis bien des années.

La misère n'était plus à craindre. Joséphine pouvait donner à ses enfants une éducation en rapport
avec leur rang, et elle-même pouvait maintenant
occuper dans le monde cette place à laquelle sa

naissance, son éducation et son amabilité lui permettaient de prétendre. Elle ne vint plus comme une solliciteuse chez Madame Tallien, mais elle était actuellement la reine de ce salon, et chacun s'empressait de rendre hommage à la jeune et belle Vicomtesse que l'on savait être l'amie intime de la maison. Mais Joséphine préférait la compagnie de ses enfants aux brillantes réunions de la meilleure société; elle se retira de plus en plus de cette vie bruyante pour se vouer à ses chers enfants, dont les caractères devenaient de jour en jour plus prononcés et plus intéressants.

Eugène était alors un jeune homme de seize ans, et comme il n'y avait plus nécessité de renier son rang et de cacher son nom, il demanda à reprendre l'un et l'autre; il quitta donc la boutique de son maître, et il abandonna la blouse. Guidé par d'excellents professeurs, il se préparait à entrer dans l'armée, et il les étonnait par son zèle et ses dispositions extraordinaires. La gloire de la guerre et les actions d'éclat des Français remplissaient son cœur d'enthousiasme, et un jour qu'un de ses maîtres lui racontait les hauts faits de Turenne, Eugène s'écria les yeux brillants :

— Moi aussi, je serai un jour un grand général!

A la même époque, Hortense avait douze ans et vivait avec sa mère qui n'avait que trente ans, plutôt comme une jeune sœur que comme une fille. Elles étaient toujours ensemble. La nature avait doué Hortense d'une grande beauté, et sa mère sut lui in-

culper la grâce et la douceur qui devaient compléter
cette beauté. D'habiles professeurs instruisaient son
esprit, pendant que Joséphine instruisait son cœur.
Accoutumée de bonne heure à l'infortune, au besoin,
à la misère, l'enfant n'avait pas ces dispositions légères et insoucieuses que l'on rencontre communé-
ment chez les jeunes filles de son âge. Elle avait trop
vu l'instabilité et la vanité des grandeurs de la
terre pour ne pas mépriser toutes ces bagatelles si
généralement prisées par les jeunes filles. Elle ne
mettait pas son ambition à s'habiller d'une façon
élégante et à se plier à tous les caprices de la mode.
Elle connaissait de plus grands plaisirs que ceux de
la vanité, et elle n'était jamais si heureuse que
lorsque sa mère refusait pour elle les soirées de Madame Tallien ou de Barras. Elle s'amusait alors
avec ses livres et sa harpe, et ces distractions lui
plaisaient infiniment plus que celles qu'elle aurait
pu trouver dans les salons des puissants du jour.

A l'école du malheur Hortense avait acquis une
raison prématurée, qui donnait à cette jeune fille de
douze ans la gravité et l'indépendance des sentiments d'une femme; mais ses traits admirables portaient encore l'expression de l'enfance, et il y avait
tout un ciel de paix et d'innocence dans son profond
œil bleu.

Quand à l'heure du crépuscule elle s'asseyait dans
l'embrasure d'une fenêtre, avec sa harpe à côté d'elle,
— quand les derniers rayons du soleil couchant do-
raient ses traits et mettaient une auréole autour de

sa tête,—on aurait pu la prendre pour un de ces anges
d'innocence et d'amour que le pinceau de l'artiste
ou les vers du poëte nous ont révélés. Joséphine
avait l'habitude d'écouter avec une espèce de dévo-
tion les douces mélodies que sa fille tirait de sa
harpe, auxquelles elle mariait, avec sa voix charmante, les vers qu'elle avait faits elle-même, vers
passionnés, mais pleins d'une innocence enfantine.
Ces vers étaient le miroir fidèle de ses sentiments
intimes, la véritable image de cette jeune fille chaste
et pure qui était arrivée à la limite « où le ruisseau
devient rivière, où commence la femme et où finit
l'enfant. »

CHAPITRE IV.

LE GÉNÉRAL BONAPARTE.

Pendant que Joséphine, après plusieurs années de misères et de privations, jouissait de jours sans nuages, la France était encore agitée de temps à autre par quelques rafales de l'orage qui l'avait bouleversée, et le pays n'avait pas encore retrouvé une parfaite tranquillité. Les clubs, ces serres chaudes de la Révolution, exerçaient encore une influence pernicieuse sur les habitants de Paris, et excitaient continuellement les masses à la révolte.

Mais alors sortit de la foule l'homme qui devait écraser ces masses sous son talon de fer, et réduire au silence tous les orateurs des clubs avec un éclair de ses yeux. Cet homme était Napoléon Bonaparte.

Il avait à peine vingt-neuf ans, et déjà la France tout entière parlait de lui comme d'un héros couronné de lauriers qui avait laissé derrière lui une trace de brillantes victoires. Comme chef de bataillon il s'était distingué par sa bravoure à la prise de Toulon, et après sa promotion au grade de général il avait été envoyé en Italie. Quand il rentra

vainqueur en France, le Gouvernement, hostile à ce
général de vingt-cinq ans, et peut-être effrayé de
son génie, voulut l'envoyer comme général en
chef à l'armée de Vendée. Bonaparte refusa parce
qu'il voulait servir dans l'artillerie. Alors la République priva le jeune général de son commandement,
et le mit en demi-solde.

Bonaparte resta donc à Paris, attendant que son
étoile se levât. Et elle se leva cette étoile, brillant
d'une telle splendeur qu'elle éblouit les yeux du
monde ! Avait-il déjà la prescience de sa grandeur
future?

L'existence de Bonaparte à Paris était extrêmement monotone. Il la passait dans la méditation et
dans la société de quelques amis fidèles, qui venaient
au secours de sa pauvreté d'une façon très-délicate.
Bonaparte était pauvre, en effet. Il avait perdu pendant la Révolution le peu qu'il avait; il ne possédait
rien que les lauriers qu'il avait gagnés sur les
champs de bataille d'Italie, et sa demi-solde d'officier
général. Mais, comme Joséphine, il avait de vrais
amis qui regardaient comme un honneur de l'avoir à
leur table, et qui lui donnaient même du pain; car
lui aussi, comme Joséphine, était trop pauvre pour
en acheter. Son frère Louis et lui dînaient fréquemment chez un ancien ami, Bourienne, qui devint
dans la suite le secrétaire de Napoléon. Le jeune
général avait l'habitude d'apporter avec lui une
part de pain de munition ; son frère faisait de même;
mais Madame Bourienne prenait toujours soin qu'il

trouvât du pain blanc sur son assiette. Son mari et elle avaient fait passer clandestinement à Paris quelque farine provenant de leur propriété de Bourienne, et gagné un boulanger qui leur faisait du pain; fait qui, s'il avait été connu, les aurait certainement menés à la guillotine.

Bonaparte vivait donc tranquillement au milieu de ses amis; il attendait un changement de fortune, espérant que ses désirs se réaliseraient aussitôt que le gouvernement actuel serait remplacé par un autre. Ces désirs, à ce moment, paraissaient être fort modestes, car il dit une fois à Bourienne :

— Si je pouvais vivre convenablement à Paris, louer la petite maison d'en face, être entouré de mes amis et avoir un cabriolet, je serais le plus heureux des hommes.

Il pensait sérieusement « à louer la petite maison d'en face » avec son oncle Fesch (le futur cardinal), quand des événements importants vinrent agiter de nouveau la capitale de la France, et appeler son attention sur les affaires publiques. Le 13 Vendémiaire 1795, fit sortir le jeune général de son obscurité, et lui rendit son énergie et son ambition. Ce fut le 5 Octobre qu'éclata l'orage, depuis longtemps accumulé sur Paris. Les sections se révoltèrent contre la Convention Nationale, qui avait présenté à la France une nouvelle constitution, et décrété que les deux tiers de ses membres entreraient dans le nouveau corps législatif. Les sections de Paris ne voulurent pas accepter la Constitution, à moins que des

élections complétement nouvelles ne réglassent la
formation de l'assemblée législative. La Convention
résolut de défendre ce qu'elle considérait comme ses
droits, et appela les représentants, qui commandaient
la force armée, pour protéger la République. Barras
fut nommé commandant en chef de l'armée de l'intérieur, et Bonaparte eut le commandement en second. Il y eut bientôt combat entre la troupe et les
sections révoltées; mais dans ce temps-là, l'art de
construire les barricades était dans son enfance, et
les insurgés furent bientôt obligés de céder devant
le feu meurtrier d'une artillerie bien servie. Ils se
retranchèrent dans l'église de Saint-Roch et au
Palais-Royal; mais ils en furent bientôt expulsés, et
le combat dans les rues recommença.

Au bout de deux jours, pendant lesquels le sang
coula, Barras informa la Convention victorieuse que
la tranquillité était rétablie, et que le courage et la
prévoyance du Général Bonaparte avaient beaucoup
contribué à cet heureux résultat.

La Convention Nationale récompensa le zèle de
Napoléon en le confirmant dans le poste qu'il occupait provisoirement à l'heure du danger. A partir
de ce jour, Napoléon appartient à l'histoire; et son
étoile commence à se lever à l'horizon de la renommée.

Napoléon avait maintenant une position dans
l'État, et il commença à comprendre la voix de son
cœur qui lui parlait de grandes victoires et d'un
avenir brillant. Il sentit qu'il avait devant lui un

but éclatant pour lequel il fallait combattre ; et quoiqu'il ne pût pas encore donner un nom à ce but, il était résolu à le conquérir.

Un jour, un jeune homme se présenta à la maison du jeune général, et demanda avec instance à lui parler. Bonaparte le fit entrer. Il fut frappé de la hardiesse et de la noble démarche du jeune homme, et lui demanda avec bonté ce qu'il désirait.

— Général, — dit le jeune homme, — mon nom est Eugène Beauharnais; je suis le fils d'un ci-devant, le Général Beauharnais, qui servit la République sur le Rhin; mon père fut calomnié par ses ennemis et traîné devant le tribunal révolutionnaire, qui l'assassina trois jours avant la chute de Robespierre.

— Qui l'assassina ? — dit Bonaparte d'une voix menaçante.

— Oui, Général, qui l'assassina ! — répondit Eugène hardiment. — Maintenant, je viens vous demander, au nom de ma mère, d'exercer votre influence sur le comité pour qu'on me rende l'épée de mon père. Je m'en servirai pour combattre les ennemis de mon pays, et pour défendre la République.

Ce langage hautain amena un sourire d'approbation sur les joues pâles du jeune général, et son œil prit une expression bienveillante lorsqu'il dit :

— Bien parlé, jeune homme ! J'aime votre courage et votre piété filiale. Vous aurez l'épée de votre père. Attendez un instant.

Napoléon appela un de ses aides de camp, auquel il donna les ordres nécessaires, et l'officier revint bientôt après avec l'épée du Général de Beauharnais.

Bonaparte lui-même la remit à Eugène. Le jeune homme, profondément ému, la serra sur son cœur pendant que des larmes coulaient de ses yeux.

Le Général s'approcha de lui, et, mettant sa main blanche sur l'épaule du jeune homme, lui dit d'une voix sympathique :

— Mon jeune ami, je serai heureux si je puis faire quelque chose pour vous ou pour votre mère.

Eugène essuya ses larmes et le regarda avec un étonnement enfantin.

— Vous êtes bon, Général ; ma mère et ma sœur prieront pour vous.

Cette réplique naïve amena un sourire sur la figure du Général. Il lui fit un signe de tête aimable, et dit à Eugène de présenter ses compliments à sa mère, et de venir bientôt le revoir.

Cette entrevue d'Eugène avec le Général Bonaparte fut le commencement des relations de Napoléon et de Joséphine. L'épée du Vicomte de Beauharnais décapité plaça un diadème Impérial sur le front de sa veuve, et éleva son fils à la royauté.

CHAPITRE V.

LE MARIAGE.

Peu de jours après cette entrevue, Joséphine rencontra le jeune général à une des brillantes soirées données par Barras, le commandant en chef. Elle demanda à Barras de la présenter à son collègue, et alors, en lui tendant la main avec cette manière franche et modeste qui lui était particulière, elle remercia Bonaparte pour la bonté qu'il avait témoignée à son fils.

Bonaparte regarda avec étonnement cette belle jeune femme, qui se disait la mère d'un fils déjà grand. Ses traits avaient encore le charme de la jeunesse, son œil noir et fier annonçait une nature passionnée, tandis que le doux sourire qui errait sur ses lèvres révélait un cœur aimant et une modestie toute féminine.

Napoléon n'eut jamais l'art de faire des compliments aux femmes avec l'air enjoué d'un petit-maître; chaque fois qu'il essaya il ne put réussir; ses compliments étaient toujours brutaux ou comiques, et pouvaient être aussi bien pris pour des railleries. Lorsqu'il fut Empereur, il dit un jour à la belle Duchesse de Chevreuse (1) :

— Comme vos cheveux roux sont beaux !

— C'est très-probable, — répondit la dame, — mais je vous assure que c'est la première fois que j'entends dire pareille chose.

Dans une autre circonstance, il dit à l'une des dames de son entourage, dont le beau bras avait attiré son attention :

— Mon Dieu ! que votre bras est rouge !

Et à une autre :

— Vous avez vraiment de magnifiques cheveux, mais votre manière de les arranger est d'un mauvais goût horrible.

Bonaparte, nous le répétons, ne savait pas faire de compliments en paroles, mais il savait parler le langage des yeux, et Joséphine comprenait facilement ce langage muet. Elle vit qu'à partir de ce moment elle avait enchaîné le jeune lion, et elle fut heureuse de le constater, car son propre cœur, qu'elle avait cru mort depuis longtemps, battait pour le jeune héros.

Ils se rencontrèrent fréquemment, et bientôt Joséphine entendit l'aveu de l'amour de Napoléon. Elle l'accueillit favorablement et lui promit sa main. En vains ses amis qui étaient au pouvoir, Barras et

---

(1) La Duchesse de Chevreuse fut plus tard exilée à Tours, parce qu'elle refusa le titre de dame d'honneur de la Reine d'Espagne.

Tallien, lui conseillèrent de ne pas épouser ce jeune général pauvre, qui pouvait être tué dans une bataille prochaine, et la laisser veuve une seconde fois. Elle se décida à suivre son inclination, et elle secoua la tête avec un sourire significatif. Se rappelait-elle la prophétie de la vieille négresse? Lisait-elle sur le large front de Bonaparte et dans son œil fier, quel homme il devait être un jour; ou l'aimait-elle assez passionnément pour préférer une humble position avec lui à un mariage plus avantageux?

Quoi qu'il en soit, les conseils de ses amis ne purent ébranler sa résolution; elle s'était dit qu'elle serait la femme du pauvre officier. Le jour de leur mariage fut fixé, et tous deux commencèrent à monter leur maison. Bonaparte n'avait pas encore pu réaliser son rêve de bonheur, il n'avait ni cheval, ni cabriolet, et Joséphine non plus n'avait pas de voiture. Ils étaient donc obligés d'aller à pied; mais il est très-probable qu'ils ne le regrettaient pas, puisque cela leur permettait d'avoir une conversation suivie, non interrompue par le bruit du carrosse. Il avait souvent le bonheur d'entendre admirer la beauté de Joséphine, quand il se promenait avec elle. Alors un sourire éclairait sa figure, et quand le peuple se rassemblait pour voir passer le héros du 13 Vendémiaire, et murmurait son nom, sa fiancée était fière à juste titre de l'homme qu'elle avait choisi, malgré l'opposition de ses amis, et sur lequel elle comptait pour réaliser la prophétie qui lui avait été faite.

Un jour Bonaparte accompagna la Vicomtesse chez M. Ragideau, l'homme le plus petit, mais l'un des premiers notaires de Paris, qui, pendant long-temps, avait été le conseil de la famille Beauharnais, et s'était en cette circonstance chargé de lui procurer de l'argent pour meubler sa maison. Bonaparte resta dans un premier salon, pendant que Joséphine entra dans le cabinet de l'homme de loi.

— Je suis venue pour vous dire que j'ai l'intention de me remarier,—dit Joséphine à M. Ragideau, avec un délicieux sourire.

Le petit notaire fit un signe de tête approbateur.

—Vous faites bien,—répliqua-t-il,— et je vous en félicite sincèrement, car vous n'avez pu que faire un bon choix.

— Certainement,— répondit Joséphine, avec l'heureux orgueil d'une femme qui aime; — mon futur mari est le Général Napoléon Bonaparte.

Le petit notaire recula stupéfait.

—Comment, vous, la Vicomtesse de Beauharnais, vous avez l'intention de vous marier avec ce petit Général Bonaparte, ce général de la République, qui l'a déjà renvoyé une fois, et qui peut le renvoyer encore demain.

Joséphine répondit simplement :

— Je l'aime!

—Oui, vous pouvez l'aimer maintenant,—répliqua l'homme de loi, dans une excellente intention, — cependant, vous ne devez pas l'épouser, car vous le regretterez un jour. Je vous le répète, vous avez tort, Vicomtesse, vous allez commettre une folie en épousant cet homme, qui n'a rien que la cape et l'épée.

— Mais qui a de plus un grand avenir, —répondit gaîment Joséphine.

Et, changeant de conversation, elle parla des affaires qui l'amenaient à l'étude.

Quand elle eut terminé avec M. Ragideau, Joséphine retourna au salon où le Général l'attendait. Il s'approcha d'elle avec un sourire, mais il lança à M. Ragideau, qui la suivait, un tel regard de colère et de mépris, que le pauvre petit homme s'éloigna épouvanté. Joséphine remarqua aussi que la figure de Bonaparte était plus pâle que de coutume, et qu'il parlait moins; mais elle savait que, dans de pareilles circonstances, il ne fallait pas le questionner sur la cause de sa mauvaise humeur; elle fit donc semblant de ne pas la remarquer, et elle réussit bientôt à chasser les nuages de son front.

Le mariage de Bonaparte et de Joséphine eut lieu le 9 mars 1796 : les témoins étaient, outre Eugène et Hortense Beauharnais, Barras, Jean Le Marrois, Tallien, Calmelet et Leclercq.

L'acte civil contient une erreur très-flatteuse pour Joséphine. Bonaparte, dans l'intention d'égaliser son âge et celui de sa fiancée, avait rajeuni Joséphine de quatre ans, tandis qu'il s'était vieilli, lui, de plus d'un an. Bonaparte n'était pas né le 5 février 1768, comme le disait l'acte de mariage, mais bien le 15 août 1769, et le jour de la naissance de Joséphine n'était pas le 23 juillet 1767, mais le 23 juin 1763.

Joséphine récompensa la délicate flatterie de Bonaparte d'une manière princière. Le jour de son mariage, il reçut le commandement en chef de l'armée d'Italie, avancement qu'il devait à l'amitié de Barras et de Tallien pour sa femme.

Avant que le jeune mari ne partît pour la guerre, où il allait conquérir de nouveaux lauriers et une plus grande renommée, il passa quelques mois heureux auprès de sa femme. Il habitait avec sa famille dans une petite maison de la rue Chantereine, qu'il avait achetée peu de temps auparavant, et que Joséphine avait meublée avec beaucoup de goût.

Ainsi la moitié du rêve de bonheur de Bonaparte était réalisé; il avait une maison à lui. Le cabriolet était la seule chose qui lui manquât pour être « le plus heureux des hommes. »

Malheureusement, les désirs de l'homme croissent en même temps que sa fortune; et Bonaparte ne se contenta bientôt plus de sa maison à Paris; il voulut encore en avoir une à la compagne.

« Veuillez voir, » écrivait-il à Bourienne, qui vivait dans sa propriété, auprès de Sens, « s'il n'y a pas dans votre belle vallée de l'Yonne quelque propriété qui pourrait me convenir. J'aimerais à m'y retirer; seulement faites attention que je ne veux pas acquérir une propriété nationale. »

Quant au cabriolet, la paix de Campo-Formio donna au général victorieux un magnifique atte-

lage de six chevaux blancs, cadeau de l'Empereur
d'Autriche au Général de la République. L'empereur
pensa-t-il, à ce moment, que ce général devait être
son beau-fils dix ans plus tard ?

Ces six chevaux splendides furent la seule chose
que Bonaparte rapporta d'Italie, si nous exceptons
les lauriers qu'il gagna à Arcole, Marengo et Man-
toue, et furent le seul présent que le général accepta.

Les six chevaux blancs ne pouvaient pas s'atteler
à un cabriolet, c'est vrai; mais ils eurent l'air très-
princier lorsqu'ils traînèrent la voiture éblouissante
dans laquelle, un an plus tard, le Premier Consul fit
son entrée solennelle aux Tuileries.

CHAPITRE VI.

BONAPARTE EN ITALIE.

Comme nous l'avons dit, Joséphine passa quelques mois heureux à Paris, mais ils furent bien courts. Quand Bonaparte fut parti pour l'Italie, elle se trouva bien isolée ; surtout parce qu'elle avait quitté ses enfants, en même temps que son mari. Eugène accompagna son beau-père en Italie, et Hortense fut mise en pension chez Madame Campan.

Cette dame, qui avait été dame d'atours de Marie-Antoinette, avait établi une pension à Saint-Germain, et toutes les grandes familles de la France révolutionnaire aimaient à envoyer leurs filles chez Madame Campan pour qu'elles pussent y acquérir l'élégance des manières de la vieille France royaliste.

Hortense resta plusieurs années à Saint-Germain ; elle avait pour compagne sa tante Caroline, la sœur de Bonaparte, — celle qui fut plus tard Reine de Naples, — et sa cousine, la jeune Comtesse Stéphanie de Beauharnais.

Ces années se passèrent dans l'étude, et les rêves de

jeunes filles. Hortense travaillait beaucoup, elle apprenait la musique, le dessin, plusieurs langues, en même temps que l'histoire et la géographie; une bonne partie de son temps était employée à acquérir les manières de la société élégante, et ce savoir-vivre aristocratique, que personne n'enseignait mieux que Madame Campan. Les meilleurs maîtres furent chargés de l'éducation de la jeune fille; Isabey lui donnait des leçons de dessin, Lambert des leçons de chant, Coulon des leçons de danse, et le célèbre d'Alvimare des leçons de harpe. Il y avait un théâtre d'amateurs chez Madame Campan, sur lequel Hortense jouait des rôles héroïques ou tendres; des bals et des concerts y étaient fréquemment donnés par la directrice, pour faire admirer à l'élite de la société les talents de ses élèves. Hortense reçut donc une éducation de grande dame. Il est probable qu'alors elle ne se doutait pas de l'importance qu'auraient pour elle toutes ces choses qui paraissaient des bagatelles, ni du bénéfice qu'elle retirerait d'avoir été mise en pension chez Madame Campan, et d'avoir été élevée comme une princesse.

Joséphine marchait de triomphe en triomphe. L'étoile de son mari s'élevait de plus en plus; le nom de Bonaparte était répété par tout le monde, et faisait frissonner l'Europe, qui pressentait son maître futur. Les bulletins des victoires remportées en Italie se succédaient sans interruption, et sous le talon de fer de Bonaparte des États s'écroulaient, et d'autres États s'élevaient sur leurs ruines.

La vieille république de Venise, — autrefois la
terreur du monde entier, — la Reine victorieuse de
la Méditerranée, — fut forcée de baisser sa tête
altière, et de se prosterner aux pieds de son vainqueur. Le lion de Saint-Marc ne fit plus trembler
le monde par ses rugissements, et les colonnes
élevées sur la Piazzetta, en mémoire des anciennes
victoires, furent les seuls trophées que Venise déchue
put garder de sa conquête de Candie, de la Morée et
de Chypre. Par l'ordre de Bonaparte, il s'éleva, sur
les ruines de la République de Venise, un nouvel
État qui fut nommé la République Cisalpine; ce fut
la fille aînée de la République Française. Tandis que
le dernier doge de Venise, Luigi Manin, était forcé
de déposer aux pieds de Napoléon sa couronne, et
s'évanouissait de douleur, un autre Vénitien, Dandolo,
était placé à la tête de la nouvelle République.
Dandolo était issu d'une noble famille qui avait
donné à Venise ses plus illustres doges, et il était
lui-même « un homme, » comme le disait Bonaparte.

« Mon Dieu, » disait un jour Napoléon à Bourienne,
« comme il est difficile de rencontrer des hommes
en ce monde. Il y a dix-huit millions d'âmes en
Italie, et je n'y ai trouvé que deux hommes : Dandolo et Melzi. »

Mais au milieu de ses victoires, tout en désespérant des hommes, Bonaparte conservait son ardent
amour pour sa femme, à laquelle il écrivait tous les
jours les lettres les plus tendres, et dont il attendait
les réponses avec la plus vive impatience.

Les lettres de Joséphine seules ne subissaient pas
l'étrange coutume que Bonaparte adopta pendant
une partie de ses campagnes d'Italie; cette coutume
était de jeter toutes les lettres, à l'exception de celles
qui étaient apportées par des courriers extraordinaires, dans un grand panier, où elles restaient vingt
et un jours sans être décachetées. Bonaparte n'était
pas si dur que le Cardinal Dubois, qui brûlait
chaque lettre aussitôt son arrivée, et qui disait, en
regardant les flammes dévorer la pétition d'une
mère au désespoir, ou peut-être d'une épouse inconso-
lable:

« — Voilà ma correspondance faite. »

Bonaparte, — disons-nous, — n'était pas si dur;
il lisait au moins ses lettres, quoiqu'elles dussent
attendre trois semaines. Ces trois semaines d'attente
lui épargnaient ainsi qu'à son secrétaire Bourienne
un énorme travail; car lorsque les lettres étaient
décachetées, il arrivait que les circonstances avaient
rendu les réponses des quatre cinquièmes inutiles,
et on n'avait besoin d'écrire qu'à très-peu de gens.
Bonaparte riait de tout cœur en voyant un résultat si
inespéré, et s'amusait beaucoup de son heureuse idée.

Les lettres de Joséphine n'attendaient pas une
heure, pas une minute, pour être lues. Le cœur de
Bonaparte battait toujours en les recevant, et il
leur répondait en termes si passionnés que l'on
sentait bouillonner le sang Corse dans ses réponses,
et que les lettres de Joséphine semblaient froides à
côté des siennes.

Marmont rapporte dans ses Mémoires, qu'à Vérone Bonaparte ayant brisé par accident le verre de la miniature de Joséphine, il devint pâle et dit :

— Marmont, ou ma femme est très-malade ou elle me trompe.

Bonaparte ne se contenta bientôt plus des lettres de Joséphine. Aussitôt que la guerre fut un peu calmée il l'appela à Milan. Elle obéit avec joie, et se hâta de se rendre en Italie rejoindre son époux, avec lequel elle passa des journées d'amour et de triomphe. Toute l'Italie acclamait le héros victorieux, toute l'Italie rendit hommage à la femme qui portait son nom, et dont la grâce, la beauté et l'affabilité avaient su captiver tous les cœurs. La vie de Joséphine à cette époque ressemble à une longue marche triomphale, à une fête inouïe, à une légende des Mille et une Nuits réalisée, et dont elle est la fée étincelante.

CHAPITRE VII.

VARIATIONS DE FORTUNE.

Bonaparte, à son retour d'Italie, fit une entrée triomphale à Paris. Devant le Luxembourg, où siégeait le Corps Législatif, un vaste amphithéâtre avait été construit, au milieu duquel s'élevait un immense autel à la Patrie, entouré par trois statues gigantesques représentant la Liberté, l'Egalité et la Paix, et par toutes les notabilités de France.

Quand Bonaparte arriva sur la place, tous les hommes qui encombraient les siéges de l'amphithéâtre se levèrent et se découvrirent pour saluer le vainqueur de l'Italie. Les fenêtres du palais étaient garnies de dames en grande toilette qui applaudissaient le jeune héros et agitaient leurs mouchoirs. Cette solennité fut interrompue tout à coup par un fatal accident. Un des officiers du Directoire qui, poussé par la curiosité, avait grimpé tout en haut de l'échafaudage de l'aile droite du Luxembourg, tomba de cette hauteur, et mourut aux pieds de Bonaparte. Un cri d'horreur retentit. Les dames pâlirent et se retirèrent des fenêtres. Une consternation soudaine se répandit parmi le Corps Législatif; on pouvait entendre courir çà et là un murmure qui disait que la chute de l'officier du Directoire était de mauvais augure, et que le Directoire lui-même viendrait bientôt expirer aux pieds du général victorieux.

Malgré ce pressentiment, le Directoire fit honneur au vainqueur d'Arcole dans une suite de fêtes. Quand Bonaparte rentrait chez lui après de tels banquets, fatigué des discours et des toasts, le peuple de Paris était heureux de se presser sur son passage. Il était obligé de répondre, par des mouvements de tête et des sourires, aux vivats et aux félicitations.

La nation Française semblait folle de joie; chacun voyait en Bonaparte sa propre gloire, chacun le considérait comme la plus brillante incarnation de son être, et par conséquent, le chérissait avec bonheur.

Joséphine se réjouissait de toute son âme de la gloire de son époux, tandis que Bonaparte cherchait à éviter toutes ces ovations des Parisiens. Lorsqu'au théâtre, il s'efforçait de se cacher derrière le fauteuil de sa femme, Joséphine sentait son cœur battre de plaisir et d'orgueil, et aurait volontiers remercié le public des preuves d'amour qu'il donnait à son héros.

Mais Bonaparte ne se laissait pas aveugler par ces ovations. Un jour que l'enthousiasme du public atteignait un délire inaccoutumé et que les cris de :

« Vive Bonaparte ! » semblaient devoir être intermi-
nables, Joséphine se tourna vers lui et lui dit :

— Voyez comme ces bons Parisiens vous aiment !

— Bah ! — répondit Napoléon, — ils m'insulte-
raient tout autant si j'allais à l'échafaud.

A la fin, les fêtes et les démonstrations cessèrent
et la vie reprit encore son cours calme et naturel.
Bonaparte vivait dans sa maison de la Rue Chantereine que Joséphine avait splendidement et élégamment meublée. Peu de temps après, cette rue prit le
nom de Rue de la Victoire, en l'honneur du vainqueur d'Arcole et de Marengo. C'est là qu'il se reposait de ses triomphes dans le sein de sa famille, au
milieu de laquelle il passait ses jours dans le bonheur le plus complet.

Cette inactivité, cependant, lui pesa bientôt; il
avait besoin de nouvelles victoires; il sentait qu'il
avait à peine commencé sa carrière de grandeur;
nuit et jour il entendait la trompette guerrière qui
résonnait à son oreille, et qui semblait l'appeler sur
le champ de bataille. L'amour apaisait son cœur,
mais il ne put jamais le remplir entièrement.
L'inaction lui paraissait le commencement de la
mort.

— Si je reste plus longtemps ici sans rien faire,
— dit-il, — je suis perdu. Les Parisiens ont peu de
mémoire pour toutes choses ; dans cette Babylone
extraordinaire les choses étonnantes se succèdent avec
une telle rapidité que je serai bientôt oublié, si je
ne leur fais voir quelque chose de nouveau.

SUR LA REINE HORTENSE 55

Il entreprit donc quelque chose de nouveau,
quelque chose dont on n'avait pas encore entendu
parler, et qui excita l'étonnement de toute l'Europe.
Il quitta la France à la tête d'une armée pour aller
conquérir, pour la République, la vieille Égypte
sur les pyramides de laquelle s'était amoncelée la
poussière des siècles.

Joséphine n'accompagna pas son mari; elle resta
à Paris. Elle avait encore besoin de consolations et
d'encouragements dans sa solitude, que Bonaparte
lui avait dit devoir durer six mois, ou six ans. Pouvait-elle avoir une consolation plus douce que la
présence de sa fille? Elle avait donné son fils à son
mari, qui l'avait emmené avec lui en Égypte; mais
sa fille lui restait, car elle était récemment sortie de
pension.

L'éducation d'Hortense était alors terminée; l'enfant qui était entrée deux ans auparavant dans l'institution de Madame Campan, était maintenant une
charmante et timide jeune femme, possédant tous
les charmes de l'innocence et de la jeunesse, de la
grâce et de l'élégance. Hortense avait seize ans,
mais elle avait encore la gaieté d'un enfant, et la
naïveté d'une petite fille. Son cœur ressemblait à
une page immaculée sur laquelle aucune main pro-
fane n'avait encore osé écrire un nom. Elle n'aimait
que sa mère, son frère, les arts et les fleurs. Elle
avait une sorte de crainte de son jeune beau-père.
Son œil fier l'effrayait, et sa voix impérieuse la
faisait trembler; elle avait trop de respect pour lui,

pour pouvoir l'aimer. Pour elle il était toujours le héros, le maître, le père auquel elle devait une obéissance aveugle, et qui ne pouvait pas être l'objet d'une tendre affection.

Hortense regardait l'avenir avec cette curiosité d'enfant qui fait voir le monde à travers les riantes couleurs du prisme. Elle s'attendait à quelque grand et brillant événement qui devait la rendre parfaitement heureuse, sans cependant savoir, ni chercher à savoir, quel il serait. Elle aimait tous les hommes, et croyait encore à leur fidélité et à leur sincérité. Aucune épine n'avait encore blessé son cœur, aucun espoir déçu, aucune illusion perdue n'avait encore jeté l'ombre d'un mécontentement sur son front si pur. Son œil bleu brillait de joie et de bonheur, et sa gaieté était si innocente, qu'elle rendait quelquefois sa mère mélancolique. Elle savait bien que cet heureux âge, où la vie nous paraît toute tissue d'or, ne peut pas durer longtemps.

Telle était Hortense quand sa mère alla la chercher à la pension de Saint-Germain pour aller avec elle aux eaux de Plombières. Dans cette ville, Hortense faillit perdre sa mère.

Un jour, elle était avec Joséphine et quelques autres dames dans le salon, la fenêtre était ouverte et laissait entrer une chaude brise d'été. Hortense était assise près de la fenêtre, occupée à dessiner un bouquet de fleurs des champs qu'elle avait cueillies dans les montagnes voisines. Joséphine trouva l'air de la chambre étouffant et proposa aux dames de se mettre sur le balcon. Tout à coup on entendit un craquement et des cris confus. Hortense s'élança et vit sa mère précipitée dans la rue, avec le balcon et toutes les dames qui s'y trouvaient. Hortense eut un tel chagrin qu'elle se serait précipitée derrière sa mère si on ne l'eût pas retenue. Mais la Providence avait été miséricordieuse, et sa mère en fut quitte pour la peur et une légère contusion au bras. Une des dames eut les deux jambes brisées.

Joséphine ne devait pas encore mourir. La prophétie de la diseuse de bonne aventure n'était pas encore accomplie. Elle était, il est vrai, la femme d'un général célèbre, mais elle n'était pas encore plus qu'une reine!

CHAPITRE VIII.

BONAPARTE REVIENT D'EGYPTE.

Bonaparte était revenu d'Egypte. La victoire d'Aboukir avait ajouté un nouveau laurier à ceux qui couronnaient déjà son front. Toute la nation Française salua le retour du héros. Hortense, pour la première fois, fit partie des fêtes que la ville de Paris offrit à son beau-père ; elle vit, pour la première fois, les hommages rendus au vainqueur de l'Égypte par les vieillards et les jeunes gens, par les hommes et les femmes de l'élite de la société.

Ces fêtes et ces ovations l'alarmèrent presque, tout en remplissant son cœur de joie. La jeune fille se rappelait la prison dans laquelle sa mère avait langui, l'échafaud sur lequel son père était mort, et, souvent, en regardant l'uniforme brodé de son frère, elle pensait au temps où Eugène, apprenti menuisier, traversait les rues de Paris, vêtu d'une blouse et portant une planche sur son épaule.

Le souvenir des tristes années de son enfance empêcha l'orgueil et la fierté de s'emparer de son cœur. Elle garda cet esprit de modestie et de douceur qui, en la garantissant de la présomption dans le bonheur, lui donna du courage dans l'adversité. Elle ne compta jamais sur une grandeur perpétuelle; ses souvenirs d'enfance lui firent toujours voir la réalité; aussi, quand arrivèrent les orages de la vie ils la trouvèrent prête à les combattre.

Elle profitait de ces jours radieux, elle était heureuse de voir sa mère bien-aimée porter un diadème de gloire et d'amour, et, en pensant à son père mort sur l'échafaud, elle ressentait la plus profonde gratitude pour le Général Bonaparte, qui avait rendu si brillante l'existence d'une femme si malheureuse dans son premier mariage.

Mais, hélas! de nouveaux nuages allaient bientôt obscurcir leur bonheur et troubler leur tranquillité. Une révolution devint imminente; la France allait encore être le théâtre de la guerre civile, et Paris eut bientôt l'aspect d'un camp, divisé en deux partis cherchant à s'écraser mutuellement. D'un côté étaient les républicains démocrates, qui regrettaient le terrorisme parce que la paix leur enlevait le pouvoir, et qui voulaient consolider la République par le régime de l'échafaud. Ce parti appela les sans-culottes et les républicains exaltés pour défendre la nation. Ils déclarèrent que la liberté et la constitution étaient en danger, et désignèrent Napoléon d'une main menaçante comme celui qui voulait renverser la République, et charger de nouveau la France des chaînes de la tyrannie.

De l'autre côté étaient les patriotes prudents, les

républicains par force, qui, au fond, détestaient la
République, et qui ne lui avaient juré fidélité que
pour sauver. leurs têtes de la guillotine. C'étaient
des gens d'esprit, des artistes, des poëtes, qui désiraient une nouvelle ère, parce qu'ils savaient bien
que le règne de la terreur et de la démocratie est
aussi fatal aux muses qu'à la vie et aux propriétés
des hommes. De ce côté étaient aussi les marchands,
les propriétaires, les banquiers, les commerçants,
qui tous désiraient voir la République établie sur
des bases plus modérées, afin de croire à sa stabilité,
et de pouvoir recommercer leurs travaux et leurs
affaires avec une plus grande chance de succès.
A la tète de ce parti modéré était Bonaparte.

Le 18 Brumaire fut le jour décisif. Un grand
combat, quoique peu sanglant, fut livré. Les principes surtout, et non pas les hommes, furent tués.

Le Conseil des Anciens, le Conseil des Cinq-Cents,
le Directoire, la Constitution de l'an III, tout fut
renversé et des ruines de la République rouge, souil-
lée de sang, s'éleva la République modérée de 1798.
Trois Consuls la dirigeaient : Bonaparte, Cambacérès et Lebrun.

Le 19 Brumaire, les trois Consuls firent leur entrée au Luxembourg, au milieu des acclamations du
peuple, et dormirent vainqueurs dans les lits occupés la veille par les membres du Directoire.

Une nouvelle ère date de ce jour. L'étiquette, qui,
pendant la durée de la République démocratique,
s'était cachée dans les coins les plus obscurs du

Luxembourg et des Tuileries, commença à reparaître au grand jour. On n'était plus forcé de confondre, pour rendre hommage au principe d'égalité, le rang et l'éducation, en se servant du mot : « Citoyen; » le peuple n'était plus obligé de supporter, au nom de la fraternité, la familiarité insolente des héros de la rue; et on n'exigeait plus que personne sacrifiât sa liberté personnelle et son bien-être sur l'autel de la liberté.

L'étiquette avait donc reparu. On appelait les trois Consuls : « Monsieur; » et Joséphine, qui vint le lendemain avec sa fille occuper les appartements préparés pour elles au palais du Luxembourg, fut appelée : « Madame. » Un an auparavant les mots Monsieur et Madame auraient été cause de soulèvements et de sang répandu. Le Général Augereau avait adressé un ordre du jour à sa division, dans lequel il interdisait les mots Monsieur et Madame soit en parole, soit en écrit, et il avait menacé ceux qui n'obéiraient pas à ses ordres de les chasser de l'armée comme indignes de servir sous les drapeaux de la République.

Ces mots proscrits rentrèrent avec les trois Consuls au Luxembourg, qui avait été délivré des tyrans démocratiques.

Joséphine était maintenant, à tous égards, Madame Bonaparte, Hortense, Mademoiselle de Beauharnais; et Madame Bonaparte pouvait avoir un plus grand nombre de serviteurs, et vivre d'une façon plus brillante qu'elle ne l'avait fait jusqu'ici. Pour dire vrai, il n'y avait pas encore de cour ni de dames d'honneur, et le Luxembourg n'était pas une très-spacieuse résidence; mais le jour était proche où Monsieur et Madame Bonaparte allaient changer leur humble titre contre celui de « Majesté, » et où les Tuileries allaient recevoir les hôtes du Luxembourg.

Ce dernier palais fut bientôt trop petit pour les trois Consuls ; trop petit pour l'ambition de Bonaparte, qui n'aimait pas à vivre aussi près de ceux qui partageaient son pouvoir; trop petit pour la réalisation des désirs qui s'élevaient maintenant distinctement dans le cœur de Bonaparte, et qui le poussaient en avant dans la carrière des grandeurs. Il savait alors ce à quoi il avait aspiré; ce qui, peu de temps auparavant lui apparaissait comme la *fata Morgana* de ses rêves, était maintenant l'objet d'une mûre réflexion. Cependant ce n'était pas une tâche facile que de s'ouvrir le chemin du palais des Bourbons ! Jusqu'alors les représentants du peuple avaient siégé aux Tuileries : il était impossible de renvoyer tous ces hommes d'un seul coup; une telle mesure aurait fait surgir des soupçons dans tous les cœurs des vrais républicains, auxquels il fallait cacher avec beaucoup de soin le désir d'établir une monarchie. Il était nécessaire, avant d'aller aux Tuileries, de faire croire au peuple qu'un homme peut être bon républicain, tout en ayant le désir d'aller habiter la demeure des Rois.

Avant que les Consuls ne changeassent de résidence, le Palais des Tuileries fut orné et distribué de façon à remplir sa nouvelle destination. On plaça le buste de Brutus, qui avait été rapporté d'Italie par Napoléon, dans une de ses galeries; et David fut chargé de faire exécuter plusieurs autres statues des héros des Républiques Grecque ou Romaine qui furent placées dans d'autres salons.

Nombre de républicains, qui avaient été exilés après le 13 Vendémiaire purent rentrer en France; et comme justement la nouvelle de la mort de Washington venait d'arriver, Napoléon fit porter le deuil pendant dix jours à l'armée. Chaque soldat devait porter un crêpe au bras, et les drapeaux et les trompettes furent également revêtus des mêmes insignes de deuil. Quand ces dix jours furent terminés, quand la France et son armée eurent suffisamment manifesté leur chagrin de la mort du grand républicain, les trois Consuls firent leur entrée aux Tuileries. Ils entrèrent par la grande porte de face, de chaque côté de laquelle était planté un arbre de la liberté qui portait les inscriptions républicaines de 1792. Sur l'arbre de droite il y avait cette date: « 10 août; » sur l'arbre de gauche il y avait cette phrase : — « La Royauté a été détruite en France, et elle n'y sera jamais rétablie ! »

Bonaparte et ses collègues passèrent entre ces deux arbres pour entrer aux Tuileries : une longue file de voitures les suivait et animait les rues de Paris; mais la splendeur et la magnificence qui caractérisèrent plus tard les solennités de la France Impériale faisaient complétement défaut en cette circonstance. Il n'y avait qu'une brillante voiture :

c'était celle qui contenait les Consuls, et qui était
traînée par les six chevaux blancs que l'Empereur
d'Autriche avait donnés à Napoléon. La plupart des
autres voitures étaient des fiacres dont les numéros
avaient été recouverts de papier. La nouvelle France
n'avait pas encore eu le temps de faire construire
des voitures de gala, et celles de la vieille France
avaient été si horriblement abîmées qu'elles étaient
pour toujours hors d'état de servir. En Septembre
1793, elles avaient servi de tombereaux pour transporter des chiens morts.

A cette époque il y avait dans Paris des milliers
de chiens sans maîtres, qui avaient appartenu
précédemment à l'aristocratie, et qui alors erraient
dans les rues, se nourrissant du sang qui coulait à
torrents de la guillotine, et qui teignait les rues
de Paris. Cette horrible nourriture avait rendu à
ces chiens leur férocité et leur soif de sang natives.
Les personnes qui avaient été assez heureuses pour
échapper à l'échafaud étaient alors en danger d'être
déchirées en morceaux par ces animaux furieux,
qui ne faisaient pas de distinction entre les aristo-
crates et les républicains, et les attaquaient tous
indistinctement : il devint donc nécessaire de détruire
ces nouveaux ennemis de la République. En conséquence la force armée entoura les Champs-Élysées,
conduisit les chiens dans la Rue Royale, et là on
les tua à coups de fusil. Dans un seul jour on en tua
plus de trois mille et leurs corps restèrent épars
dans la rue. Ils y demeurèrent trois jours : une discus-

sion s'étant élevée entre les autorités pour décider
qui devait les enlever.

A la fin, poussée par la nécessité, la Convention
prit sur elle d'examiner la chose, et elle donna des
ordres à M. Gasparin qui dut prendre les mesures
nécessaires. Ce fonctionnaire s'arrangea pour convertir l'ensevelissement des chiens en une démonstration républicaine. Comme ces animaux avaient
appartenu aux ci-devants, on devait les conduire à
leurs tombeaux avec les honneurs aristocratiques.

Gasparin rassembla toutes les voitures de gala de
la noblesse guillotinée ou exilée, et dans ces splendides voitures portant encore les armoiries de leurs
maîtres, il plaça les restes des chiens. Six voitures
royales ouvraient la marche, et derrière les brillants
panneaux des portières on pouvait voir les queues,
les pattes et les têtes des victimes de la Rue Royale
entassées en désordre.

Après cette démonstration de la France républicaine, il fut impossible de se servir des voitures de
la noblesse, et, par conséquent, les équipages convenables furent rares le jour de l'entrée des Consuls
aux Tuileries.

La Révolution finit au moment où Napoléon entra
aux Tuileries. Bonaparte plaça son épée victorieuse
sur l'abîme sanguinaire qui avait englouti sans distinction le sang des nobles et celui des roturiers; il
fit de cette épée un pont sur lequel la nation passa
d'un siècle à l'autre, et de la République à l'Empire.

Lorsque le lendemain de son arrivée aux Tuileries, Napoléon se promena avec Joséphine et Hortense dans la Galerie de Diane pour examiner les statues qu'il y avait fait placer, il s'arrêta devant le buste du jeune Brutus, à côté duquel se trouvait une statue de César. Bonaparte, pensif, regarda longtemps ces deux figures; puis, comme s'il sortait d'un rêve, il releva fièrement la tête, et plaçant sa main sur l'épaule de Joséphine, il dit d'une voix énergique :

— Ce n'est pas assez d'être aux Tuileries, un homme comme moi doit savoir y rester ! Combien de personnes ont déjà passé dans ce palais! Oui, des bandits et des Conventionnels. N'ai-je pas vu de mes yeux comment les Jacobins et les bandes de sans-culottes ont assiégé le Roi Louis XVI et l'ont emmené prisonnier? Mais ne crains rien, Joséphine, qu'ils y viennent à présent !

Pendant que Bonaparte parlait ainsi en demeurant devant les statues de Brutus et de Jules César, sa voix résonnait comme un tonnerre dans la longue galerie, et faisait trembler sur leurs piédestaux les statues des héros des anciennes républiques.

Napoléon leva son bras d'une façon menaçante vers le buste de Brutus comme s'il eût voulu défier, dans la personne de ce farouche républicain qui assassina César, la France républicaine, de laquelle il voulait être tout à la fois le César et l'Auguste.

La Révolution était terminée; Bonaparte vivait aux Tuileries avec sa femme et ses enfants. Le fils et la fille de ce Général Beauharnais que la République avait guillotiné avaient trouvé un second père qui était destiné à venger ce meurtre sur la République elle-même.

La Révolution était donc définitivement terminée.

CHAPITRE IX.

UN PREMIER AMOUR.

Quand la Révolution fut finie, et lorsque Bonaparte eut pris possession des Tuileries, ce ne fut
pendant un certain temps que fêtes et réjouissances.
Joséphine et Hortense étaient l'âme de ces soirées,
les deux fées qui les animaient, et qui leur donnaient de l'éclat.

Hortense était passionnée pour la danse, et aucune
des dames de l'entourage de Joséphine ne l'égalait
en grâce et en élégance. Le peuple parlait déjà de
la « cour » de Madame Bonaparte. N'était-elle pas
l'épouse du Premier Consul? Elle donnait des audiences, et avait, ainsi qu'Hortense, une suite qui la
saluait avec la même humilité que si elle eût été
princesse du sang.

Madame Bonaparte traversait maintenant les rues
de Paris dans une voiture attelée de six chevaux,
escortée d'un détachement de cavalerie. Partout où
le peuple l'apercevait ainsi qu'Hortense, il les acclamait avec enthousiasme. Le cocher et les domesti-
tiques du Consul avaient endossé une livrée. On les

vit avec de grandes houppelandes richement bro-
dées d'or et avec des aiguillettes. Il avait des
valets de chambre et des valets de pied ; ses piqueurs
et ses postillons. Il donnait des dîners splendides, et
les ambassadeurs étrangers étaient reçus en audience solennelle ; car, à cette époque, toutes les
puissances de l'Europe avaient reconnu la République avec le Consulat ; et comme Napoléon venait
de faire la paix avec l'Angleterre et l'Autriche, ces
deux pays envoyaient leurs représentants à la cour
du Premier Consul.

La guerre avec l'étranger était terminée, mais
une lutte continuait avec fureur dans les murs
mêmes des Tuileries. C'était la lutte de l'étiquette
et du goût. Porterait-on ou ne porterait-on pas la
poudre ? Telle était la grande question à l'ordre du
jour dans tous les salons. Elle fut finalement résolue
par Joséphine, qui dit « que l'on pouvait venir à la
cour comme on l'entendrait, pourvu qu'on consultât
le bon goût dans le choix de ses toilettes. »

Depuis quelque temps cependant, Hortense avait
pris une part moins active aux fêtes et aux plaisirs ;
elle ne semblait plus trouver de grandes distractions
dans les bals et les soirées de la cour, et elle préférait se retirer et s'enfermer dans ses appartements.
Les sons doux et mélancoliques de sa harpe semblaient la charmer plus que les causeries spirituelles
et mondaines du salon de sa mère.

Hortense recherchait la solitude, parce que dans
la solitude seule, elle pouvait ouvrir son cœur et

dire tout bas qu'elle aimait avec toute l'innocence
et la ferveur, toute la force et l'abnégation d'un
premier amour. Combien étaient délicieuses pour
elle ces heures de rêveries; l'avenir se présentait à
ses yeux comme un long et beau jour d'été, qui
commençait à poindre, et dont le soleil allait bientôt
se lever.

Le choix d'Hortense avait la sanction secrète de
sa mère et de Bonaparte; mais tous deux avaient
l'air de ne rien voir de l'attachement qu'elle avait
conçu pour le Général Duroc, premier aide-de-
camp de son beau-père. Ils l'appréciaient différemment : Joséphine considérait l'amour de sa fille
comme n'étant pas très-profondément enraciné, et
le prenait pour l'affection capricieuse d'une enfant;
Napoléon voyait mieux, et pensait sérieusement à
unir le jeune couple. Pour cela, il était nécessaire
d'élever Duroc à une plus haute position. En conséquence, cet officier fut nommé ambassadeur et
envoyé à Saint-Pétersbourg, où Alexandre Ier venait de monter sur le trône de ses pères, pour féli-
citer le nouvel Empereur de la part du Premier
Consul.

Les amants, constamment surveillés et toujours
contenus par l'étiquette, qui avait alors pris le
dessus, n'eurent même pas la triste consolation de
se dire adieu par une dernière pression de main, et
de se jurer une dernière fois un amour et une fidélité éternels, quand l'heure de la séparation arriva.
Mais ils avaient foi dans l'avenir ; ils devançaient

le retour de Duroc, et celui-ci se voyait déjà en possession de la récompense que Bonaparte avait laissé
entrevoir à son aide-de-camp. Cette récompense
n'était rien moins que la main d'Hortense. En attendant cet heureux jour, les amants durent se con-
tenter de la consolation de tous les amants séparés : ils s'écrivaient des lettres qui leur parvenaient
par l'intermédiaire d'un homme de confiance, M. de
Bourienne, qui était le secrétaire particulier de
Bonaparte.

« J'avais coutume de jouer au billard avec
Mademoiselle Hortense presque tous les matins, » dit
Bourienne dans ses Mémoires, « jeu qu'elle affection-
tionnait particulièrement. Toutes les fois que je
disais tout bas : « J'ai une lettre pour vous, » la partie
cessait aussitôt. Elle se rendait en toute hâte à sa
chambre, et je la suivais pour lui donner la lettre.
Ses yeux se remplissaient fréquemment de larmes
de joie et d'émotion, et ce n'est qu'après un assez
long intervalle qu'elle revenait à la salle de billard
où je l'avais précédée. »

Ainsi, Hortense se berçait de douces espérances, elle
rêvait de bonheur à venir, et était indifférente à presque tout ce qui se passait autour d'elle. Elle prévoyait
peu combien son jeune cœur allait être frappé, et
comment elle allait devenir l'instrument d'intrigues
à la fois domestiques et politiques.

Les frères de Bonaparte, envieux et jaloux de
de l'influence que la femme du Premier Consul
continuait à exercer sur son mari, comme dans les

premiers jours de leur union, voulaient séparer Hortense de sa mère, comprenant qu'elle était la base la plus solide du pouvoir de Joséphine. En isolant ainsi Joséphine, ils pensaient pouvoir acquérir une plus grande influence sur leur frère, car ils n'ignoraient pas combien Bonaparte avait d'attachement pour les enfants de sa femme, et ils n'avaient pas encore oublié comment, une première fois, ils avaient seuls empêché une séparation entre Bonaparte et Joséphine.

A son retour d'Egypte la jalousie du Consul avait été éveillée par ses frères et Junot, qui avaient insinué artificieusement que Joséphine n'avait pas été tout à fait fidèle pendant son absence. Bonaparte s'était presque décidé à se séparer de sa femme, bien qu'il l'aimât encore avec passion, quand Bourienne réussit à lui persuader d'entendre au moins sa femme avant de la condamner. Ceci la sauva. Bonaparte répondit à l'intercession de son secrétaire :

— Il est impossible de lui pardonner. Moi! lui pardonner, jamais... si je le faisais, j'arracherais mon cœur de ma poitrine, et je le jetterais au feu !

Et en parlant ainsi d'une voix tremblante de colère, Napoléon saisit sa poitrine dans ses mains, comme s'il se préparait à la déchirer. Mais le lendemain de cette conversation, quand il entra dans son cabinet, il s'approcha en souriant et un peu embarrassé de Bourienne, et dit :

— Eh bien! vous serez content de moi, elle est

ici, mais n'allez pas supposer que je lui ai pardonné.
En effet, il n'en est rien ; au contraire, je me suis
mis fort en colère contre elle, et je l'ai renvoyée,
mais quand elle m'a quitté tout en larmes, je l'ai
suivie, et comme elle descendait en sanglotant, j'ai
vu Eugène et Hortense qui pleuraient sur le palier ;
je n'ai pas eu la force de voir couler leurs larmes
et de rester inébranlable. Eugène m'a accompagné
en Egypte ; je me suis habitué à le considérer
comme mon fils adoptif, et c'est un si noble cœur
et un si brave jeune homme. Hortense est sur le
point de faire son entrée dans le monde, et tous
ceux qui la connaissent ne parlent d'elle que pour
faire son éloge. J'avoue, Bourienne, que la
vue de ces enfants m'a profondément touché. Je
suis devenu triste moi-même en les voyant pleurer,
et je me suis dit : Doivent-ils souffrir pour la faute
de leur mère ? J'ai rappelé Eugène, Hortense l'a
suivi avec Joséphine... pouvais-je l'empêcher ? Il
est impossible à l'homme de ne pas être mortel et de
n'avoir pas ses moments de faiblesse.

— Comptez, Général, — reprit Bourienne, —
que vos enfants d'adoption, vous seront reconnaissants de vos bontés.

— Je l'espère... je l'espère... car ils me coûtent
un grand sacrifice.

Joséphine put bientôt après prouver sa parfaite
innocence, et Bonaparte vit ainsi sa générosité ré-
compensée, en apprenant que les accusations de ses
frères étaient complétement injustes.

MÉMOIRES

Dans ces circonstances, les frères de Napoléon, tenaient naturellement à éloigner Hortense de Joséphine. Elle était douée d'un esprit si supérieur, de tant de tact, et d'un jugement à la fois si fin et si juste, qu'elle était un parfait Mentor pour sa mère. Joséphine, vaine et extravagante comme elle l'était, n'eût pas été, malgré sa beauté, un antagoniste très-redoutable, une fois privée du soutien de sa fille.

Hortense une fois éloignée, il aurait été comparativement facile d'écarter Joséphine ; car elle devait être éloignée. Elle était un obstacle et un empêchement à l'ambitieuse carrière des frères de Napoléon. Ils savaient bien ne pas pouvoir arriver par eux-mêmes à la grandeur qu'ils convoitaient; ils savaient bien que Napoléon seul était capable de poser une couronne sur leur front, et il était donc nécessaire qu'il portât lui-même le symbole de la royauté. Joséphine était contraire à ce projet. Elle aimait son mari avec assez de désintéressement pour craindre les dangers qui accompagnent l'usurpation d'une couronne, et avait trop peu d'ambition pour ne pas préférer sa situation tranquille à celle plus élevée, mais aussi plus périlleuse d'un trône.

Il était donc nécessaire que Joséphine fût éloignée. Bonaparte devait choisir une autre femme, dans les veines de laquelle coulât le sang d'une royauté légitime, et qui sous ce rapport ne serait pas un obstacle à ce que son mari portât la pourpre.

CHAPITRE X.

LOUIS BONAPARTE ET DUROC.

La première chose dont s'occupèrent les frères de Bonaparte fut l'éloignement d'Hortense. Ils commencèrent par représenter à Napoléon, qu'elle et Duroc s'aimaient passionnément, qu'ils avaient toujours entretenu une correspondance secrète, et proposèrent d'envoyer Duroc en Italie, où il pourrait occuper un rang plus élevé, qui le mettrait en position d'aspirer à la main d'Hortense. Mais le secret le plus absolu devait être gardé pour faire réussir ce plan, et Joséphine surtout devait l'ignorer. Ils persuadèrent donc à Napoléon (que l'on trompait facilement dans les petites choses, parce que son esprit était toujours occupé de grandes), de tenir le mariage projeté secret, pour faire une surprise agréable au jeune couple et à sa femme tout à la fois.

Mais Joséphine avait vu les intrigues hostiles de ses beaux-frères. Elle comprit bien que tout son avenir, son existence même, dépendaient absolument de la possibilité d'avoir des amis et des alliés dans la famille de son mari.

Il n'y avait qu'un des frères de Napoléon qui ne lui était pas hostile, mais qui, au contraire, aimait et estimait Joséphine, parce qu'elle était la femme de son frère bien-aimé : c'était Louis, le plus jeune des Bonaparte. Louis avait un caractère doux et tranquille, plutôt littérateur que soldat, qui convenait mieux à l'étude qu'à la tribune ou à la vie des camps. Mais ce corps frêle, et presque efféminé, renfermait un courage et une énergie qui ne faillirent jamais au moment du danger, et que ni promesses ni menaces ne purent ébranler. Son extérieur n'était pas gracieux, il était inculte en quelque sorte, mais il était susceptible d'une grande dignité quand il remplissait un grand rôle. Alors ses grands yeux bleus, plus habitués à regarder en dedans qu'en dehors, brillaient, dans ces circonstances, d'un feu plein de résolution.

Son caractère était remarquable, mais en apparence insignifiant ; ces espèces de caractères sont rarement compris et estimés à leur juste valeur ; dans le trouble et les agitations de la vie, on n'a pas le temps de les étudier avec soin. Une mère ou une sœur, peuvent seule apprécier de tels hommes, car une intimité continuelle et une observation constante leur permettent de voir l'intérieur de cette sensitive, qui se ferme au grossier contact du monde. Ils trouvent peu de femmes qui les aiment, car ils sont trop timides pour en chercher, et semblent trop insignifiants pour qu'on les remarque.

Ce fut donc le plus jeune frère de son mari, à

peine âgé de vingt-quatre ans, qui sembla à Joséphine le plus propre à devenir son allié de tous les
membres de la famille de Napoléon.

Louis était le favori de Madame Lœtitia, et
l'enfant gâté de tous ses frères, qui n'avaient rien
à redouter de son ambition ou de son égoïsme. Il
ne contrariait jamais leurs plans, et ne se mêlait
jamais de leurs affaires ; mais il demandait en
revanche à avoir la même liberté et à n'être pas
contrarié dans ses goûts. Il était le confident de
ses sœurs, qui trouvèrent toujours en lui un sage
conseiller qui ne les trahit jamais. Napoléon
l'aimait particulièrement pour ses nobles qualités,
et parce qu'il ne l'importunait jamais comme
ses autres frères. Car l'ambition de Joseph, de
Lucien et de Jérôme, dérangeait constamment
Bonaparte.

« Si on entendait mes frères me demander tous
les jours de nouvelles sommes, et le ton avec lequel
ils le font, on pourrait vraiment croire que j'ai gas-
pillé leur patrimoine, » dit un jour Napoléon à
Bourienne, après une scène qu'il avait eue avec
Jérôme, et qui se termina comme toujours, ce dernier ayant reçu un nouveau bon sur les fonds particuliers du Premier Consul.

Jérôme, de tous les frères de Napoléon, était le plus
exigeant, et nous prenons dans le premier volume de
ses Mémoires, récemment publiés, cette anecdote
caractéristique.

A l'âge de quinze ans, Jérôme était l'enfant gâté

du Premier Consul, dont la surveillance paternelle était souvent trompée par cette nature ardente.

Un jour le jeune homme se sauva des Tuileries, et alla se promener sur les Boulevards. Il choisit le plus beau magasin d'articles de toilette, et entra pour les examiner. Ne trouvant rien d'assez joli à son gré, il se fit montrer les plus belles choses, tant comme objets d'art que comme valeur intrinsèque. Le marchand, étonné du sang-froid du jeune homme, lui montra un nécessaire de 16,000 francs.

— Celui-ci me plaît, — dit Jérôme. — Envoyez-le aux Tuileries, et l'aide de camp du Premier Consul payera.

Il sortit, et le nécessaire fut envoyé aux Tuileries. Duroc, supposant que le Général Bonaparte avait acheté cet objet, le paya, et inscrivit la somme sur la liste des factures qu'il mettait tous les soirs sous les yeux du Premier Consul. Ce dernier, étonné, demanda ce que cela signifiait. Duroc raconta ce qui était arrivé. Le lendemain, on envoya chercher le marchand, et tout fut expliqué. A l'heure du dîner, Bonaparte entra dans la salle où tout le monde l'attendait. Prenant Jérôme par une oreille, il lui dit :

— C'est donc toi qui as jugé convenable d'acheter un nécessaire de 16,000 francs.

— Ah! oui, — répondit-il sans le moindre embarras, — voilà comme je suis, je n'aime que les belles choses.

C'est Mademoiselle Cochelet qui nous fournit cette autre anecdote sur le jeune prince.

Il paraît qu'un jour il avait tout à fait besoin de vingt-cinq louis, car sa bourse était complétement vide, quoique Murat, Gouverneur de Paris, qui lui était très-attaché, lui eût souvent ouvert la sienne. Il n'avait pas cette ressource pour cette fois, et le quartier de la pension qu'il recevait de l'Empereur était dépensé d'avance. Comment faire?... Qui aller trouver?... Ses autres frères?... Ils étaient absents, — Joseph et Louis étaient à leurs régiments, et Lucien était ambassadeur en Espagne ou en Portugal. Quant à sa mère, elle ne voulait pas entendre parler d'argent à donner à ce petit vaurien qu'elle aimait beaucoup, mais auquel elle prodiguait plus ses conseils que sa bourse. L'idée lui vint de rendre une visite à son oncle, le Cardinal Fesch. Il alla le trouver, et fut parfaitement bien reçu, et comme il y avait un grand dîner ce jour-là, il l'invita même à y assister. Quand le dîner fut fini, les convives passèrent au salon pour prendre le café. Jérôme vit en ce moment le Cardinal entrer dans une autre pièce, il le suivit et tirant vers l'embrasure d'une fenêtre cet oncle qu'il avait fréquemment cajolé, il lui fit sa demande, mais celui-ci le refusa.

On sait que le Cardinal était grand amateur de tableaux, et la pièce dans laquelle il était alors formait le commencement de sa splendide galerie. En entendant ce refus positif, Jérôme se retourna tout à coup :

— Voilà un vieux coquin, — dit-il, — qui semble se moquer de l'affront que je reçois ; je vais me venger.

En même temps il tira son sabre, et en dirigea la
pointe vers la figure d'un vieux gentilhomme peint
par Van Dyck, et se prépara à lui crever les yeux.
On peut se figurer dans quel état fut le Cardinal en
voyant un chef-d'œuvre sur le point d'être anéanti ;
il essaya d'arrêter le jeune homme par le bras, mais
il ne voulut pas entendre raison tant qu'on ne lui
eut pas donné vingt-cinq louis. L'oncle capitula, la
paix fut faite, et on s'embrassa. La plaisanterie fut
trouvée excellente et, quelques jours après, quand on
la raconta au Premier Consul, il s'en amusa beaucoup.

Louis, au contraire, ne demandait jamais d'argent.
Il se contentait toujours de ce que Bonaparte lui donnait, et son frère n'eut jamais à payer aucune dette,
ni à s'arranger pour lui avec aucun marchand.

Cette dernière circonstance inspira à Joséphine
une espèce de respect pour son jeune-beau frère. Il
était si raisonnable, si rangé qu'il n'avait jamais de
dettes ! Cela lui paraissait merveilleux à elle qui ne
pouvait éviter d'en faire, et à laquelle l'économie
était complétement inconnue. Combien de fois déjà
ses dettes l'avaient-elles désagréablement embarrassée, et combien de fois l'avaient-elles fait blâmer
par son mari ; combien de fois lui avait-elle promis
de ne plus rien acheter sans pouvoir payer ! Pourtant
elle faisait de nouvelles dettes, toujours et toujours.
Joséphine avait un caractère généreux, même irré-
fléchi ; il lui était impossible de s'observer de ce
côté, et quelque peur qu'elle eût des regards furieux
de Napoléon, elle ne put jamais se corriger de sa

prodigalité, et retombait toujours dans la même faute.

Louis, avec son caractère économe, lui parut être le mari qui convenait à Hortense ; Joséphine s'imagina qu'ils pourraient vivre très-heureux ensemble, et qu'ils dirigeraient leurs cœurs aussi bien que leurs fortunes. Elle résolut donc de faire son gendre de Louis Bonaparte ; et en même temps l'allié naturel sur lequel elle s'appuierait pour conserver son influence dans la famille de son frère. Joséphine avait déjà un triste pressentiment de l'avenir ; elle regardait l'Aigle Impériale planer au-dessus d'elle comme un mauvais augure, et entendait des voix lamentables dans le calme des nuits.

La négresse de la Martinique avait dit qu'elle deviendrait *plus qu'une reine*, c'est vrai, mais une autre devineresse, qu'elle avait consultée à Paris (la célèbre madame Villeneuve), lui avait dit qu'en effet elle était destinée à porter une couronne, mais que « ce serait pendant peu de temps. »

Pendant peu de temps ? Pourquoi, elle était trop jeune, trop heureuse, pour croire la mort si proche ; — que voulait donc dire la prophétie ? Le danger qui la menaçait était le divorce. Elle n'avait pas donné d'enfants à Napoléon, et déjà il désirait ardemment avoir un fils ! Ses frères lui disaient tous les jours que c'était une nécessité politique d'avoir un héritier.

Joséphine n'osait plus penser à ce sujet ; elle tremblait pour son avenir, et elle regardait autour d'elle pour trouver un appui qui l'empêchât de tomber.

Avec l'égoïsme de la douleur, elle demanda à sa fille de sacrifier ses rêves de bonheur pour le bien-être réel de sa mère.

Et cependant Hortense aimait. Son jeune cœur se révoltait à l'idée d'abandonner sa chaîne et de se marier à un homme pour lequel elle n'avait pas d'affection, et qui, lui-même, n'avait jamais fait attention à elle. Elle considérait comme impossible que l'on pût sérieusement lui demander de refouler son noble et pur amour pour servir une intrigue de famille. Elle se promit de mourir plutôt que d'abandonner l'homme qu'elle aimait.

— Mais Duroc n'a ni fortune ni avenir à te donner, mon enfant, — dit Joséphine ; — tout ce qu'il est, il le doit à Bonaparte ; il n'a ni rang, ni nom, et si Napoléon cessait de s'intéresser à lui, il retomberait dans l'obscurité et l'oubli.

Hortense répondit, en souriant au milieu de ses larmes « qu'elle l'aimait et que sa seule ambition était d'être sa femme. »

— Mais lui, sais-tu s'il n'a pas d'autre ambition que d'être ton mari. Crois-tu qu'il t'aime pour toi seulement ?

— J'en suis certaine ! — répliqua la jeune fille, les yeux brillants. — Duroc me l'a souvent répété ; il m'aime et n'aime que moi. Il a juré de m'aimer toujours. Nous ne demandons rien de plus que d'être l'un à l'autre.

Joséphine haussa les épaules d'un geste de pitié, et dit :

— Mais je suis sûre que Duroc ne veut t'épouser que parce qu'il est ambitieux, et qu'il pense que Napoléon l'élèvera plus rapidement quand il sera ton mari.

— C'est une basse calomnie ! c'est impossible, — s'écria Hortense, la rougeur de la colère au front. — Duroc m'aime, et son noble cœur est incapable d'un calcul aussi honteux.

— Suppose que je te prouve le contraire ! — dit Joséphine, irritée de la résistance de sa fille et cruelle dans ses craintes pour son avenir.

Hortense devint pâle, et sa confiance enthousiaste se changea en appréhension.

— Si vous le pouvez, — dit-elle d'une voix à peine intelligible, — si Duroc ne m'aime que comme l'instrument de son ambition... Alors je serai prête à l'oublier et à épouser qui vous voudrez.

Joséphine triompha.

— Aujourd'hui, — dit-elle, — Duroc revient de son voyage, et dans trois jours je t'aurai prouvé qu'il ne t'aime pas, mais qu'il désire seulement entrer dans la famille de Bonaparte.

Hortense n'entendit que les premiers mots de la réponse de sa mère : « Duroc revient aujourd'hui. » Que lui importait le reste ? Elle allait revoir celui qu'elle aimait, elle allait être confirmée dans sa foi par un regard de cette belle tête. Mais elle n'avait pas besoin d'être raffermie dans sa foi, puisqu'elle croyait en lui. Comment la plus petite méfiance aurait-elle pu s'élever dans son esprit et venir troubler la joie de leur première entrevue ?

Cependant les jolies mains de Joséphine étaient occupées à serrer de plus en plus les filets de son intrigue. Elle avait besoin d'un allié dans la famille de Napoléon pour conserver sa position, donc Louis devait devenir le mari d'Hortense.

Bonaparte lui-même était opposé à l'union de son frère avec sa belle-fille, et était fermement décidé à la donner à Duroc. Mais Joséphine parvint bientôt à ébranler cette résolution. Elle pleura, implora, caressa jusqu'à ce qu'on lui promit que, si ce qu'elle disait était vrai, si Duroc voulait seulement épouser Hortense parce qu'elle était pour lui un parti avantageux, il ne s'opposerait plus au mariage de sa fille et de son frère. Il résolut d'abord d'éprouver son aide de camp.

Peu après cette conversation avec Joséphine, Napoléon revint à son cabinet, où Bourienne était, comme toujours, assis à sa table, occupé à écrire.

— Où est Duroc ? — demanda tout à coup le premier Consul.

— Il est sorti ; je crois qu'il est à l'Opéra.

— Aussitôt qu'il rentrera, dites-lui que, d'après ma promesse, je suis décidé à lui laisser épouser Hortense ; mais il faut que ce soit fait dans deux jours. Je donne à ma belle-fille un douaire de 500,000 francs. Je nomme Duroc commandant de la 8e division, mais, le lendemain de ses noces, il partira avec sa femme pour Toulon, et nous resterons toujours séparés. Comme je veux terminer cette affaire, faites-moi savoir cette nuit même si Duroc accepte ou refuse mes propositions.

— Je ne pense pas qu'il accepte, général.

— Très-bien; dans ce cas, Hortense épousera mon frère Louis.

— Mais, y consentira-t-elle?

— Elle sera bien forcée d'y consentir, Bourienne.

Vers la fin de la soirée Duroc revint, et Bourienne lui répéta, mot pour mot, l'ultimatum du premier Consul.

Duroc écouta attentivement et sans interrompre son interlocuteur; mais sa figure se rembrunit de plus en plus à mesure que le secrétaire parlait.

— Si c'est ainsi, — répliqua-t-il quand Bourienne eut terminé, — si Bonaparte ne peut pas faire plus pour son gendre, je serai obligé de renoncer à l'idée d'épouser Hortense. Cela me chagrine profondément d'agir ainsi, mais je ne veux pas aller à Toulon; j'ai besoin de rester à Paris.

Et sans la plus petite émotion, Duroc prit son chapeau et quitta l'appartement.

Le soir même Joséphine reçut le consentement de son mari au mariage de sa fille et de Louis Bonaparte.

Le soir même aussi Joséphine informa Hortense que Duroc n'avait pas supporté l'épreuve, qu'il avait renoncé à elle par ambition comme il l'avait aimée par égoïsme.

Hortense regarda fixement sa mère. Pas une larme ne brilla dans ses yeux, pas une plainte ne s'échappa de sa bouche; mais elle ressentit une commotion semblable à celle d'un éclair qui l'aurait frappée et aurait détruit pour toujours son amour, ses espérances et son bonheur.

Elle n'eut pas le courage de lutter plus longtemps et de chercher à éviter le sort qui la menaçait ; elle se soumit tranquillement. Puisque l'amour l'avait trahie, elle ne s'inquiétait pas de la forme que prendrait son avenir. Elle savait que son bonheur était irrévocablement perdu ; car, le seul homme qu'elle aimait l'avait trompée, et toutes ses espérances étaient foulées aux pieds.

Hortense, le lendemain matin, entra posément, et même en souriant, dans la chambre de sa mère, et lui annonça que, voulant complaire à ses désirs, elle ne s'opposerait plus à son union avec Louis Bonaparte.

Joséphine embrassa joyeusement sa fille. Elle ne pensa pas quelle nuit d'angoisses, de prières et de désespoir Hortense avait dû passer. Elle ne soupçonna pas que le maintien composé de sa fille n'était que la résignation désespérée d'un cœur brisé.

Hortense sourit, car Duroc ne pouvait pas voir ce qu'elle souffrait. Son amour pour lui était mort, mais l'orgueil d'une femme trahie existait en elle. Ce fut cet orgueil qui sécha ses larmes, et qui amena un sourire sur sa lèvre pâlie.

Joséphine avait atteint son but. Un frère de Bonaparte devint ainsi son gendre. Elle n'avait plus qu'un doute : ce gendre la protégerait-il contre les deux autres frères de son mari ?

CHAPITRE XI.

CONSUL OU ROI?

Deux jours seulement s'étaient écoulés entre les fiançailles et le mariage du jeune couple. Le 7 janvier 1802, Hortense devint la femme de Louis Bonaparte. Napoléon, qui, lui-même, s'était contenté de la cérémonie civile et n'avait jamais donné à son mariage avec Joséphine de consécration religieuse, voulut que son frère et Hortense fussent unis par un lien plus sacré. Jamais mariage n'eut en effet plus grand besoin que le leur des bénédictions du Ciel ! Peut-être Napoléon pensa-t-il que la conscience d'une union irrévocable pousserait les nouveaux époux à des efforts plus consciencieux et plus honorables pour arriver à une affection mutuelle ; peut-être aussi eut-il l'intention d'éloigner toute idée de divorce. Quoi qu'il en soit, le cardinal Caprera, après que le mariage civil eut été signé, fut appelé aux Tuileries pour donner au jeune couple la bénédiction de l'Église.

Pas un mot, pas un regard ne fut échangé entre l'époux et l'épouse. Ils montèrent silencieusement dans la voiture qui devait les conduire chez eux. Ils habitaient la petite maison de la Rue de la Victoire, qui, pendant les premières semaines de leur union, avait été habitée par Bonaparte et Joséphine.

A cette époque, un heureux couple en avait franchi le seuil; mais celui qui, aujourd'hui, en prenait possession, n'apportait avec lui ni amour, ni bonheur. Joséphine y était entrée le visage radieux de joie; les joues d'Hortense étaient pâles, dans ses yeux brillait une larme.

Louis aussi avait été contraire à ce mariage. Il n'aimait pas sa femme. Tous deux se détestaient même. Hortense ne put jamais lui pardonner d'avoir accepté sa main, sachant que son cœur appartenait à un autre, et Louis pensait qu'elle avait mal agi en consentant à devenir sa femme, bien qu'il ne lui eût jamais dit qu'il l'aimât.

Tous deux avaient obéi à cette volonté de fer qui soumettait à ses lois, non-seulement la France, mais sa propre famille. Tous deux s'étaient mariés par obéissance, non par amour, et la conviction de cette contrainte restait entre ces deux natures, fières et indépendantes, comme une barrière insurmontable.

Ils n'essayèrent point de s'aimer, ni de trouver dans leurs cœurs le bonheur qu'il ne leur était pas permis de trouver ailleurs. Richement vêtue, mais pâle et triste, Hortense parut aux fêtes qui eurent lieu en l'honneur de son mariage. Louis reçut avec tristesse les félicitations de ses amis et des courtisans. Tandis que chacun semblait joyeux, tandis que l'on s'égayait, que l'on riait, que l'on dansait, le jeune couple seul restait triste et taciturne. Louis évitait de parler à sa femme, et elle se détournait pour qu'il ne vît pas la froide indifférence qu'exprimait son visage.

Cependant, ils étaient tous les deux forcés d'accepter leur destinée; ils étaient enchaînés l'un à l'autre, et devaient au moins essayer de supporter la vie commune. Hortense, quoique sous une apparence douce, flexible et naïve, possédait déjà un cœur fort et énergique. Elle était trop fière pour permettre à personne de la plaindre; elle se contentait de pleurer quand elle était seule et s'efforçait de sourire quand elle paraissait dans le monde, — car Duroc ne devait pas voir les traces de ses larmes.

Mais si Hortense avait banni l'amour de son cœur, la blessure qu'elle s'était faite était encore toute saignante. Si elle n'espérait plus être heureuse, sa jeunesse et son amour-propre de femme se révoltaient à l'idée de ne plus être désormais qu'une esclave; et elle se disait en elle-même :

— On doit pouvoir vivre sans être heureux, j'essayerai.

Elle essaya; elle recommença à rire et à danser, et assista aux fêtes qui se donnèrent à Saint-Cloud, à la Malmaison et aux Tuileries, et qui semblaient être le chant du cygne de la République mourante, ou la chanson de berceau de la Monarchie naissante, — comme on voudra.

Le jour approchait à grands pas où la nation

Française allait avoir à choisir entre un semblant de
république et une véritable monarchie. La France
avait déjà cessé d'être réellement en république. La
monarchie, il est vrai, n'était encore qu'un nouveau-
né, dénué de tout, mais il ne manquait qu'une
main hardie, possédant un courage suffisant pour le
vêtir de la pourpre, et cet enfant deviendrait alors
un homme fort et puissant.

Bonaparte eut ce courage. Il eut le courage plus
grand encore de le faire lentement et résolûment.
Il laissa l'enfant nu et sans force, grelotter quelque
temps encore à ses pieds, et, pour l'empêcher de
mourir de froid, il le couvrit du manteau du Consulat à vie. Sous ce manteau, l'enfant put se réchauffer
et sommeiller pendant quelques mois, en attendant
que ses langes de pourpre fussent préparés.

Bonaparte, par la volonté de la nation, avait été
fait Consul à vie. Comme le Général Monk, il était au
pied du trône, et avait l'alternative de le restituer
à un roi exilé, ou d'y monter lui-même. Les frères
de Napoléon désiraient lui voir prendre ce dernier
parti. Joséphine souhaitait que le contraire eût lieu.
C'était une femme trop aimante pour nourrir l'espoir
de conserver son bonheur au milieu des grandeurs
d'une ambition trop promptement satisfaite, et trop
désireuse d'assurer sa tranquillité domestique pour
vouloir la risquer. Si Bonaparte se plaçait une couronne sur le front, il deviendrait naturellement le
fondateur d'une nouvelle dynastie, et, pour affermir
son trône, il désirerait avoir un fils. Mais Joséphine ne

lui avait pas donné d'enfants; elle savait que Jérôme
et Lucien avaient plus d'une fois proposé à leur frère
la dissolution de cette union stérile. Pour elle donc
le couronnement de Napoléon signifiait le divorce.

Elle aimait son mari d'une façon trop égoïste
pour vouloir se sacrifier à son élévation. De plus,
au fond du cœur elle était royaliste, et elle appelait
le Comte de Lille, qui avait trouvé un asile à Hartwell, le légitime Roi de France.

Les lettres que le Comte de Lille, — plus tard
Louis XVIII, — avait écrites à Bonaparte l'affec-
taient profondément. Elle pria son mari de répondre
avec bonté et d'un ton conciliant au malheureux
frère du roi décapité; elle alla même jusqu'à conjurer Bonaparte de faire ce que Louis lui demandait :
rendre à l'exilé le trône de ses pères. Napoléon
avait regardé sa proposition comme une plaisanterie; il considérait comme impossible qu'on s'at-
tendît à le voir déposer ses lauriers auprès d'un
trône, qui devait être occupé par un Bourbon et non
par lui.

Louis avait écrit à Bonaparte ce qui suit : —

« Je ne puis croire que le héros de Lodi, de Cas-
» tiglione, et d'Arcole, que le conquérant de l'Italie
» et de l'Egypte ne préfère pas une gloire réelle à
» une vaine célébrité. Mais, par votre hésitation,
» vous perdez un temps précieux. Nous pourrions
» aujourd'hui assurer la grandeur de la France. Je
» dis nous, parce qu'il me faut un Bonaparte pour

» y parvenir, et parce qu'il serait incapable de le
» faire sans moi. »

Bonaparte fut d'avis qu'il pouvait mettre « Je »
au lieu de « nous » ; il se sentait de force à assurer la
grandeur de la France; il fit donc la réponse suivante :

« Vous ne pouvez désirer rentrer en France, puis-
» que pour cela vous seriez obligé de passer sur les
» cadavres de cent mille Français. Sacrifiez-donc vos
» intérêts à la paix et au bien de votre pays. L'his-
» toire saura apprécier votre conduite. »

Louis, dans sa lettre à Napoléon avait dit :
« Vous êtes libre de choisir la situation qui vous
» convient pour vous et vos amis. » Napoléon profita
de la permission ; mais malheureusement il choisit
le poste que le Comte de Lille aurait voulu se
réserver à lui-même.

Joséphine, nous le répétons, aurait été bien aise
de voir le roi rentrer en France, si par cet arrangement elle eût pu conserver son mari. Elle ne désirait
point de couronne; on l'admirait et on l'honorait
assez sans cela. Bourienne lui dit un jour :

— Vous aurez de la peine à ne pas être reine ou
impératrice.

En entendant ces paroles, Joséphine pleura et
répondit :

— Mais je n'ambitionne pas d'être reine. Si je puis

rester la femme de Bonaparte premier Consul, je
suis satisfaite. Dites-lui cela, Bourienne, suppliez-le
de pas se faire roi.

Joséphine n'en resta pas là; elle eut elle-même
le courage d'entreprendre de dissuader son mari.

Un jour que Bonaparte s'était montré particuliè-
ment gai et aimable à déjeuner, elle entra dans son
cabinet sans s'être fait annoncer, et s'approchant
sans bruit par derrière, elle jeta son bras autour
de son cou, et s'assit sur ses genoux. Elle tint
ses yeux fixés sur le pâle visage de son mari et
lui caressant affectueusement les cheveux, elle lui
dit :

— Je t'en supplie, Bonaparte, ne te fais point
roi. Je sais que ton frère Lucien t'y engagerait volontiers, mais ne l'écoute pas.

Bonaparte se mit à rire.

— Tu vois des fantômes où il n'y en a pas, ma
pauvre Joséphine ; tes vieilles douairières du Faubourg Saint-Germain, et avant tout ton La Roche-
foucauld, t'ont conté leurs fables. Mais elles m'en-
nuient, ainsi ne m'en parle plus.

Bonaparte, qui avait répondu aux conseils de sa
femme par une plaisanterie évasive, commençait à
parler sérieusement à ses conseillers intimes de son
projet de mettre une couronne sur sa tête. Dans le
cours de la conversation sur ce sujet, Bourienne lui
dit :

— Comme premier Consul, vous êtes l'homme le
plus célèbre de l'Europe, mais si vous montez sur le

trône, vous serez le plus jeune des rois, et rangé
bien loin derrière eux tous.

Les yeux de Bonaparte s'illuminèrent en entendant cette réponse, et avec cette expression particulière qu'il savait prendre au moment d'une importante décision, il reprit :

— Le plus jeune des rois!... Eh bien! je chas-
serai tous les princes de leurs trônes, et je suis sûr
alors d'être reconnu comme le plus ancien !

CHAPITRE XII.

CALOMNIE.

Le mariage d'Hortense avec le frère de Bonaparte n'eut pas les résultats que Joséphine avait attendus. Elle avait fait un mauvais choix, car, de tous les frères du premier Consul, Louis était celui qui aimait le moins à se mêler d'intrigues politiques; de plus, Louis n'eut plus la même amitié qu'auparavant pour Joséphine; son cœur franc et honnête l'accusait d'avoir mal agi en sacrifiant le bonheur de sa fille à ses propres intérêts; il était furieux contre elle parce qu'elle l'avait obligé à se marier sans amour, et quoiqu'il ne fût pas encore dans les rangs des ennemis de Joséphine, il n'était déjà plus son ami.

La vie que menait le jeune couple était étrange; les deux époux se disaient ouvertement l'un à l'autre qu'ils ne se plaisaient pas et qu'ils avaient été unis par force. Dans cet étrange état d'indifférence, ils s'apitoyaient l'un sur l'autre, comme des amis, sur leur malheur conjugal, et se répétaient souvent qu'ils étaient convaincus de ne jamais s'aimer; mais leur compassion mutuelle devint assez forte pour se convertir aisément en affection.

Déjà Louis passait quelques heures auprès de sa femme, s'efforçant de l'amuser par sa conversation spirituelle, et Hortense commençait à considérer comme son devoir le plus sacré de faire oublier à son mari, par toutes les attentions possibles, qu'il n'était pas heureux à côté d'elle. Ils espéraient tous deux que l'enfant qu'ils attendaient les consolerait de leur malheureuse union et de la liberté qu'ils avaient perdue.

— Si je vous donne un fils, — dit Hortense en souriant, — la première fois qu'il vous appellera son père, vous me pardonnerez peut-être d'être sa mère.

—Et, en pressant ce fils sur votre cœur et en sentant combien vous l'aimez, vous oublierez que je suis son père. Tout au moins vous cesserez de me haïr, car je serai le père de votre enfant bien-aimé.

Très-probablement, si les jeunes époux avaient été laissés à eux-mêmes, ils auraient fini par se comprendre; ils auraient vaincu leur destinée, — et leur antipathie se serait changée en amour. Mais le monde les traita cruellement: il écrasa sans pitié le germe d'affection qui commençait à se développer dans le cœur d'Hortense.

Joséphine avait marié sa fille à son beau-frère, afin de la garder près d'elle. Ses ennemis le savaient bien, et par conséquent cette fille devint l'objet de leurs attaques incessantes et de leurs malignes ca-

lomnies. Comme ils n'avaient pas pu arriver à leur
but par son mariage ils essayèrent, pour l'atteindre,
de la calomnier.

Dans cette intention, on répandit le bruit que
Bonaparte avait marié Hortense à son frère parce
qu'il l'aimait lui-même, et qu'il était jaloux de
Duroc. Quelques-uns poussaient même cette infâme
calomnie plus loin, et insinuaient que l'enfant
qu'Hortense portait dans son sein appartenait plus
à Napoléon qu'à son frère.

C'était un affreux mensonge, mais il était bien
calculé. Ils savaient combien Napoléon haïssait
même le plus léger soupçon en ces sortes de choses ;
combien il était sévère sur ses principes ; et par conséquent combien il lui serait pénible d'être l'objet de
pareilles calomnies.

Ils pensaient que, pour imposer silence à de pa-
reils bruits, Napoléon éloignerait Louis et Hortense
de Paris ; alors Joséphine aurait été seule et il aurait été plus facile de la priver de son influence et
de séparer Napoléon de l'ange gardien qui lui disait :

— Ne sois pas roi, contente-toi d'être le plus
grand homme de ton siècle, ne mets pas de couronne sur ta tête.

Ces calomnies ne se répétaient que tout bas, à
Paris ; mais elles circulaient librement à l'étranger.
Les ennemis de Bonaparte saisirent cette occasion de
le blesser comme homme, puisque comme héros il
était au-dessus de leurs attaques.

Un jour, Napoléon lisait un journal anglais qui
lui avait toujours été hostile, et qu'il savait être
l'organe du Comte d'Artois, qui vivait à Hartwell.
Tout à coup un nuage de colère passa sur son front.
Par un geste d'indignation il froissa le papier dans
sa main. Puis son visage s'éclaira et un sourire d'orgueil vint l'illuminer. Il se leva, ordonna au maître
des cérémonies de l'attendre, et lui dit d'envoyer
des invitations pour un bal qu'il voulait donner le
jour suivant à Saint-Cloud. Après cela Bonaparte
alla trouver Joséphine pour l'informer des dispositions qu'il venait de prendre, et lui dire de faire
venir Hortense à ce bal, quelque indisposée qu'elle fût.

Hortense était trop habituée à obéir à son beau-
père pour faire une seule objection. Elle se leva de
la chaise longue sur laquelle elle restait couchée depuis quelque temps, et commanda à ses femmes de
l'habiller pour le bal; elle se trouva très-mal à l'aise
dans sa riche toilette, qui correspondait peu à sa dis-
position d'esprit; mais la pauvre femme n'osa même
pas se plaindre de la contrainte que lui imposait
son beau-père.

A l'heure indiquée elle était dans la grande salle
de bal de Saint-Cloud; Bonaparte vint au-devant
d'elle avec un sourire plein de courtoisie; mais, au
lieu de la remercier d'être venue faire une apparition, il l'invita à danser.

Hortense, très-étonnée, regarda Napoléon; elle savait que d'habitude il n'aimait pas la vue d'une
femme enceinte; il avait souvent dit que c'était très-

SUR LA REINE HORTENSE

désagréable à l'œil et fort inconvenant de voir
danser une femme dans une pareille situation, et
maintenant il lui demandait de le faire ?

Hortense refusa d'accéder au désir du premier
Consul, mais Bonaparte devint de plus en plus pressant.

— Tu sais combien j'aime te voir danser, Hortense,
— dit-il avec un sourire engageant ; — danse seulement une fois, je regarderai cela comme une grande
faveur, ne fût-ce qu'un quadrille.

Alors Hortense, quoique avec répugnance et en
rougissant beaucoup, obéit à son beau-père.

Ceci se passait pendant la nuit. Quel fut l'étonnement d'Hortense de voir dans le journal du lendemain une pièce de vers qui vantait dans les termes
les plus flatteurs son amabilité d'avoir consenti à
danser un quadrille, malgré l'événement qu'elle attendait dans quelque temps.

Hortense ne fut pas flattée; mais au contraire très-
offensée par ces vers emphatiques. Elle se rendit
en toute hâte aux Tuileries pour se plaindre et pour
demander à sa mère comment il se faisait que le
journal pût imprimer le matin ce qui s'était passé
dans la nuit précédente. Bonaparte, qui se trouvait
avec Joséphine quand Hortense entra, et auquel elle
s'adressa d'abord, répondit en souriant d'une façon
évasive et quitta l'appartement. Hortense se tourna
alors vers sa mère, qui était étendue en larmes sur
un sofa. Joséphine savait ce qui s'était passé, car
Napoléon lui avait tout raconté, et son cœur était
trop plein d'amertume pour garder le secret.

Elle dit à sa fille que Bonaparte ne lui avait demandé de danser un quadrille avec lui que parce qu'il avait ordonné à M. Esmenard de faire son éloge, et que le bal avait été uniquement arrangé pour qu'Hortense pût danser, et que la pièce de vers faite sur elle pût paraître dans le journal.

Quand Hortense demanda la raison de tout cela, Joséphine eut le cruel courage d'apprendre à sa fille les bruits calomnieux qu'on répandait partout; elle eut la barbarie de lui dire que Napoléon avait ordonné vers, quadrille et bal, parce qu'il avait lu récemment dans un journal anglais que Madame Louis Bonaparte était accouchée, quelque temps auparavant d'un garçon, et qu'il voulait donner un démenti irréfutable à cet article.

Hortense reçut cette nouvelle blessure en souriant avec mépris; elle n'eut pas un mot d'indignation pour cette infâme calomnie; elle ne pleura pas, ne se plaignit pas; mais quand elle se leva pour s'éloigner elle s'évanouit et tomba lourdement sur le parquet. Il fallut des heures pour la faire revenir à elle.

Peu de temps après Hortense donna le jour à un fils mort-né. Ainsi sa dernière espérance de bonheur s'était évanouie : il n'y avait plus aucun lien entre le mari et la femme.

Hortense, après sa maladie, se releva le cœur ferme et résolu. Pendant les longs jours qu'elle avait passés dans le lit, elle avait pensé à beaucoup de choses, et elle avait découvert les intrigues ourdies autour d'elle. Elle vit clairement sa position.

Elle avait été mère, et quoiqu'elle n'eût pas d'enfant, elle avait conservé le courage d'une mère. La jeune fille rêveuse, au cœur tendre, était devenue tout à coup une femme énergique, et à l'esprit fortement trempé, qui ne voulait pas courber la tête plus long-temps sous le joug du malheur, mais qui voulait le braver en face. Son destin ne pouvait pas changer, mais au lieu d'être menée par lui, Hortense était ré-solue à le dominer, et, puisqu'elle ne pouvait pas être heureuse par le cœur, elle voulait l'être par l'esprit; puisqu'elle ne pouvait pas avoir un intérieur paisible, sa maison allait devenir le lieu de réunion de tous les hommes de génie et de science. Les poëtes et les artistes, les chanteurs et les sculpteurs devaient en faire le temple des arts.

Depuis longtemps déjà on parlait dans Paris du salon de Madame Louis Bonaparte; des fêtes et des concerts qui s'y donnaient; les artistes les plus distingués de l'Opéra chantaient les mélodies com-posées par Hortense, et Talma récitait de sa voix pleine et sonore les poésies qu'elle avait écrites. Chacun recherchait la faveur d'être invité à ces soirées où les exécutants et les auditeurs se mêlaient les uns aux autres, et où, au lieu de médire et de criti-quer, on causait et on voyait avec plaisir revivre le goût de la littérature et des sciences.

Hortense semblait s'être réconciliée avec la vie et en jouir. Elle éloignait toutes les choses désagréa-bles qui en sont inséparables, elle fermait les yeux pour ne pas les voir, ou les regardait avec un froid

mépris. Elle ne fit jamais la plus petite allusion à
la calomnie que sa mère lui avait révélée ; elle regarda comme au-dessous d'elle de chercher à venger son honneur. Elle comprenait qu'il y a des accusations auxquelles le silence est la meilleure réponse,
et qu'un seul mot d'explication peut rendre possibles.
L'accusation portée contre elle d'une façon si infâme
était si au-dessous d'elle qu'elle n'aurait pas pu
l'atteindre même si elle avait voulu s'abaisser.

Cependant Bonaparte ressentait encore le coup de
cette calomnie, surtout parce que ces bruits insultants
continuaient à se répandre. Ses ennemis s'efforçaient
de la faire revivre, car ils voulaient flétrir les lauriers de Napoléon en l'accusant d'un crime odieux.

— Ils persistent toujours à répandre le bruit d'une
liaison entre Hortense et moi, — dit-il un jour à Bourienne, — ils ont même été si loin qu'ils ont fait de
misérables insinuations sur la légitimité de son fils.
J'ai cru d'abord que ce bruit s'était répété parce que
la nation désirait que j'eusse un fils, mais je crois
que maintenant on parle d'une liaison intime, n'est-
il pas vrai ?

— C'est vrai, Général. Et j'avoue que je n'aurais
jamais cru que ces calomnies eussent un si grand
crédit.

— C'est vraiment abominable, — répliqua Napoléon, d'une voix émue ; — vous savez, Bourienne, si ce
bruit est fondé ou non. Vous voyez et vous entendez
tout. 'Rien de ce qui se passe dans ma maison ne peut
échapper à votre observation. Vous étiez le confi-

dent d'Hortense dans son roman avec Duroc ; j'espère donc, si jamais vous écrivez quelque chose qui me concerne, que vous détruirez cette infâme accusation. J'espère bien qu'elle ne s'attachera pas à ma mémoire. Je compte sur vous, Bourienne, parce que je sais que vous n'y avez jamais ajouté foi.

— Jamais, Général !

— C'est bien, je compte sur vous. Non-seulement pour moi-même, mais encore pour cette pauvre Hortense. Elle est déjà assez malheureuse et mon frère aussi. J'en suis fâché pour eux, car je les aime tous les deux. Vous vous rappellerez ce que je viens de vous dire quand vous parlerez de moi dans vos écrits ?

— Je me le rappellerai, Général. Je dirai la vérité ; seulement il n'est malheureusement pas en mon pouvoir d'y faire croire tout le monde.

Bourienne a tenu sa parole. Il a dit la vérité. Il parle avec indignation de la misérable calomnie par laquelle, pendant si longtemps, les ennemis de Napoléon essayèrent de ternir la mémoire de l'Empereur et celle d'Hortense. Dans sa juste colère, il oublie même le langage poli et modéré du diplomate, qu'il emploie dans toutes les autres occasions.

« C'est une abominable calomnie, » dit Bourienne, « de prétendre que Bonaparte eut jamais pour Hor- » tense d'autres sentiments que ceux d'un père. » Hortense n'avait pour lui qu'une admiration respec- » tueuse. Jamais elle ne parla au premier Consul » sans trembler ; elle n'osa jamais l'interroger sur

» n'importe quel sujet et s'adressait souvent à moi
» pour demander ce qu'elle voulait ; et ce n'est que
» lorsque j'avais essuyé un refus que je disais le
» nom de celle qui demandait.

» — La petite sotte, — répondait le premier Consul.
» — pourquoi ne parle-t-elle pas elle-même ?

» Napoléon eut toujours pour elle les sentiments
» d'un père, et depuis le premier jour de son mariage,
» il l'aima comme si elle eût été sa propre fille. Moi,
» qui, pendant des années, ai été le témoin constant de
» toutes les actions de sa vie privée, je déclare solen-
» nellement que je n'ai jamais vu ou entendu quelque
» chose qui pût justifier ce soupçon d'intimité crimi-
» nelle. Cette calomnie est une de celles que l'en-
» vie dirige contre un homme qui, par son propre
» mérite, s'est élevé à une haute position, et que ceux
» qui en sont jaloux croient trop volontiers. Si j'avais
» eu le moindre doute relativement à cette horrible
» accusation je l'avouerais ouvertement. Bonaparte
» est mort aujourd'hui : un historien impartial ne
» peut pas, ne doit pas accuser sans raison le père et
» l'ami d'avoir été un vil débauché. Des auteurs sans
» foi ont attesté sans preuves qu'une intimité coupable
» existait entre Bonaparte et Hortense ; mensonge !
» indigne mensonge ! et le bruit cependant en a été
» généralement répandu en Prusse et dans toute
» l'Europe. Hélas ! serait-il vrai que la calomnie a
» des forces si puissantes que dès qu'on en a été
» atteint il n'est plus possible de s'y soustraire. »

CHAPITRE XIII.

ROI OU EMPEREUR?

Les prières et les supplications de Joséphine avaient été inutiles. Bien que littéralement parlant, Napoléon eût fait ce qu'elle désirait, il n'avait cependant pas suivi son conseil. « Ne te fais pas roi, » avait-elle dit. Bonaparte ne se fit pas roi, mais il se fit Empereur. Comme il ne voulait pas ramasser la couronne tombée du front des Bourbons, il se créa un nouveau diadème, qui lui fut offert par la nation et le Sénat. Le peuple Français s'imaginait encore voir le fantôme de la Révolution devant lui ; il craignait le retour du règne de la terreur, et depuis la découverte du complot de Georges Cadoudal, de Moreau, et de Pichegru, il s'était demandé ce que deviendrait la France si les mécontents parvenaient à assassiner Bonaparte ?

Le vaisseau de la République, privé de son pilote, se serait retrouvé à la merci d'une mer orageuse. La nation réclamait la stabilité et des institutions durables ; une forme de gouvernement monarchique, une dynastie pouvaient seules offrir ces garanties, et il devint nécessaire que le Consulat à vie fût converti en Empire héréditaire. Bonaparte avait coutume de dire : « Un homme peut être Empereur d'une République, mais non son Roi, car ces deux mots sont incompatibles et ne peuvent se trouver ensemble. » Il semblait que les Français se flattassent que la République continuerait à exister lors même que Napoléon serait Empereur.

Le 18 mai 1804, le plan, depuis longtemps conçu et préparé avec soin, fut mis à exécution. Ce jour-là le Sénat, en corps, se rendit à Saint-Cloud pour prier Bonaparte, au nom de la nation et de l'armée, d'accepter le pouvoir Impérial, et de changer le fauteuil consulaire contre un trône.

Cambacérès, qui jusqu'alors avait été second consul, était à la tête du Sénat, et c'est lui qui devait être l'interprète de la nation, et exprimer ses désirs à Bonaparte. Cambacérès, qui, comme membre de la Convention, avait voté la mort de Louis XVI, afin de détrôner la royauté en France, se trouva être le premier qui donna à Bonaparte le titre de « Majesté Impériale, » et qui se servit du mot significatif de « Sire. » Le nouvel Empereur se montra reconnaissant, car le premier acte de son pouvoir souverain fut la nomination de Cambacérès au poste d'Archi-Chancelier. Cette nomination fut le premier décret que Bonaparte signa du nom de Napoléon. L'Empereur, cependant, employa le style républicain ordinaire ; en écrivant à Cambacérès il commença par ces mots : « Citoyen consul ; » il conserva le calendrier de la Révolution, car cette même lettre porte la date : « 28 floréal de l'an XII. »

Dans un second décret, rendu aussi le jour même de son avénement au pouvoir, l'Empereur conféra de nouvelles dignités aux membres de sa famille. Il les fit tous princes et princesses Français; ils reçurent le titre d'Altesses Impériales. De plus Joseph, l'un de ses frères, fut nommé Grand Electeur et Louis Connétable. Dans sa nouvelle charge, Louis eut le même jour à présenter à l'Empereur et à l'Impératrice tous les officiers généraux de l'armée.

Ainsi s'accomplissait la prophétie de la négresse : Joséphine était plus qu'une reine. Mais au milieu des splendeurs et de la gloire de sa nouvelle position, elle se souvint en tremblant de la prédiction de la diseuse de bonne aventure Parisienne, qui lui avait dit que, bien qu'elle dut porter une couronne, elle ne la porterait pas longtemps. Elle sentait que le bonheur fabuleux qui l'avait suivie jusque-là, ne pouvait pas durer, et que l'Empereur serait obligé d'imiter l'exemple des rois de l'antiquité qui sacrifiaient leurs biens les plus chers pour conjurer le démon de l'envie et de la vengeance, et qu'elle tomberait victime de l'ambition de l'Empereur et de l'avenir de sa dynastie.

Dans ces circonstances il était tout naturel que l'Impératrice eût l'esprit inquiet et plein d'appréhension. Sa propre élévation lui inspirait de la terreur. C'est en tremblant qu'elle prit possession de la nouvelle dignité et des titres que la fortune répandait sur elle avec tant de prodigalité. C'est avec une espèce de honte et de crainte, qu'elle se vit rendre les mêmes hommages et les mêmes titres que quelques années auparavant, elle avait elle-même rendus. dans ces mêmes salons, à la Reine de France. Quel étonnant changement ! Marie-Antoinette était morte sur l'échafaud, et elle, Joséphine, était la majesté qui trônait aux Tuileries, pendant que le légitime Roi de France vivait humblement dans un coin obscur de l'Angleterre.

Joséphine était toujours Royaliste. Impératrice, elle pleurait encore sur le sort des Bourbons et considérait comme un devoir sacré de venir en aide à ceux qui, fidèles à leurs serments et à leurs principes, avaient suivi les princes exilés, et quitté la France pour échapper au nouvel état de choses. Sa bourse était toujours ouverte aux émigrés, et les dettes considérables de Joséphine, si souvent renouvelées malgré les sommes énormes qu'elle recevait chaque mois, n'étaient pas entièrement le fait de sa prodigalité, mais aussi le résultat d'une grande libéralité. Une moitié de son revenu était toujours mise en réserve pour assister les émigrés, et quelque grands que fussent parfois ses embarras, quelque impatients que fussent ses créanciers, elle ne voulut jamais qu'on touchât à cette somme qui n'était destinée qu'au malheur et à la fidélité.

Joséphine était donc Impératrice, et sa fille, la femme du Connétable de France, occupait la seconde place à la splendide cour de l'Empereur. La fille du Vicomte de Beauharnais était devenue Princesse Française et Altesse Impériale; on ne l'approchait qu'avec le plus profond respect et elle avait ses dames d'honneur. Mais, hélas ! sa liberté personnelle et sa tranquillité avaient été bannies par l'étiquette tyrannique que l'Empereur avait jugé convenable d'introduire à sa cour.

Joséphine et Hortense ne se laissèrent ni séduire ni éblouir par la splendeur de leur nouvelle position. L'influence de Joséphine n'avait pas acquis plus d'importance parce qu'elle portait une couronne, et les titres pompeux d'Hortense ne pouvaient rien ajouter au charme que la nature avait répandu sur elle. Elle eût été heureuse dans une situation modeste à côté d'un mari aimé, et la hauteur de sa position ne pouvait compenser la perte de ses plus chères espérances.

Mais le sort sembla prendre compassion de la pauvre et charmante créature qui portait sa grandeur et son infortune avec la même dignité souriante, car il lui donna l'espoir d'avoir un autre enfant.

Joséphine fut ravie de cette nouvelle, car si Hortense donnait le jour à un fils, le coup qui la menaçait pouvait encore être détourné de sa tête : ce fils pouvait assurer la dynastie de Napoléon, et devenir l'héritier du trône Impérial. Napoléon ne pouvait-il pas loyalement adopter un enfant qui était à la fois son neveu et son petit-fils. Il avait même promis beaucoup plus à Joséphine. Il lui avait dit qu'il se contenterait d'un fils adoptif dans les veines duquel couleraient le sang de l'Empereur et celui de l'Impératrice, plutôt que de se séparer de sa femme bien-aimée.

Napoléon aimait encore Joséphine. Il comparait tout ce qui lui semblait beau à celle, qui, revêtue de son charme, marchait à ses côtés, et répandait une douce et conciliante lumière sur sa grandeur usurpée.

Après avoir été reconnu Empereur, Napoléon fut accueilli par les cris retentissants du peuple; il se tourna alors vers ses compagnons, le visage rayonnant de joie et dit :

— Quelle délicieuse musique! ces acclamations sont aussi douces que la voix de Joséphine. Je suis fier d'être aimé par une telle nation.

Mais l'ambition de Napoléon n'était pas encore satisfaite. Il avait dit autrefois :

— Il ne suffit pas d'être aux Tuileries, il faut savoir s'y maintenir.

Il pensa alors qu'il ne suffisait pas d'avoir été élu Empereur par la nation, mais qu'il devait se faire sacrer par le Pape.

Il était déjà assez puissant pour dicter des lois au monde; non-seulement la France s'inclinait devant lui, mais aussi les souverains étrangers.

Napoléon voulut être sacré par le Pape, et le chef de l'Église quitta la ville sainte, et vint à Paris répandre dans la cathédrale de Notre-Dame les bénédictions de l'Église sur l'Empereur.

Ainsi un nouveau rayon de gloire allait entourer le diadème de Napoléon. L'Empereur allait jouir d'un nouveau et éclatant triomphe; un triomphe remporté sur les préjugés du monde et sur tous les princes qui régnaient par la grâce de Dieu.

Le Pape se disposait à venir couronner l'Empereur, tandis que les Empereurs d'Allemagne avaient été obligés d'aller humblement à Rome pour recevoir les bénédictions du Saint-Père ; le Pape partait pour un pèlerinage à Paris pour sacrer l'Empereur des Français et adopter le rejeton d'une Révolution comme le fils aîné de l'Église.

La France était, pour ainsi dire, folle de joie. La nation tout entière glorifiait le héros qui avait changé les plus brillantes fictions en réalités, et qui s'était élevé si haut que le Saint-Siége même servait de piédestal à sa grandeur ! Le voyage de Napoléon à travers la France, pendant lequel Joséphine l'accompagna, fut une marche triomphale. Partout le peuple le recevait avec des acclamations enthousiastes ; l'Église chantait ses *Te Deum*, et le clergé venait au-devant de lui à la porte des églises, pour le bénir et le saluer comme le sauveur de la France. Partout le couple Impérial rencontra des applaudissements, des arcs de triomphe, et des discours ; — quelquefois ces derniers allèrent trop loin, convenons-en, et tombèrent dans l'exagération et le ridicule.

Quand l'Empereur arriva à Arras, le préfet de cette ville le reçut avec un discours enthousiaste dans lequel il disait : « Dieu créa Bonaparte et se reposa ! » Le Comte Louis de Narbonne qui était présent à ce moment et qui n'était pas encore rallié au parti de l'Empereur, dit très-distinctement : « Dieu aurait mieux fait de se reposer un peu plus tôt. »

La France fut électrisée en apprenant que le Pape

Pie VII avait passé la frontière et s'approchait de la capitale. Le Saint-Père fut reçu partout avec la plus grande distinction ; l'Église sortait victorieuse des ruines où la Révolution l'avait plongée pendant si longtemps. Le vieux château royal de Fontainebleau avait, par ordre de l'Empereur, été préparé pour recevoir le Pape. On avait eu le bon goût de meubler sa chambre à coucher sur le modèle de celle que le Saint-Père occupait au Quirinal à Rome. L'Empereur et Joséphine se rendirent à Fontainebleau pour saluer Pie VII.

Le cérémonial de cette réception avait été indiqué d'avance et toutes les règles de l'étiquette avaient été scrupuleusement consultées. Il avait été décidé qu'en recevant les courriers qui devaient annoncer que le Pape s'approchait, l'Empereur partirait pour la chasse et rencontrerait le Saint-Père comme par hasard sur la route. Les voitures Impériales avaient reçu ordre de stationner sur la route de Nemours. Napoléon en habit de chasse, suivi par quelques-uns de ses serviteurs, montait une petite colline au moment même où le carrosse du Pape y arriva. Le Saint-Père fit arrêter ses domestiques et d'un mouvement de main l'Empereur commanda à sa suite de rester en arrière. Il y eut un silence profond et solennel. Chacun de ceux qui étaient là comprenait qu'une scène d'une grande importance historique allait se passer. Tous regardaient sans parler les deux principaux acteurs : — l'Empereur qui, en habit de chasse, était sur son cheval de bataille, et le Pape qui était assis dans un carrosse magnifique traîné par six chevaux.

Quand Napoléon descendit de cheval, le Pape se hâta de quitter sa voiture. Au moment de mettre le pied sur le sol, il hésita un moment, mais il n'y avait pas de temps à perdre. Napoléon était déjà à terre, et Pie VII sortit de sa voiture, quoique ses mules de satin blanc brodé d'or, fussent peu convenables pour la boue de la route, détrempée par une pluie récente. Les bottes de chasse de l'Empereur étaient certainement infiniment préférables aux mules de Sa Sainteté pour une entrevue sur le grand chemin.

L'Empereur et le Pape s'approchèrent l'un de l'autre et s'embrassèrent. Tout à coup les chevaux d'une des voitures impériales s'élancèrent en avant et séparèrent les deux augustes interlocuteurs, comme par une inadvertance du cocher. C'est le même hasard qui fit que Napoléon se trouva du côté droit de la voiture, tandis que le Pape était. Au même moment, les deux portières de la voiture impériale furent ouvertes par les deux laquais, et Napoléon et Pie VII montèrent en même temps. Ils s'assirent l'un à côté de l'autre; l'Empereur à la place d'honneur et le Pape à sa gauche. L'étiquette fut ainsi observée, et aucun d'eux n'avait eu la préséance.

Le 2 Décembre 1804 eut lieu le sacre de l'Empereur et de Joséphine sous les voûtes de Notre-Dame. Non-seulement tout Paris, mais toute la France y assista. Une foule énorme encombrait les rues de la capitale ; toutes les fenêtres étaient pavoisées et occupées par des dames en grandes toilettes ; les cloches sonnaient à toute volée, et les sons de la musique militaire se mêlaient au tonnerre de l'artillerie et aux bruyantes acclamations de la foule.

Cependant, à un certain moment, les applaudissements du peuple firent place à une hilarité prolongée : ce fut au moment où le cortége papal parut. Il commençait, selon la vieille coutume romaine, par une mule. Tandis que le Pape, accompagné par tous les hauts dignitaires de l'Église, entrait dans la cathédrale pour y attendre l'arrivée du couple impérial, Napoléon se revêtait des emblèmes du souverain pouvoir. Il portait un manteau de velours vert parsemé de diamants et d'abeilles d'or, et bordé d'hermine.

Quand il fut sur le point de quitter les Tuileries, et que l'Impératrice en grand costume fut venue le rejoindre, Napoléon ordonna tout à coup d'aller chercher le notaire Raguideau. Une estafette fut immédiatement dépêchée ; une voiture de la cour l'accompagnait, et, un quart d'heure après, M. Raguideau était devant l'Empereur.

— Je vous ai envoyé chercher, Monsieur, — lui dit Napoléon, — parceque j'avais envie de vous demander si vous croyez toujours que le Général Bonaparte ne possède en réalité que la cape et l'épée, et si vous pardonnerez aujourd'hui à la Vicomtesse de Beauharnais de m'avoir épousé ?

Raguideau le regarda étonné, et Joséphine demanda

ce que signifiaient ces paroles. Napoléon leur dit alors comment il avait entendu leur conversation dans le salon du notaire, et tout ce que Raguideau avait dit à Joséphine pour l'empêcher d'épouser « un Général n'ayant que la cape et l'épée. »

Les paroles du notaire étaient entrées comme un poignard dans le cœur ambitieux de Napoléon, et l'avait cruellement blessé; il n'avait jamais parlé de cette circonstance, quoiqu'il ne l'eût jamais oubliée. Au moment où il arrivait à l'apogée de la puissance humaine, il songea avec un malin plaisir à rappeler au notaire le conseil qu'il avait donné à Joséphine de ne pas l'épouser à cause de sa pauvreté.

Le pauvre Général Bonaparte était devenu Empereur tout-puissant, et celui qui n'avait autrefois que la cape et l'épée était le même que le Pape attendait aujourd'hui à Notre-Dame pour lui mettre une couronne sur la tête.

CHAPITRE XIV.

L'HÉRITIER DE NAPOLÉON.

Hortense n'avait pas pu assister à toutes les fêtes qui avaient eu lieu à l'occasion du sacre de l'Empereur. Cependant elle avait eu sa part du bonheur général, puisqu'elle avait donné naissance à un fils. La vue de cet enfant ranima le courage et les espérances de la jeune mère.

Joséphine, qui avait accepté le diadème Impérial malgré elle, reçut avec la plus grande joie la nouvelle de la naissance de son petit-fils. Elle crut que les nuages qui, pendant un moment, s'étaient accumulés sur sa tête étaient enfin dissipés, et que le soleil de sa grandeur allait briller d'un nouvel éclat. Elle se persuada qu'Hortense, en mettant un fils au monde, avait assuré l'avenir de sa mère, et que l'Empereur, ayant un héritier pour sa dynastie nouvelle, ne penserait plus au divorce.

Napoléon sembla vouloir réaliser l'espoir de Joséphine ; il se montra très-disposé à adopter le fils de son frère. Il pria le Pape de retarder son départ de quelques jours pour baptiser l'enfant. Le vicaire du Christ y consentit, et le baptême eut lieu à Saint-Cloud. Napoléon lui-même tint le Prince sur les fonts baptismaux, avec Madame Lætitia Bonaparte.

Hortense avait enfin trouvé un être qu'elle pouvait aimer de tout l'amour qu'elle avait renfermé dans son sein. Le petit Charles-Napoléon fut le premier bonheur d'Hortense; elle en jouit avec toute l'ardeur de son âme passionnée.

Sa maison était sa retraite favorite; elle l'aimait doublement, maintenant qu'elle n'était plus obligée de la partager avec son mari. Louis Bonaparte avait été nommé gouverneur du Piémont, et la santé d'Hortense lui avait servi de prétexte pour rester à Paris. Elle considérait comme une faveur du ciel de ne pas être forcée de partager l'affection de son fils. Elle n'accompagna donc pas son mari en Italie, et demeura dans son hôtel de Paris jusqu'au commencement de l'été, moment où elle alla habiter le château de Saint-Leu, que son mari avait récemment acheté.

Hortense ne put pas jouir longtemps de la solitude de la vie de campagne. Le frère de l'Empereur et celle qui était en même temps belle-sœur et fille de Napoléon ne pouvaient espérer avoir le droit de vivre dans l'obscurité. Ils étaient au nombre des rayons du soleil qui éblouissait le monde; ils devaient suivre leur destinée, et venir par leur éclat rehausser ce soleil.

Un ordre de Napoléon appela à Paris Louis qui, de retour de Piémont, s'était hâté d'aller à Saint-Leu pour voir son fils, et Hortense dut le suivre.

L'Empereur avait fait une belle part à son frère, qu'il allait créer Roi. Des envoyés de la Hollande, qu'on appelait alors la République Batave, venaient d'arriver à Paris pour demander à leur puissant voisin, l'Empereur Napoléon, de leur donner un Roi qui pût unir leur pays à la France par les liens de l'amitié. Napoléon y consentit, et choisit son jeune frère pour être leur Roi.

Louis écouta cette proposition avec terreur, et refusa cet honneur qui l'effrayait au lieu de l'éblouir. Pour cette fois, il fut d'accord avec Hortense, qui le conjurait de persister dans son refus. Tous deux comprenaient que la couronne, que l'on plaçait sur leurs têtes n'était qu'un fardeau doré, et que la Hollande ne serait jamais qu'une dépendance de la France. A ces motifs politiques, venaient se joindre des raisons personnelles qui leur faisaient décliner ce trône.

A Paris, le mari et la femme pouvaient oublier les chaînes qui les unissaient, car ils étaient au milieu de leurs amis, et il leur était facile de s'éviter : une cour nombreuse et la famille de Napoléon étaient entre les deux jeunes gens qui ne pouvaient se pardonner mutuellement d'avoir jamais consenti à s'épouser. Ils avaient toutes sortes de plaisirs et de distractions; mais, en Hollande, ils seraient livrés à eux-mêmes, et entendraient toujours le bruit de leurs fers. En restant à Paris, ils pouvaient continuer à vivre sans hostilité ouverte ; mais l'existence tranquille de la Hollande, en les forçant à vivre sans cesse ensemble, devait inévitablement en faire des ennemis.

Tous les deux le savaient bien, et par conséquent ils unissaient leurs efforts pour détourner le nouveau malheur qui les menaçait sous la forme d'une couronne.

Mais comment résister à l'Empereur? Hortense n'avait jamais osé s'adresser directement à Napoléon, et Joséphine avait déjà commencé à remarquer que ses désirs n'avaient plus la même influence sur son mari. Elle évitait avec soin de lui demander quelque chose, à moins d'être certaine de réussir.

Louis eut cependant le courage de résister. Il dit nettement à son frère, qu'il ne désirait pas accepter cette couronne. Le regard impérieux de Napoléon changea sa résolution, et il fallut obéir.

L'Empereur annonça aux députés de la République Batave que Louis acceptait la couronne de Hollande; il l'exhorta à être bon Roi, à respecter et à protéger les lois et la religion de ses sujets.

Louis, d'une voix brisée par l'émotion, déclara qu'il acceptait la couronne, et jura alors de remplir fidèlement ses devoirs de souverain.

Depuis ce moment, ses efforts constants furent de rester fidèle à ce serment. Il employa tous ses moyens et toute son énergie à l'accomplissement de ce devoir. La Hollande l'avait choisi pour Roi, il voulut montrer qu'il n'était pas indigne d'elle. Il avait été forcé de quitter son pays et de n'être plus Français, il mit tout son amour dans le pays qui l'adoptait, et il devint un véritable Hollandais.

Le savant, faible et malade, déploya une énergie
dont on ne l'aurait pas cru capable ; le frère timide et
studieux de Bonaparte était devenu un homme fier
de sa valeur personnelle, qui, ayant entrepris une
grande tâche, voulait la mener à bien par lui-même.

Le Roi de Hollande regarda, comme objet de première importance, l'amour de ses sujets, et fit tout
ce qu'il put pour gagner les cœurs. Il étudia leur
langue et leurs coutumes avec persévérance, chercha à découvrir les sources de la richesse ou de la
pauvreté de la nation, afin de pouvoir augmenter les
unes et diminuer les autres.

Il travaillait toujours, et s'occupait constamment
de gagner la confiance et l'estime de ses sujets.

Hortense s'efforça aussi de bien tenir son rang ;
puisque, elle aussi, était forcée de porter une couronne, elle voulut la porter dignement. Elle réunit
dans son salon la vieille aristocratie et la jeune noblesse de Hollande, et enseigna à cette société guin-
dée la grâce et le tact des salons français. Les arts
et les sciences régnèrent avec Hortense, et, sous son
patronage, ils s'introduisirent dans les grandes maisons auxquelles ils ajoutèrent un nouveau lustre.

Hortense n'était pas seulement protectrice des arts
et des sciences, elle était aussi la bienfaitrice des
pauvres, et l'ange consolateur de la misère. Elle sécha bien des larmes et adoucit bien des souffrances.
Le Roi et la Reine étaient adorés par la nation ; tous
deux savaient répandre le bonheur autour d'eux
sans pouvoir le trouver eux-mêmes. Ils étaient ai-

mables et doux pour tous, et ils se traitaient l'un et l'autre avec colère et entêtement. Rien, pas même la naissance d'un second fils, ne put combler l'abîme qui les séparait.

Cet abîme s'agrandit encore par un affreux malheur. Le fils aîné d'Hortense, le fils adoptif et l'héritier de Napoléon, avec lequel l'Empereur jouait des heures entières sur la terrasse de Saint-Cloud, celui qui avait fait connaître à Hortense les douceurs de la maternité, — le petit Charles-Napoléon mourut subitement de la rougeole.

Ce fut un coup terrible, qui abattit non-seulement le père et la mère, mais encore l'Empereur et l'Impératrice. Quand Napoléon apprit ce triste événement il pleura, et Joséphine s'écria :

— Maintenant je suis perdue, mon sort est décidé, il m'abandonnera.

Mais, après ce cri d'égoïste douleur, elle pensa à sa pauvre fille, et se rendit en toute hâte à La Haye pour pleurer avec elle et l'éloigner du lieu témoin de son malheur.

Hortense, muette de désespoir, suivit sa mère à Saint-Cloud, et son mari, dont la santé avait été fortement ébranlée par la mort de son fils, alla prendre les eaux des Pyrénées. Le château royal de La Haye était encore une fois désert ; la mort en avait chassé la joie et les plaisirs ; et, quoique le Roi et la Reine y revinssent quelque temps après, la gaieté et la paix en étaient bannies pour toujours.

Le Roi Louis, depuis son retour des Pyrénées, était

encore plus triste qu'auparavant; il était devenu extrêmement irritable et méfiant, et sa femme ne voulut pas être plus longtemps victime de ses caprices. Comme ils différaient complétement de caractère, d'opinions et d'inclinations, les enfants, au lieu d'être des moyens de conciliation, étaient des sources de discorde; car chacun voulait s'en emparer exclusivement, et les élever selon ses goûts.

Si malheureuse que fût Hortense, il y avait une autre infortune qui lui fit oublier la sienne, parce qu'elle était plus grande : c'était celle de sa mère. Joséphine, dans une lettre qui n'était qu'un long cri de douleur, demandait sa fille à ses côtés; Hortense partit sans délai pour Paris.

CHAPITRE XV.

PRESSENTIMENTS.

Les appréhensions de Joséphine et la prophétie de la diseuse de bonne aventure allaient donc s'accomplir. La couronne qu'elle avait acceptée avec tant de répugnance, mais qu'enfin après avoir reçue elle avait portée avec tant d'abnégation, de grâce, et de dignité allait tomber de sa tête. Napoléon eut le courage, alors qu'il était grand, d'abandonner la femme qu'il avait aimée et choisie lorsqu'il n'avait rien qu'un avenir très-douteux. Joséphine, qui avait partagé sa pauvreté, ses dangers et ses humiliations, allait donc être répudiée et être plus malheureuse qu'une veuve.

Napoléon eut assez de courage pour prendre cette résolution, mais il n'osait pas l'annoncer lui-même à Joséphine. Il allait sacrifier à son ambition la femme qu'il avait souvent appelée son ange gardien; mais lui, qui n'avait jamais tremblé sur le champ de bataille où la mort l'entourait de toutes parts, redoutait la pensée d'être témoin de ses larmes, et de rencontrer son regard plein de reproches.

Cependant Joséphine connaissait bien le danger
qui la menaçait; elle l'avait lu dans le regard triste
et abattu de l'Empereur, — qui, depuis son retour de
Vienne, avait ordonné que la communication qui
existait entre sa chambre et celle de l'Impératrice
fût fermée, sans l'en prévenir ; — elle l'avait lu sur
la figure des courtisans, qui commençaient à l'approcher avec moins d'humilité, et à remplacer le respect
des jours précédents par une sorte de compassion ;
elle l'avait entendu dans le murmure qui se taisait
aussitôt qu'elle s'approchait d'un groupe formé dans
son salon, et dans certaines phrases des journaux, qui
tous attachaient une grande importance à la visite
de l'Empereur à Vienne.

Joséphine comprit que sa destinée allait s'accomplir ; elle se sentit trop faible pour résister d'une
façon efficace; mais elle était déterminée à remplir
jusqu'au bout son rôle de femme et d'Impératrice
avec une grande dignité. On n'apercevait pas ses
larmes, car elle les répandait toutes dans l'obscurité
de la nuit ; elle cachait ses soupirs sous un sourire,
et la pâleur de ses joues sous une couche de rouge.
Mais elle avait besoin d'un cœur sympathique auquel
elle pût confier ses peines et ses angoisses: c'est pour
cette raison qu'elle rappela Hortense à Paris.

L'entrevue de la mère et de la fille fut très-triste;
bien des pleurs furent versées et l'oreille d'Hortense
entendit bien des gémissements et bien des pronos-
tics de malheurs.

— Oh ! si tu savais, — dit Joséphine, — ce que j'ai

souffert durant ces derniers temps, depuis que j'ai
cessé d'être sa femme et qu'il me fallait encore
paraître telle ! Quels regards, Hortense, les courtisans
jettent à une épouse abandonnée ! Dans quelle incertitude, dans quelle crainte continuelle ai-je vécu
attendant à chaque instant que l'éclair que je voyais
briller dans l'œil de Napoléon vînt éclater sur ma
tête!

Hortense écouta en silence les plaintes de sa mère;
mais elle sentait son propre cœur plein d'amertune
et de chagrin; elle se rappelait qu'elle avait été
obligée de sacrifier son bonheur à celui de sa mère;
qu'elle avait été condamnée à se marier sans amour,
pour assurer la grandeur de Joséphine, et maintenant ce sacrifice était inutile et ne pouvait pas
détourner le destin de sa mère! Joséphine était là,
attendant le coup qui devait la frapper, et Hortense
ne pouvait rien faire pour le parer. Elle était Reine,
et cependant elle était femme si malheureuse qu'elle
enviait la plus humble mendiante. La mère et
la fille étaient toutes deux arrivées au plus
haut échelon de la grandeur humaine, et cependant
cette Impératrice et cette Reine étaient si aban-
données et si malheureuses, qu'elles regrettaient
les jours de la Révolution, pendant lesquels,
manquant de tout, elles avaient mené une vie si
obscure. Alors, quoique pauvres, elles étaient riches
d'espoir et d'avenir, tandis que maintenant qu'elles
possédaient tout ce que la vie peut avoir de plus
brillant, maintenant que des millions de sujets

s'inclinaient devant elles en les appelant : « Majesté, » elles n'avaient plus rien à espérer, plus rien à attendre. L'illusion et les rêves des premiers jours s'étaient évanouis, et il ne leur restait rien que la triste et froide réalité.

Mais non, il leur restait une consolation : — c'était de pleurer dans les bras l'une de l'autre.

Peu de jours après l'arrivée d'Hortense, Napoléon la fit venir dans son cabinet ; il se leva fort animé, et lorsqu'il rencontra les yeux de sa belle-fille rougis par les larmes il hésita.

— Hortense, — dit-il à la fin, — nous sommes à la veille d'un grand sacrifice devant lequel je ne dois pas reculer ; la France a tant fait pour moi et pour ma famille, que mon devoir est d'obéir à ses désirs. La paix et le bien-être de la nation veulent que je choisisse une femme qui puisse donner un héritier au trône ; depuis six mois Joséphine vit dans la crainte et dans l'incertitude : cet état de choses doit cesser. Toi, Hortense, sa plus chère amie, sa confidente, qu'elle chérit plus que tout au monde, veux-tu préparer ta mère au sort qui l'attend ; en accédant à mes désirs, tu délivreras mon cœur d'un grand poids.

Hortense eut assez de force d'âme pour réprimer ses larmes, et pour regarder fixement l'Empereur. Malgré lui il recula d'un pas, et son œil se baissa vers la terre, semblable au lion qui recule devant le regard irrité d'une pure jeune fille.

Hortense eut le courage de refuser de se rendre aux désirs de l'Empereur.

SUR LA REINE HORTENSE

— Quoi! Hortense , — dit Napoléon d'un ton affligé, — tu me refuses ce que je te demande?

— Sire, — répondit-elle, pouvant à peine retenir ses larmes, — je n'ai pas la force d'enfoncer le poignard dans le cœur de ma mère.

Et, contrairement à toute étiquette, elle se retira.

Napoléon essaya encore une fois de faire apprendre à Joséphine sa résolution par une autre personne. Il fit venir à Paris Eugène, le Vice-Roi d'Italie, et lui fit part de ses intentions et de ses désirs. Eugène comme Hortense, écouta la résolution de l'Empereur avec un chagrin silencieux; mais il déclara aussi qu'il ne voulait pas être porteur d'un message qui devait détruire le bonheur de sa mère. En conséquence, l'Empereur fut forcé de parler lui-même.

Ce fut le 30 Novembre 1809. L'Empereur dîna comme d'habitude avec l'Impératrice; le triste regard qu'il eut en entrant dans la salle perça le cœur de Joséphine; elle lut sur tous les traits que le moment décisif était arrivé, mais elle retint ses larmes; elle jeta seulement un coup d'œil suppliant à Hortense, qui, pâle et défaite, s'assit de l'autre côté de la table.

Pas un mot ne fut prononcé pendant ce triste dîner. On entendait distinctement les soupirs convulsifs de l'Impératrice. Au dehors le vent sifflait et fouettait violemment les vitres; dans la salle à manger on n'entendait aucun bruit; le tumulte extérieur des éléments contrastait avec le silence intérieur. La monotonie du

repas ne fut interrompue qu'une seule fois : ce fut
quand Napoléon demanda à un des serviteurs quelle
heure il était, puis tout rentra dans le silence.

Enfin Napoléon se leva, il prit son café debout, vida
sa tasse en toute hâte, et, en la remettant sur la table,
sa main trembla et fit résonner la porcelaine. Alors,
d'un geste, il ordonna à tous les assistants de se retirer.

— Sire, — demanda Joséphine, d'une voix à peine
intelligible, — Hortense peut-elle rester avec moi ?

— Non ! — répondit l'Empereur avec impatience.

Hortense salua respectueusement, et quitta la
chambre en jetant un regard de pitié à sa mère :
toute la cour la suivit.

L'Empereur et l'Impératrice restèrent seuls ; ils
demeurèrent silencieux. Quel terrible silence ! Comme
ils étaient tristes ! Quel regard mélancolique l'Empereur jeta sur sa femme ! Elle vit dans ses traits
convulsivement agités quel rude combat se livrait
dans son cœur : elle comprit sa chute.

A la fin il s'approcha d'elle, il étendit la main,
elle tremblait. Joséphine se sentit suffoquer, la
fièvre s'empara d'elle.

Napoléon prit sa main pour la placer sur son
cœur ; elle ne fit pas de résistance, mais un cri
d'angoisse s'échappa de ses lèvres. Napoléon la
regarda en face.

— Joséphine, — dit-il d'une voix tremblante
d'émotion, — ma chère Joséphine, tu sais combien
je t'aime ; c'est à toi seule que je dois les quelques
moments de bonheur que j'ai éprouvés, mais

la destinée est plus forte que ma volonté; mes inclinations les plus chères doivent céder devant les
intérêts de la France.

— N'en dis pas davantage, — reprit Joséphine —
en retirant vivement sa main. — N'en dis pas plus!
Je te comprends et je m'y attendais, mais le coup
n'en est pas moins terrible.

Elle ne put en dire davantage. La voix lui
manqua, tant elle était désespérée. L'orage qu'elle
avait contenu si longtemps dans son sein éclatait
maintenant avec la plus extrême violence.

Elle pleura, elle se tordit les mains, et elle eût
crié, dans son désespoir, si la voix ne lui avait pas
fait défaut. Enfin elle s'évanouit, et fut alors affran-
chie de la conscience de son malheur.

Quand elle s'éveilla, elle se trouva au lit. Hortense
et le médecin de l'Empereur étaient à ses côtés. Joséphine étendit les bras vers sa fille qui, fondant en
pleurs, se jeta dans le sein de sa mère. Corvisart s'é-
loigna, car ses secours étaient inutiles. Il avait pu
rendre à Joséphine la conscience de son malheur;
mais son pouvoir n'allait pas jusqu'à éloigner la
cause de son infortune. La tendresse et les larmes
d'Hortense étaient le seul baume qui pût adoucir
le désespoir de l'Impératrice.

Joséphine versa d'abondantes larmes dans les bras
de sa fille; et quand Napoléon vint s'informer de
l'état de sa santé,—quand il s'assit à son chevet,—
elle se recula, ses larmes cessèrent, et ses yeux, qui
l'avaient toujours regardé avec amour, s'animèrent

d'un éclair de colère et de mépris ; mais son cœur
surmonta bientôt cette irritation, elle tendit sa main
fiévreuse à l'Empereur, et ses lèvres eurent le sourire angélique de la femme qui pardonne, quand elle
lui dit :

— Eh ! bien, mon ami, n'avais-je pas raison de
ne pas vouloir être Impératrice ?

Napoléon ne répondit pas. Il se détourna et pleura.
Mais ses larmes ne pouvaient pas avoir d'influence
sur le destin de la malheureuse Joséphine : il était
irrévocablement fixé par l'Empereur. Napoléon avait
déjà reçu de Vienne le consentement à son mariage
avec l'Archiduchesse Marie-Louise, la fille de l'Empereur d'Autriche. Il ne restait plus rien à faire qu'à
éloigner Joséphine, afin que l'Impératrice légitime
pût prendre possession de son trône.

L'Empereur ne voulait pas, et il ne pouvait pas
changer de résolution. Il rassembla autour de lui tous
ses frères, tous les Rois, Ducs et Princes créés par sa
toute-puissante volonté, et, devant la famille impériale, la Cour et le Sénat assemblés au Tuileries, il
déclara d'une voix ferme son intention d'annuler
son premier mariage. Joséphine, qui revêtait pour
la dernière fois la pourpre impériale, était à côté de
Napoléon et fut obligée de répéter les mêmes paroles. Son discours fut fréquemment interrompu par
des sanglots.

Le Grand Chancelier Cambacérès ordonna alors à
un des secrétaires d'État de lire l'article du Code
civil relatif au divorce, puis il prononça quelques

paroles sur son application dans le cas présent, et déclara rompue l'union de l'Empereur et de l'Impératrice.

La cérémonie fut ainsi terminée; les exigences de la loi étaient satisfaites, et Joséphine n'avait plus qu'à dire adieu à son mari et à la Cour. Elle le fit d'un air angélique, avec ce doux sourire, qui faisait son plus grand charme. Pâle, mais calme en apparence, elle salua Napoléon ; l'Empereur lui dit quelques mots inintelligibles, et une expression de profonde douleur éclaira ses traits. Au moment où, appuyée sur ses deux enfants, elle quitta la salle, faisant un dernier signe d'adieu à toute l'assemblée, on entendit de tous côtés des larmes et des sanglots. Ses ennemis, ceux mêmes qui se réjouissaient de sa chute parce qu'ils espéraient trouver quelque avantage au nouveau mariage, furent tout émus à la vue de cette touchante scène. Il en est très-peu dont les yeux ne furent pas mouillés de larmes.

La victime avait été sacrifiée. Napoléon avait immolé à son ambition ce qu'après son ambition il aimait le plus sur terre. Il s'était séparé de Joséphine.

Le jour même, Joséphine quitta les Tuileries pour se retirer à la Malmaison et vivre dans cette demeure, qui avait été son paradis, et qui maintenant allait être son purgatoire.

Joséphine quitta la Cour, mais tous les cœurs la suivirent. Pendant les premières semaines de sa retraite, la route de Paris à la Malmaison fut littéralement couverte des voitures de tous les Rois et Princes, de tous les dignitaires et les officiers qui se trouvaient à Paris. Il y avait une procession continuelle entre la capitale et la résidence de l'ancienne Impératrice. Le Faubourg Saint-Germain même, qui gardait encore ses sympathies aux Bourbons et avait ses représentants secrets à Paris, se rendit à la Malmaison. Ce ne furent pas seulement les riches et les puissants qui plaignirent Joséphine, les pauvres et les humbles en firent autant. Chacun, quelle que fût sa position, était désireux de prouver à l'Impératrice qu'elle était encore aimée et vénérée, et qu'elle continuait à régner sur les cœurs de son peuple, quoiqu'elle ne fût plus assise sur un trône.

Tous les Français s'attristèrent avec Joséphine et ses enfants. La croyance générale était que l'étoile de l'Empereur allait s'obscurcir; qu'avec Joséphine, son bon génie l'avait quitté, et que le destin ne manquerait pas de venger les larmes de l'Impératrice répudiée.

M. de Metternich, qui croyait que l'alliance de la France et de l'Autriche profiterait à cette dernière, et lui permettrait de terminer la question d'Orient d'une façon satisfaisante et contre la Russie, fut d'avis de marier l'Archiduchesse Marie-Louise au conquérant français.

Quand Lord Castelreagh entendit parler de ce mariage, il dit en souriant :

— Il faut de temps en temps sacrifier une vierge au Minotaure.

Les Viennois portèrent même un jugement plus méchant sur cet acte de désespoir de leur Empereur; ils dirent de Napoléon :

— Maintenant tout est fini pour lui, nous le tenons, car il s'est inoculé le malheur de l'Autriche et sa stupidité.

Jusqu'à un certain point cette prophétie fut exacte. L'alliance avec l'Autriche fut le malheur de Napoléon, en ce sens qu'elle lui donna une trop grande idée de l'étendue de son pouvoir, et le précipita dans les erreurs qui le perdirent.

CHAPITRE XVI.

LE ROI DE HOLLANDE.

Tandis que Joséphine se plaignait de son divorce, Hortense désirait que sa malheureuse union avec Louis Bonaparte pût avoir la même solution. Hortense habitait encore avec son mari, mais jamais elle n'avait eu d'attachement pour lui; elle suppliait l'Empereur (ce que son époux faisait aussi de son côté) de consentir à son divorce.

Mais Napoléon fut inexorable. Sa famille ne devait pas donner au pays l'exemple d'oublier la sainteté du mariage. Son divorce, à lui, avait été dicté par des considérations politiques, et, par ces mêmes considérations, il ne voulut pas rompre l'union de son frère.

Le couple infortuné fut donc contraint de traîner sa chaîne : tous deux avaient le cœur aigri, et comme ils ne pouvaient s'en prendre à personne, ils se reprochèrent mutuellement leur malheur, et devinrent de plus en plus antipathiques l'un à l'autre.

Louis retourna en Hollande, plus triste que jamais ; Hortense et ses deux fils restèrent à Paris.

Napoléon le lui avait ordonné pour qu'elle fût présente à son mariage avec l'Archiduchesse Marie-Louise, qui allait bientôt avoir lieu. La fille de l'Impératrice répudiée devait, en même temps que les sœurs de l'Empereur, porter la queue de la robe de la nouvelle Impératrice le jour de son mariage. Napoléon voulait prouver au monde que ses parents ne connaissaient d'autre loi que sa volonté, et que la fille de Joséphine n'avait jamais cessé de lui obéir. De plus, Napoléon désirait attacher à la personne de sa jeune femme cette Reine qui avait en partage la grâce et la douceur de Joséphine. Elle servirait de modèle à toute la Cour, et serait un mentor agréable à l'Impératrice.

Hortense obéit sans mot dire. Le 1er Avril 1810, jour où l'Archiduchesse Marie-Louise devint Impératrice des Français, elle porta sa robe avec les sœurs de l'Empereur; ce fut la seule qui ne fît pas d'opposition; car les sœurs de Napoléon, la Reine Caroline de Naples, la Duchesse de Guastalla, et Élisa, Grande-Duchesse de Toscane, protestèrent énergiquement avant d'obéir à leur frère, et suivirent la nouvelle Impératrice le rouge de la colère aux joues, et les larmes dans les yeux.

Il y eut encore d'autres personnes, outre les sœurs de l'Empereur, qui n'étaient pas satisfaites le jour des noces de Napoléon : ce furent les membres du haut clergé. Très-peu de dignitaires de l'Église avaient accepté l'invitation du maître des cérémonies, qui avait reçu l'ordre de les prier d'assister au mariage Impérial qui eut lieu aux Tuileries.

Napoléon ne put réprimander ses sœurs à cause
de leurs larmes, mais il punit la désobéissance des
Cardinaux qui n'étaient pas venus à la chapelle. Le
lendemain matin ils furent tous bannis de la capitale, avec défense de porter la robe rouge appartenant à leur rang.

Les Parisiens aussi étaient mécontents du choix
de l'Empereur. Ils reçurent Marie-Louise avec un
enthousiasme peu ardent. Ils considéraient la Princesse Autrichienne comme devant être fatale à la
France. Quelque temps après, quand, au bal donné
par le Prince de Schwartzemberg en l'honneur de
cette alliance, éclata ce terrible incendie qui fit périr
tant de monde, le peuple crut que c'était à la présence
de la nouvelle Impératrice qu'il fallait l'attribuer.
Les Parisiens se rappelèrent le triste accident qui
était arrivé à l'entrée de Marie-Antoinette à Paris,
et dirent que le feu était sans doute le précurseur
de tous les maux que « l'Autrichienne » devait
attirer sur la France et sur l'Empereur.

Pendant qu'Hortense assistait aux fêtes de la Cour
Impériale, un orage s'amoncelait sur la tête de son
mari et devait bientôt menacer sa vie et sa couronne.

Lorsque Louis, pour obéir à la volonté de l'Empereur, avait accepté la couronne de Hollande, il s'é-
tait juré de bien gouverner ce pays et de faire tout
son possible pour le bonheur de ses sujets. Il était
trop honnête pour ne pas tenir son serment; il prit
donc toutes ses mesures dans ce but, et dicta des
lois pour la prospérité de la Hollande, sans s'inquié-

ter si ce qu'il se proposait nuisait aux intérêts de la France. Il ne voulut jamais considérer son royaume comme une dépendance de la France, et se croyait plus qu'un Vice-Roi de l'Empereur. Il regardait les Pays-Bas comme une nation libre, et lui-même comme Roi libre. Napoléon ne partageait pas cette manière de voir, et il lui parut impossible que la Hollande voulût renier la suprématie de la France.

Lorsque l'Empereur avait investi son frère de la couronne de Hollande, il l'avait exhorté à être un bon Roi pour son peuple, mais sans cesser d'être Français et de consulter les intérêts de la France dans sa politique. Louis s'était efforcé de devenir un vrai Hollandais, et par conséquent, quand les intérêts des deux nations furent opposés, il n'hésita pas un instant à se mettre du côté du pays dont il était Roi, et à penser et à agir comme un Hollandais. Son opinion était que la Hollande ne devait sa richesse qu'à son commerce, et qu'elle ne deviendrait grande que par son importance commerciale. Il réduisit donc l'armée de terre et de mer, transforma les vaisseaux de ligne en bâtiments marchands, et les matelots en marins.

Napoléon fut contrarié par toutes ces mesures : il blâma sévèrement le Roi pour avoir désarmé ses flottes et licencié son armée.

— La Hollande, — dit-il, — ne peut pas se défendre, car des marchands et des boutiquiers sont incapables de soutenir une puissance.

Un plus grand crime encore fut la reprise des

relations commerciales avec l'Angleterre. La Hollande ne tint pas compte du blocus que Napoléon avait proclamé contre la Grande-Bretagne, et le pavillon américain, banni de tous les ports de France, flottait en sûreté dans ceux des Pays-Bas.

L'Empereur demanda au Roi Louis de ne consulter que les intérêts de la France ; il insista pour que la Hollande rompît tout commerce avec l'Angleterre, équipât une flotte de 40 vaisseaux de ligne, 7 frégates et 7 bricks, et que l'armée fût élevée à 25,000 hommes. De plus, tous les priviléges de la noblesse qui étaient contraires à la constitution devaient être abolis.

Le Roi Louis, au nom de la Hollande, refusa, et dit qu'il n'obéirait pas aux ordres de l'Empereur quand cela devrait nuire à la prospérité de son pays.

Napoléon accueillit ce refus par une déclaration de guerre. L'ambassadeur de Hollande reçut ses passe-ports, et un corps d'armée français commença à marcher vers les Pays-Bas pour punir le Roi de sa désobéissance.

Le malheur qui menaçait la Hollande avait fait déployer à Louis toute son énergie. Les menaces et la colère de l'Empereur ne purent faire changer sa résolution et sa volonté. Enfin le Duc de Reggio s'approcha d'Amsterdam à la tête de l'armée d'invasion, espérant, en faisant le siége de cette ville importante, forcer le Roi à céder à l'Empereur. Louis, voyant qu'il n'y avait plus de résistance possible, et ne voulant pas changer sa ligne de conduite, se résolut à descendre du trône.

Dans une proclamation adressée à son peuple, il lui dit que « convaincu de ne plus pouvoir être utile à la Hollande; mais, au contraire, étant le seul obstacle à une réconciliation avec la France, il avait résolu d'abdiquer en faveur de ses deux fils, Napoléon-Louis et Charles-Louis-Napoléon ; jusqu'à leur majorité, et avec l'agrément de la Constitution, leur mère serait Régente. Après avoir ainsi réglé la question de succession, il adressa quelques touchantes paroles d'adieu à ses sujets, et quitta le pays incognito sous le nom de Comte de Saint-Leu. Il traversa les États de son frère Jérôme, Roi de Westphalie, la Saxe, et vint à Tœplitz, où il resta pour prendre les eaux.

Ce fut là qu'il apprit que Napoléon, loin de reconnaître son abdication, avait incorporé la Hollande à l'Empire Français. Louis publia une protestation contre cet acte de violence de son frère, et le qualifia de spoliation injustifiable. Au nom de son fils Napoléon-Louis, il demanda la restauration de la Hollande, son annexion à la France étant contraire aux droits sacrés des nations, et déclara nulle l'incorporation des Pays-Bas.

Napoléon répondit à la protestation du Roi en ordonnant à l'ambassadeur français à Vienne de signifier à Louis qu'il devait être rentré en France avant le 1er Décembre 1810, et que la non-exécution de cet ordre serait regardée comme une haute trahison, le Roi déclaré rebelle à la constitution française et au chef de l'État, et traité comme tel.

Louis ne tint pas compte de ces injonctions, et se retira à Gratz, où il vécut en simple particulier. Il fut aimé et admiré, non-seulement par ceux qui l'entouraient, mais par presque toute l'Europe. Le peuple ne pouvait s'empêcher d'estimer un Roi qui avait si noblement sacrifié sa grandeur au bien de son pays ; ses ennemis mêmes et sa famille reconnaissaient qu'il avait agi d'une façon très-magnanime, et Louis XVIII dit, en parlant de lui :

« Louis Bonaparte est vraiment Roi par son abdi-
» cation. En déposant sa couronne il a montré qu'il
» était digne de la porter. C'est le premier monarque
» qui se soit résolu à un tel sacrifice, poussé seule-
» ment par l'amour de son pays. D'autres ont abdi-
» qué avant lui, mais ils étaient fatigués du pouvoir.
» La manière dont le Roi de Hollande est descendu
» du trône a quelque chose qui n'a pas encore été
» apprécié à sa juste valeur, mais qui, si je ne me
» trompe fort, commandera l'admiration de la pos-
» térité. »

Louis Bonaparte passa quelques années paisibles à Gratz, sous le nom de Comte de Saint-Leu. Ce furent les premières et peut-être les seules dont il jouit au milieu des orages et des déceptions d'une vie agitée. Ses jours étaient occupés par l'étude et la méditation, et il ne sembla pas regretter un instant la position qu'il avait quittée. Comme autrefois il s'était efforcé d'être un bon Roi, il tâchait maintenant d'être un auteur distingué. Il publia une nouvelle intitulée *Marie*, et, encouragé par le succès qu'elle eut chez ses amis, il publia quelques poésies. La passion profonde qui règne dans ses vers prouve que son cœur, si souvent incompris, et par suite blessé et méfiant, était encore capable d'un amour pur et désintéressé. On dit que Maria Pascal, la belle musicienne, en fut aimée et ne lui résista pas.

Le jour vint où Louis Bonaparte dut fermer l'oreille à la douce voix de la paix et de l'amour, pour écouter celle du devoir, qui le rappelait en France auprès de son frère. Aussi longtemps que le succès suivit Napoléon, l'ex-Roi de Hollande, qui était volontairement descendu du trône, vécut dans l'obscurité; mais aussitôt que le malheur vint frapper l'Empereur, il retourna près de lui. A l'heure du danger il n'y avait qu'une seule place pour le brave et loyal frère de Napoléon, c'était en France.

« Le jour où l'Autriche rompit son alliance avec la France d'une façon si inattendue, — dit Madame de Saint-Elme, qui était à Gratz et qui fut témoin de la scène d'adieu entre Louis Bonaparte et les habitants de cette ville, — le Roi Louis sentit la nécessité de quitter une retraite qu'il aurait due, à partir de ce moment, aux ennemis de la France. Il se hâta de demander à son frère la seule place digne de son caractère, sa place aux côtés de l'Empereur.

» Mais quels regrets! quelle désolation pour les habitants de Gratz et de toute la Styrie en voyant partir ce bon Prince. Il n'y avait pas dans le pays une seule fondation charitable qui n'eût reçu de lui quelques secours; et l'on savait bien qu'il n'était pas riche et qu'il se privait pour donner aux autres. On le supplia de rester et de ne pas partir. Quand on vit qu'il persistait, quand les chevaux qu'on avait d'abord amenés furent attelés pour son départ, le peuple de Gratz les détela et traîna sa voiture jusqu'aux portes de la ville. Son départ ressembla à une marche triomphale. Le Roi banni et exilé quittait probablement sa retraite au milieu de démonstrations d'amour plus sincères que celles qu'on lui avait témoignées le jour de son avénement au trône.

CHAPITRE XVII.

JUNOT, DUC D'ABRANTÈS.

Tandis que tous ses amis fidèles se hâtaient de se réunir auprès de Napoléon, et d'offrir au héros menacé par le sort et par les hommes leur aide et leur dévouement ; — quand son frère Louis, lui-même, oubliant toutes les insultes et toutes les humiliations qu'il en avait reçues, s'empressait de venir à lui, un de ses amis les plus honnêtes et les plus dévoués, un de ceux sur lesquels l'Empereur pouvait compter à la vie et à la mort, ne paraissait point.

C'était l'ami de sa jeunesse, son compagnon d'armes, Junot, qui, issu d'une famille pauvre, s'était élevé par son mérite et son courage héroïque au rang de Duc d'Abrantès. Lui seul ne vint pas quand les trompettes guerrières rappelaient à Paris tous les généraux de Napoléon par leurs fanfares de mauvais augure. Mais s'il ne venait pas, ce n'était pas le fait de sa volonté, mais par suite d'un décret de sa destinée.

Junot, le héros de tant de batailles, le chevalier sans peur et sans reproches, l'ancien Gouverneur

de Madrid, le Gouverneur actuel de l'Istrie et de
l'Illyrie, était affligé de la plus terrible de toutes les
maladies : il avait perdu la raison. Les cicatrices
qui couvraient sa tête et son front, et donnaient de
si éclatants témoignages de sa bravoure, révélaient
en même temps la source de son mal. Sa tête, si
fréquemment entamée par les coups de sabre, pouvait être extérieurement guérie, mais les blessures
avaient laissé après elles un ébranlement moral.

Le héros de tant d'actions d'éclat était devenu
un pauvre fou, et pourtant ce fou était encore le
tout-puissant maître de l'Istrie et de l'Illyrie.
Napoléon, en le nommant pour la seconde fois
Gouverneur de ces provinces, l'avait investi d'une
autorité vraiment royale. Comme il connaissait le
noble caractère, la fidélité et le dévouement de son
frère d'armes, il l'avait doté des attributs d'un
souverain absolu, en lui permettant de gouverner
en son lieu et place. Personne n'avait donc le droit
de priver le fou de son autorité ou de lui arracher le
sceptre des mains. Napoléon le lui avait donné, et
lui seul pouvait le lui ôter. Le Vice-Roi d'Italie lui-
même, auquel les provinces d'Istrie s'étaient adressées
et avaient demandé du secours dans leur terreur,
avait été incapable de les aider, et s'était contenté
de dire :

— Envoyez un courrier à l'Empereur, et attendez
sa réponse.

Mais alors ce n'était pas chose facile que d'envoyer des courriers à une distance de trois à quatre

.cents lieues; il n'y avait pas de chemins de fer, pas de télégraphes, et l'électricité et le magnétisme n'étaient pas encore les esclaves de la volonté humaine. Les Illyriens envoyèrent aussitôt un courrier à Napoléon pour demander un remède à leurs souffrances; mais on aurait pu appliquer ce proverbe russe : « La nue est haute, et l'Empereur est loin. » Des semaines devaient s'écouler avant le retour du courrier et la réponse de l'Empereur, et jusque-là il n'y avait rien à attendre : il fallait obéir aux ordres du Duc d'Abrantès, et faire la volonté du pauvre insensé.

Aucun pouvoir, aucune institution n'osait se substituer au représentant de l'Empereur des Français.

Napoléon, dont la couronne commençait déjà à trembler sur la tête, et qui était déjà si proche de sa chute, possédait encore un prestige si grand, que son nom seul suffisait pour couvrir, à une distance de plus de trois cents lieues de la frontière française, les actions irresponsables d'un homme qui avait perdu la raison.

Junot avait été si beau, si aimable, si chevaleresque dans sa jeunesse, qu'il avait vaincu autant de jolies femmes dans les salons que de soldats sur le champ de bataille! Il était passé maître dans tous les arts chevaleresques, et était regardé partout comme un héros et un vainqueur auquel rien ne résistait. C'est ainsi qu'il avait gagné le cœur de mademoiselle de Permont; et qu'en dépit de l'horreur de sa mère, la fille de l'altière baronne du Faubourg

Saint-Germain avait résolu de devenir la femme
du soldat républicain, le frère d'armes de Napoléon.
Bien que Junot ne possédât d'autre fortune que son
traitement, d'autre noblesse que son sabre et sa
renommée, cela lui suffit pour gagner le cœur de
la fille d'une mère légitimiste, quelque fière que
pût être cette fille de s'appeler la dernière descen-
dante des Comnène.

Napoléon, qui aimait beaucoup à voir ses généraux et sa jeune noblesse s'allier à l'ancienne
aristocratie, récompensa magnifiquement la jeune
patricienne du sacrifice qu'elle faisait à son frère
d'armes, en abandonnant son blason et son nom glorieux pour devenir la femme d'un général sans aïeux
et sans fortune. Il créa son ami Duc d'Abrantès, et
la Duchesse n'eut plus rien à regretter. La descen-
dante des Comnène put être satisfaite des hommages
qu'on rendait à la femme du Gouverneur de
Lisbonne, et des lauriers qui vinrent orner le front
de son mari, mais qui malheureusement, tout en le
récompensant de nouvelles victoires, attestaient de
nouvelles blessures.

Les conséquences de ces blessures jetèrent un
sombre voile sur les lauriers du héros, et étouffèrent
le bonheur domestique de la Duchesse. Elle s'aperçut
avant tous du triste état de son mari, mais elle le
tint secret. Elle refusa cependant de suivre le Duc
d'Abrantès à son gouvernement d'Illyrie, et demeura
à Paris, espérant encore qu'un changement de
climat et d'habitudes pourrait améliorer la santé
de son mari.

Mais l'esprit de Junot était et resta malade. Les attaques de folie et de fureur qui, primitivement, ne s'étaient manifestées qu'à de rares intervalles, devenaient alors plus fréquentes, et il fut impossible de les cacher davantage. Toute l'Illyrie sut bientôt que son Gouverneur était fou, et pourtant personne n'osa s'opposer à sa volonté ou refuser d'obéir à ses ordres; mais on attendit humblement le retour du courrier qu'on avait envoyé à Paris auprès de l'Empereur.

« Mais le ciel est haut et l'Empereur est loin! » et les plus grandes extravagances pouvaient arriver et arrivèrent avant le retour du courrier à Trieste, où Junot résidait. Les souffrances du pauvre Duc augmentaient chaque jour, ses accès devenaient plus fréquents et plus violents, et étaient causés par la plus légère contrariété.

Une fois, un rossignol qui chantait dans les buissons sous sa fenêtre troubla son sommeil. Le lendemain matin, Junot appela toutes les troupes, et deux bataillons de Croates reçurent l'ordre de commencer une campagne contre le pauvre rossignol qui avait osé troubler son sommeil.

Une autre fois, Junot s'imagina avoir découvert une grande conspiration ourdie par tous les moutons de l'Illyrie, et il dirigea toute l'attention de la police et la sévérité des lois contre ces animaux inoffensifs.

Puis, bientôt, il éprouva une passion aussi soudaine que romanesque pour une jeune Grecque qui faisait partie de sa maison. Comme cette jeune fille cherchait à opposer la fierté de sa vertu à ses solli-

citations, Junot se désespéra, et résolut de mettre le feu
à son palais pour détruire son cœur et son amour dans
les mêmes flammes. Heureusement on découvrit à
temps son projet, et le feu qu'il avait allumé fut éteint.

Puis, il éprouva une horreur indicible pour le bruit
et les splendeurs qui l'entouraient ; il lui tardait de fuir
les fêtes et l'éclat de sa position, pour le calme de l'existence silencieuse et tranquille d'un pauvre paysan.

Il continua à désirer la vie des champs, et comme
personne n'avait le droit de le dépouiller de sa dignité, ni de satisfaire ses désirs, il résolut, de son
autorité privée, de briser les obstacles qui entravaient
les caprices de son pauvre esprit malade, et de se
retirer loin des ennuis auxquels l'attachait sa position.

Sous prétexte de faire une tournée d'inspection
à travers les provinces, il quitta Trieste. Cette existence nouvelle sembla un moment calmer son agitation. Il arriva presque incognito à la petite ville
de Goritz, et demanda, à l'hôtel où on l'avait arrêté,
de vouloir bien lui indiquer l'auberge la plus modeste et la moins apparente de la ville où les honnêtes travailleurs avaient coutume de se rassembler
après leurs travaux. On lui dit que la maison connue
sous le nom de *Icepit* était de cette nature ; et que les
ouvriers avaient coutume de s'y rendre après les
fatigues du jour pour s'y rafraîchir avec une bière
bien légère, dans un broc commun.

Le gouverneur de l'Illyrie alla loger au *Icepit*.
Il ne le quittait que rarement, soit le jour, soit la
nuit, et là il prit part, comme le grand Aroun-al-

Raschid, aux innocents plaisirs d'une pauvreté heureuse et satisfaite. Ce pauvre cœur, autrefois si grand et si bienveillant, trouva sa dernière consolation, sa dernière joie dans ce cabaret.

Le dernier ami du Duc d'Abrantès, le Pylade de ce pauvre Oreste, était un fou ! Un pauvre idiot de bonne famille, et d'un caractère si facile qu'on lui permettait de sortir sans surveillant; on se contentait de rire de ses folies qui ne faisaient de mal à personne; mais, malgré sa joviale humeur, il était doué d'un esprit mordant et d'une bouffonnerie spirituelle qui n'épargnaient ni le rang ni l'élévation.

Les lazzis moitié plaisants, moitié sarcastiques de ce Diogène istrien furent bientôt seuls capables de distraire la noire mélancolie du héros errant, et c'était pour lui un plaisir sans fin que d'entendre tourner en ridicule les grandeurs et l'éclat d'une position qu'il avait si chèrement gagnée, et dont cependant il avait si peu joui. L'idiot avait un talent d'imitation tout particulier ; il imitait de la manière la plus burlesque la pompe du Gouverneur et l'élégance française de ses officiers. Toutes les fois que cela lui arrivait, la joie, le plaisir de son pauvre ami ne connaissaient plus de bornes.

Après une scène de cette nature, le Duc d'Abrantès se jeta un jour dans les bras de son ami, et le para des insignes de la Légion d'Honneur, en lui passant autour du cou la grand'croix de cet ordre qu'il portait lui-même.

L'Empereur avait donné à Junot pleins pouvoirs

d'accorder cette récompense, et de répandre cet ordre dans les provinces d'Illyrie et d'Istrie. Personne n'eut donc le droit de priver le pauvre fou des honneurs que le Gouverneur lui avait lui-même conférés. Pendant des semaines on put voir ce malheureux dans les rues de Goritz, se parant comme un paon de la grand'croix de l'ordre institué par Napoléon, et faisant en même temps les plaisanteries les plus mordantes et les plus sarcastiques au sujet de cette décoration. Le Duc d'Abrantès l'accompagnait fréquemment dans ses promenades, riant parfois aux éclats des plaisanteries du pauvre fou, et parfois les écoutant avec une attention des plus soutenues, comme si c'étaient des oracles d'un sage prophète. On voyait donc ce couple étrange se promener par les rues; souvent ils s'asseyaient, bras dessus bras dessous, sur une pierre, faisant les remarques les plus extravagantes sur les passants, ou philosophant sur la vanité de la raison humaine et les grandeurs, la petitesse, et la malignité du monde, réalisant ainsi les scènes émouvantes et déchirantes du *Roi Lear* et de son fou, que Shakespeare nous a décrites.

Après une longue attente, le message de Napoléon arriva enfin; il retirait au pauvre Junot son poste et sa dignité, et nommait le Duc d'Otrante à sa place.

Le Duc d'Abrantès quitta l'Illyrie et revint en France, où, après une longue et pénible lutte, il trouva, dans la petite ville de Montbars, une mort solitaire et triste, après une vie pleine de gloire, de courage héroïque, et d'honneur sans tache.

CHAPITRE XVIII.

LOUIS-NAPOLÉON MARCHAND DE VIOLETTES.

Le soleil qui avait si longtemps ébloui l'Europe était sur son déclin; l'étoile de Napoléon commençait à être obscurcie par les nuages. La fortune lui avait accordé tout ce qu'elle peut donner à un homme. Il avait foulé aux pieds toutes les couronnes d'Europe, et commandait à presque toutes les nations. A Erfurth comme à Dresde, l'antichambre de l'Empereur était le rendez-vous de tous les princes de l'Europe. L'Angleterre seule ne cacha pas ses sentiments hostiles sous le masque de l'amitié; seule, elle ne s'inclina pas devant son voisin qu'elle haïssait. Napoléon, le maître du continent, que les Rois et les Empereurs appelaient leur frère, et qui s'en trouvaient fort honorés, — Napoléon pouvait bien regarder dans son passé. Il s'était élevé si haut qu'il n'avait pas besoin de cacher son origine.

Pendant le congrès d'Erfurth, les Empereurs et les Rois qu'y s'y étaient rendus étaient un jour assis à la table de Napoléon. Il était entre le Czar de Russie. son enthousiaste ami, et l'Empereur d'Autriche, son

beau-père ; en face de lui était le Roi de Prusse, son
allié, auquel il avait pris la Westphalie et les provinces Rhénanes, et les Rois de Bavière et de Wurtemberg, qui avaient reçu leurs couronnes de ses
mains, et qui avaient donné leurs filles en mariage
à des membres de sa famille : le premier avait
marié sa fille à Eugène de Beauharnais, et le second
était le beau-père de Jérôme Bonaparte.

Il y avait aussi le Roi de Saxe et le Grand-Duc de
Bade (qui avait épousé la nièce de Joséphine, Stéphanie de Beauharnais). Tous étaient Princes légitimes et issus de brillantes dynasties, et au milieu
d'eux était assis le fils d'un petit noble corse,
sans fortune, qui était Empereur des Français, et
qu'ils regardaient tous avec respect et admiration.

La conversation roulait sur la merveilleuse mémoire de Napoléon, et l'Empereur voulait bien ex-
pliquer à ses hôtes comment il l'avait acquise.

— Quand j'étais lieutenant... — commença-t-il ;
mais aussitôt tous les auditeurs regardèrent leur assiette : la honte et la confusion semblaient les avoir
frappés, et l'Empereur d'Autriche rougit de colère à
cette allusion à la modeste origine de son gendre.

Napoléon le remarqua et jeta un regard furieux à
toute la table. Après une pose, il reprit son récit et
répéta avec une intention bien marquée :

— Quand j'avais l'honneur d'être lieutenant...

Alexandre de Russie, seul, ne fut pas embarrassé ;
il mit sa main sur l'épaule de Napoléon et remua la
tête en souriant. Il était le seul qui écoutât avec plai-

sir une histoire du temps où Bonaparte avait l'honneur d'être lieutenant.

Napoléon s'était élevé si haut qu'il pouvait à peine désirer quelque chose, car la fortune lui avait accordé même ce qu'il désirait le plus au monde : un héritier. Le 20 mai 1811, Marie-Louise avait donné naissance à un fils, et le Roi de Rome avait été accueilli par la nation comme l'héritier de son illustre père. La dynastie de Napoléon semblait consolidée. De nombreuses fêtes eurent lieu à cette occasion.

Il y eut des bals et des banquets donnés par la Reine de Naples, dans la demeure de la Grande-Duchesse de Guastalla, et par la Reine de Hollande, ainsi que par tous les Ducs de l'Empire.

Hortense était souffrante ; un violent mal de tête la tourmentait depuis quelque temps, et trahissait les secrètes douleurs qu'elle essayait de cacher.

Les roses avaient disparu de ses joues, ses yeux avaient perdu leur éclat. A la Malmaison, sa mère déplorait sans cesse son malheureux sort, et dès qu'Hortense avait essayé d'adoucir ses angoisses et essuyé ses larmes, elle devait revenir aux Tuileries pour sourire à celle qui était « son Impératrice » et la rivale heureuse de sa mère.

Mais Hortense avait résolu de prendre la vie telle qu'elle était, et de remplir son rôle d'une manière digne d'elle et de sa mère. En conséquence elle chercha à être la fidèle amie de l'Impératrice, et à faire selon les désirs de son beau-père, qui souhaitait qu'elle reçût dans son hôtel, et qu'elle prît part aux fêtes de la cour.

« L'Empereur le désire, l'Empereur l'a dit ; » cela
suffisait à tout l'entourage de Napoléon, et à Hortense comme aux autres. La mère vivait dans la
retraite, parce que l'Empereur le voulait ; Hortense
restait à la cour, parce que tel était son désir, et elle
reçut comme il le lui avait demandé.

Mais les fêtes du carnaval de 1813 furent tristes.
Combien d'invalides avait faits l'année précédente !
Il y avait une grande disette de jeunes danseurs
aux bals ; les guerres continuelles les avaient
décimés ou vieillis avant l'âge , et la plupart
d'entre eux étaient estropiés.

Mais l'ambition de l'Empereur n'était pas satisfaite. Il y avait encore quelques couronnes sur lesquelles il n'avait pas mis la main, entre autres celle
de Russie : il n'avait pu encore enlever une perle à
son diadème. Napoléon marcha donc contre la
Russie pour chercher au Kremlin la couronne des
Czars.

Mais son étoile pâlit au milieu des flammes de
Moscou ; le soleil de sa gloire ne put rien contre la
glace qui détruisit sa magnifique armée à Wilna et
sur les bords de la Bérésina. La fortune avait abandonné le conquérant, et, privé de ses légions, il revint en France.

L'année 1813 commença d'une façon malheureuse; les gens timides et superstitieux regardèrent
le chiffre 13 comme un signe de malheur, et re-
marquèrent avec effroi que l'année commençait par
un vendredi. Néanmoins le jour de l'an fût fêté

comme de coutume ; on chercha à étouffer dans le bruit des plaisirs la voix des pressentiments. L'Empereur voulut que l'on donnât des bals à la Cour et chez les membres de la Famille impériale. Il voulait prouver aux Parisiens que sa confiance en l'avenir n'avait pas diminué. Napoléon ne voulut pas que la campagne de 1812 fût regardée comme une calamité nationale, et ceux qui avaient perdu leur père ou leur frère dans les steppes glacées de la Russie, sans avoir même la consolation de les savoir morts sur le champ de bataille, furent priés de cacher leurs larmes, et les parents de ceux qui étaient revenus estropiés et malades durent fêter ce retour par des réjouissances.

L'Empereur avait ordonné qu'il y eût des bals ; Hortense obéit. Elle arrangea des quadrilles costumés pour lesquels elle dessina les costumes et composa la musique; voyant que les jeunes gens manquaient, elle imagina d'autres amusements: on joua des charades et on fit des tableaux vivants.

Mais tandis qu'Hortense était ainsi l'âme des fêtes de la Cour, tandis qu'en apparence elle s'amusait, son esprit était assailli par le pressentiment que le malheur n'était pas fini : elle voulait être prête pour les jours d'infortune, et désira imprimer dans l'esprit de ses deux fils chéris la connaissance de la vanité et de l'instabilité des grandeurs du monde, et le mépris du danger. Elle n'eut pas de pitié pour l'âge de ces jeunes enfants de six et huit ans, car elle les aimait trop pour les élever d'une manière efféminée. Elle avait cette forte affection d'une mère énergique qui n'a pas de coupables indulgences pour ses fils, et qui les élève sévèrement afin de les mettre à même de lutter contre l'adversité et de se roidir contre les coups du sort. Hortense, au milieu de sa splendeur, n'oublia jamais de parler à ses enfants des jours de malheur qui pouvaient survenir et qu'ils devraient supporter courageusement.

Un jour la Duchesse de Bassano donna un bal, et Hortense, quoique malade, quitta son fauteuil et se fit habiller ; ses beaux cheveux flottants tombaient à ses pieds, ils étaient arrangés à la Grecque et ornés d'une guirlande de fleurs en diamants. Elle portait une robe de crêpe rose bordée d'une guirlande d'hortensias d'argent. La ceinture et la queue de sa robe étaient garnies de violettes et de roses en pierres précieuses, et sur son sein brillait un bouquet de diamants et d'hortensias. Le collier et le bracelet étaient aussi en diamants, et représentaient les mêmes fleurs.

Dans cette splendide toilette (c'était un présent envoyé la veille par sa mère), elle entra au salon suivie de toutes ses dames et des officiers de sa maison qui devaient l'accompagner au bal.

Cette salle, pleine de femmes couvertes de diamants et d'officiers en riches uniformes, présentait un charmant coup d'œil. Les fils d'Hortense, qui entraient en ce moment au salon pour prendre congé de leur « bonne petite maman, » s'arrêtèrent, éblouis par tant de magnificence, et s'approchèrent ensuite timidement de leur mère. Celle-ci leur semblait un Génie des contes de fées. La Reine devina la pensée de ses fils, qui pouvait se lire sûr la figure ingénue de ces enfants aussi facilement que dans un livre. Elle donna une main à chacun d'eux, et alla vers une chaise, où elle s'assit. Elle prit sur ses genoux le plus jeune, Louis-Napoléon, âgé de six ans, tandis que son frère, Napoléon-Louis, âgé de huit ans, se tenait à côté de sa mère, appuyant ses cheveux frisés sur son épaule, et regardant ses joues pâles d'un air pensif :

— Eh bien ! Napoléon, — dit Hortense, en posant sa main blanche et élégante sur la tête de son fils aîné, — trouves-tu que je sois bien habillée aujourd'hui ? M'aimerais-tu moins si j'étais pauvre, et si, au lieu de diamants, je portais une simple robe noire ?

— Non, maman, — répondit l'enfant presque irrité.

Et le petit Louis-Napoléon répéta de sa voix douce les paroles de son frère :

— Non, maman.

La Reine sourit, et dit :

— Les diamants et les beaux habits ne font pas le bonheur. Nous nous aimerions tous les trois autant, si nous étions pauvres. Mais dis-moi, Napoléon, que ferais-tu si tu étais seul et sans ressources au monde ? Comment ferais-tu pour te créer une position ?

— Je me ferais soldat, — répliqua Napoléon, les yeux étincellants, — et je serais si brave qu'on serait obligé de me donner de l'avancement.

— Et toi, Louis, que ferais-tu pour gagner ton pain ?

L'enfant avait écouté attentivement ce que son frère avait dit et semblait réfléchir. Il parut trouver le mousquet trop lourd pour lui.

—Moi,— dit-il après une pause,—je vendrais des violettes comme le pauvre petit qui se tient à la porte des Tuileries, et auquel vous donnez toujours quelque chose quand vous passez.

Les dames et les officiers qui avaient écouté la conversation rirent en entendant la réponse du jeune Louis.

— Ne riez pas, mesdames, — dit la Reine sérieusement, — ce n'est pas une plaisanterie: je voulais donner une leçon à mes fils, parce que j'ai vu qu'ils étaient éblouis par l'éclat des diamants. C'est généralement le malheur des princes de s'imaginer qu'ils sont pétris d'un autre limon que les autres hommes, et conséquemment qu'ils n'ont besoin d'avoir ni attentions, ni considération pour personne. Ils savent rarement ce que peut être la souffrance ou la misère, et croient impossible que de tels maux les atteignent jamais. Puis, sitôt que le malheur les frappe, ils sont si étonnés et si déconcertés, qu'ils ne peuvent lui résister et succombent. Je veux préserver mes fils d'un pareil sort.

Hortense embrassa les deux enfants et se rendit avec sa suite aux Tuileries. Les deux jeunes Princes continuèrent à discuter pendant longtemps encore s'il valait mieux gagner sa vie en se faisant soldat ou marchand de violettes à la porte des Tuileries.

CHAPITRE XIX.

LES JOURS DE MALHEUR.

Les banquets et les bals au milieu desquels les Parisiens essayaient d'oublier l'approche du danger devaient bientôt avoir un terme. Le bruit du canon qui grondait sur les champs de bataille de Hanau et de Leipzick avait couvert les sons de la musique des Tuileries, et le salon de la Reine Hortense, où l'on avait coutume de chanter et de jouer, vit alors les mains des dames occupées à faire de la charpie pour les blessés que l'armée dirigeait chaque jour sur les hôpitaux de Paris.

La déclaration de guerre de l'Autriche et de la Russie avait fait sortir la France de son doux rêve de sécurité, et des batailles perdues lui avaient annoncé que l'étoile qui depuis si longtemps brillait sur la tête de l'Empereur s'obscurcissait. Chacun sentait l'approche d'une crise, chacun se préparait à occuper le poste que l'honneur et le devoir lui assigneraient à l'heure où l'orage suspendu en nuages menaçants sur la France viendrait à éclater. C'est à cette époque que Louis-Napoléon revint de Gratz.

Il avait entendu le grondement du tonnerre de Leipzick, et accourait à la défense de son frère. Hortense apprit son retour avec des sentiments qui étaient plutôt ceux d'une patriote que d'une épouse.

— Je me réjouis, — dit-elle, — que mon mari soit de retour; son apparition au moment où l'Europe se lève contre notre pays montre qu'il est bon Français. Il est homme d'honneur, et si nous n'avons pu sympathiser l'un avec l'autre, c'est parce que nous avions tous les deux des défauts qui ne pouvaient se concilier. Moi, — ajouta-t-elle avec un triste sourire et après un moment de silence,—j'étais trop fière, on m'avait trop gâtée, j'avais une trop haute idée de moi-même, et c'est un mauvais moyen pour gagner un cœur souffrant et méfiant. Il se montre digne de son titre de Roi en venant se joindre à tous les Français pour la défense du pays; c'est ainsi seulement que nous pouvons témoigner toute notre gratitude pour tout ce que la nation a' fait pour notre famille.

Dans les premiers jours de janvier 1814, tout Paris fut saisi d'une véritable panique. Le bruit courut que l'ennemi avait passé la frontière, et que les Russes, les Autrichiens et les Prussiens marchaient sur la capitale. Pour la première fois après des années de triomphe, la France trembla pour son armée, et crut à la possibilité d'une défaite.

Une triste appréhension régnait aux Tuileries. Quand autrefois l'Empereur partait pour l'armée, on lui avait toujours demandé : « A quand la nouvelle victoire? » Cette fois, on voyait avec crainte les traits pâles et soucieux de l'Empereur.

Napoléon quitta Paris le 24 Janvier pour prendre le commandement de l'armée. L'Impératrice Marie-Louise fut nommée Régente, et l'Empereur lui adjoignit un conseil composé de ses frères et de ses ministres. L'Impératrice, tout en larmes, dit adieu à son mari, et Hortense, qui assistait à cette scène d'adieux, dut rester longtemps avec elle afin de la consoler.

Hortense était loin de ressentir la confiance qu'elle montrait à l'Impératrice et à la cour. Elle n'avait jamais pu croire à la stabilité de la grandeur et des triomphes de Napoléon; elle avait toujours été secrètement préparée au danger qui approchait; en conséquence elle se sentait pleine de courage, alors que l'heure de l'adversité avait sonné. Elle était prête à défendre ses enfants, et montrait beaucoup de sang-froid et de calme pendant que toute la Famille impériale tremblait et désespérait, et que Paris était terrifié par cette nouvelle : « Les Cosaques approchent! »

Le Grand-Duc Constantin avait, disait-on, promis à ses troupes qu'elles se chaufferaient aux flammes de Paris, et l'Empereur Alexandre avait juré de ne prendre de repos que dans les Tuileries mêmes.

Dans la capitale on ne parlait que de pillages, d'outrages et de meurtres; on tremblait non-seulement pour sa vie, mais encore pour son bien; on se hâtait de cacher son argent, ses bijoux, son argenterie, de crainte qu'ils ne tombassent dans les mains des hordes rapaces des Cosaques.

On improvisait des cachettes dans les caves ou dans les murs. La Duchesse de Bassano avait fait porter tout ce qu'elle possédait et qui avait quelque valeur dans un cabinet retiré dont elle avait fait murer la porte et tapisser l'ancienne ouverture avec du papier. Mais malheureusement, avec d'autres objets, on avait apporté plusieurs pendules qu'on avait oublié d'arrêter, et leurs sonneries révélèrent, pendant toute une semaine, l'endroit de la cachette qu'on avait préparée avec tant de soin.

Le 9 Février, la ville de Mâcon fut prise, et les Parisiens, qui riront et plaisanteront jusqu'au jour du jugement dernier, déclarèrent que Mâcon n'avait pu résister parce qu'elle était attaquée avec des pièces de vingt-quatre et qu'elle ne pouvait opposer que des pièces de vin. Puis on disait encore :

« Les Souverains feront leur entrée par la barrière du Trône, l'Empereur partira par la barrière d'Enfer, l'Impératrice par celle des Vertus, les Sénateurs par celle des Bons-Hommes, les Conseillers d'État par Bicêtre, et enfin le Corps Législatif et la Garde Nationale par Pantin. »

Le cri de : « Les Cosaques arrivent ! » n'était cependant pas le seul à émouvoir les Parisiens : il y avait une autre acclamation qu'on n'avait pas entendue depuis longtemps et dont l'écho était étranger à la France Impériale. C'était: « Vivent les Bourbons ! » et on prononçait le nom du Comte de Lille, que les royalistes appelaient Louis XVIII.

Les légitimistes ne baissaient plus la voix pour

prononcer ce nom, et ils le répétaient avec enthousiasme. Ceux mêmes qui avaient rendu hommage
à l'Empereur, et accepté de lui des places et des dis-
tinctions, commençaient à jeter le masque et à laisser
percer leurs véritables désirs.

Madame du Cayla était parmi ces derniers : bien
que royaliste très-enthousiaste, elle s'était trouvée
fréquemment mêlée à la société de la Cour impériale.
Cette dame se rendit à Hartvell pour porter au
Comte de Lille l'assurance que le parti légitimiste
s'augmentait de jour en jour, et qu'il lui tardait de
le voir revenir. « Les Français, dit-elle, sont disposés
à restituer au Comte de Lille le trône de ses pères. »

Madame du Cayla revint avec pleins pouvoirs
pour organiser la conspiration royaliste et pour
sanctionner au nom du roi toutes les démarches de
ses adhérents. M. de Talleyrand, le ministre de Napoléon, cet homme de talent, cette girouette politique,
commençait déjà à sentir la nécessité d'un changement d'opinion. Quand la Comtesse du Cayla entra
dans le cabinet du premier ministre, auquel elle
apportait quelques messages secrets de Louis XVIII,
elle dit à haute voix :

— J'arrive à l'instant d'Hartvell, j'ai vu le roi et
il m'envoie vous dire...

— Etes-vous folle, Madame?.... Vous osez avouer
un pareil crime ?

Puis le moment d'après il ajoutait à voix basse:

— Ainsi vous l'avez vu?... Mais vous savez que
je suis son plus humble et plus dévoué serviteur.

Les royalistes commencèrent à tenir ouvertement leurs assemblées et leurs conférences. Le ministre de la police, Fouché, Duc d'Otrante, dont les yeux et les oreilles étaient partout, et qui savait tout ce qui se passait dans Paris,—Fouché n'ignorait point ces complots, mais il n'essaya pas de les empêcher ; au contraire, il conseilla aux légitimistes d'agir avec prudence, afin de montrer combien il prenait lui-même intérêt au sort de l'infortunée famille royale.

La Reine Hortense, au milieu de tous ces dangers et de tous ces troubles, conservait sa présence d'esprit et son courage habituels. Loin de cacher son argent, ses diamants et ses papiers comme tant d'autres, elle continuait à vivre comme elle avait toujours vécu. Elle voulait montrer aux Parisiens quelle confiance inébranlable la Famille impériale avait en eux, et combien était forte sa foi en la victoire. En conséquence, elle continuait son train de vie princier, bien que depuis longtemps elle n'eût rien reçu du trésor épuisé. Mais elle se souciait peu d'argent : l'esprit élevé et généreux de la Reine était occupé par d'autres pensées que celle de cacher son or, ou d'assurer ses intérêts matériels.

Elle désirait inspirer à l'Impératrice Marie-Louise, que l'Empereur avait nommée Régente de l'Empire, le courage qu'elle possédait elle-même. Elle la suppliait, dans ces jours de dangers et d'inquiétudes, de se montrer digne de la confiance que l'Empereur avait mise en elle, en adoptant des me-

sures fermes et énergiques. Le 28 Mars, lorsqu'on
apprit que les alliés n'étaient plus qu'à cinq lieues
de Paris, pendant que des milliers d'individus
fuyaient la capitale, Hortense se rendit aux Tuileries
pour conseiller à l'Impératrice de ne point quitter
son palais, mais de continuer courageusement à occuper le poste où l'Empereur l'avait placée. Au nom
de Napoléon et du petit Roi de Rome, elle implora
Marie-Louise de ne point se soumettre à la résolution
du Conseil de Régence qui venait de déclarer que
Paris était incapable de se défendre, et que par conséquent l'Impératrice, son fils, et le Conseil de Régence devaient quitter la capitale.

Cependant Marie-Louise ne se rendit pas aux conseils généreux et éclairés d'Hortense. La Reine ne
parvint pas à inspirer à sa jeune souveraine l'énergie
qui l'animait.

—Ma sœur, — dit-elle, — vous ne pouvez ignorer
les conséquences de votre fuite de Paris ; on ne tentera
aucune défense de la capitale, et cela sera peut-être
votre faute si vous perdez votre couronne ; mais je
vois que vous êtes résignée à un semblable malheur.

— Vous avez raison ; — répondit Marie-Louise, —
j'aurais dû agir autrement, mais il est trop tard : le
Conseil de Régence a décidé, que puis-je faire maintenant ?

Hortense, désolée, rentra à son hôtel, où Lavalette,
la Maréchale Ney, et les dames d'honneur, l'attendaient avec impatience.

— Tout est perdu ! — dit-elle avec une expression si triste que ses traits en étaient tout altérés. — Oui, tout est perdu ! L'Impératrice est décidée à quitter Paris ; elle semble abandonner sans beaucoup de regrets l'Empereur et la France. Elle est sur le point de partir.

— S'il en est ainsi, — reprit le général Lavalette, — tout est bien perdu ; et pourtant son courage et son énergie auraient pu aujourd'hui sauver l'Empereur, qui marche sur Paris. Le Conseil de Régence a choisi, il me semble, la ligne de conduite la plus désastreuse ; nous n'y pouvons rien, mais que compte faire Votre Majesté ?

— Je reste à Paris, — répondit la Reine ; — puisqu'on me permet d'être maîtresse de mes actions, je reste avec les Parisiens : je veux partager leur bonne comme leur mauvaise fortune. Cela vaut mieux dans tous les cas que d'être arrêtée sur les grandes routes.

Aussitôt que la Reine eut pris cette résolution, elle montra le plus grand calme et attendit avec une grande fermeté ce qui allait arriver. Elle envoya à la Malmaison auprès de sa mère, oubliée de presque tous, pour la supplier de se retirer à Navarre. Il était tard ce soir-là quand elle gagna sa chambre à coucher.

Au milieu de la nuit elle fut éveillée d'une manière bien triste: on lui apportait un message de son mari, qui, depuis son retour en France, ne s'était jamais occupé d'elle, et qui désirait à cette heure de danger exercer ses droits de chef de famille. Il

SUR LA REINE HORTENSE

écrivait à la Reine, et lui demandait de suivre avec ses deux fils l'Impératrice Marie-Louise.

Hortense refusa. Il s'en suivit un second message plus pressant et plus catégorique, dans lequel Louis lui disait que, si elle n'obéissait pas immédiatement à ses ordres, si enfin elle ne suivait pas avec ses enfants l'Impératrice, à laquelle l'Empereur avait confié la Régence, il userait de ses droits paternels, et lui retirerait immédiatement ses deux enfants. A cette menace la Reine bondit hors de son lit comme une lionne furieuse ; ses joues étaient fiévreuses, ses yeux brûlants; d'une voix sonore et ferme elle ordonna qu'on lui amenât ses deux fils, elle les pressa passionnément sur son cœur et dit :

—Faites savoir au Roi que je pars dans une heure !

CHAPITRE XX.

LES ALLIÉS A PARIS.

L'amour maternel avait fait ce que n'avait pu faire le départ de l'Impératrice et l'approche des Cosaques. La Reine quitta la capitale. Elle quitta Paris avec ses enfants et sa suite (qui commençait à être peu nombreuse); elle arriva, après une route longue et fatigante, rendue peu sûre par la cavalerie légère des Russes, au château de Navarre, où Joséphine la reçut dans ses bras. Quoiqu'elle eût tout perdu, que sa grandeur fût évanouie, et que son cœur saignât des malheurs de Napoléon, Joséphine avait au moins sa fille. Sa plus fidèle amie était à ses côtés, et ce n'était pas une mince consolation dans ce temps de chagrins et d'inquiétudes.

A Navarre, Hortense apprit la chute de l'Empire, la reddition de la capitale, son occupation par les alliés, et l'abdication de l'Empereur.

Lorsque le courrier que le Duc de Bassano avait dépêché avec ces nouvelles arriva à Navarre pour dire à Joséphine que Napoléon devait se rendre à l'île d'Elbe, qu'il allait quitter la France pour aller en exil, elle se jeta dans les bras d'Hortense et dit :

— Oh! Hortense, il est malheureux, et je ne puis être avec lui! Il est exilé à l'île d'Elbe. Si ce n'était pour sa femme, je me rendrais près de lui pour partager son exil.

Tandis que Joséphine pleurait et soupirait, Hortense, qui était rentrée dans ses appartements, pensait aux conséquences de la chute de Napoléon pour la Famille impériale. Elle prévoyait toutes les humiliations et les persécutions auxquelles elle allait être en butte, et résolut de les éviter en fuyant avec ses enfants. Sa détermination fut subite et il fallait l'exécuter immédiatement. Elle appela Mademoiselle Cochelet, sa lectrice, qui était une des rares dames de sa suite restées fidèles et lui parla ainsi :

—Louise, je vais émigrer. Je suis seule au monde, personne ne me protége; je suis continuellement menacée d'un coup plus terrible que la perte de ma couronne et de mes grandeurs, — je veux dire d'être privée de mes enfants. Ma mère peut rester en France, son divorce lui a rendu sa liberté; mais, moi, je porte un nom qu'il sera bientôt un crime de porter dans ce pays : les Bourbons sont revenus. Je n'ai rien que mes diamants, je les vendrai et j'irai avec mes enfants à la Martinique, où ma mère possède une plantation : j'y ai vécu enfant, et je me rappelle cette île avec bonheur. C'est très-dur d'être forcée de quitter mon pays, ma mère, mes amis; mais, dans les grandes crises, il faut un grand courage. Je ferai l'éducation complète de mes enfants, ce sera ma consolation.

Mademoiselle Cochelet pleura en saluant la Reine et lui demanda la permission de l'accompagner. Elle mit tant de chaleur dans sa demande, qu'Hortense lui accorda le privilége qu'elle ambitionnait. Elles convinrent que Louise viendrait à Paris pour faire aussi secrètement que possible les préparatifs nécessaires au voyage de la Reine. Mademoiselle Cochelet partit le lendemain avec un courrier.

Quel changement à Paris! Quel triste tableau! Les portes étaient gardées par les Cosaques, et l'on ne voyait dans les rues que des uniformes russes, autrichiens ou prussiens, souvent avec les nobles dames du Faubourg Saint-Germain. Les royalistes triomphaient, et, dans leur délire, ils reçurent les ennemis de la France avec la même joie et le même enthousiasme qu'ils auraient témoignés aux Bourbons, qui allaient remonter sur le trône de leurs ancêtres quelques jours plus tard.

L'hôtel d'Hortense était occupé par un régiment d'infanterie suédoise, et tous les domestiques avaient disparu. Les salons de réception, si brillants et si élégants, servaient à loger les soldats ennemis; aux Tuileries on faisait des préparatifs pour recevoir le roi.

Personne n'osait prononcer le nom de Napoléon. Ceux qui l'avaient le plus flatté furent les premiers à l'abandonner ; ceux pour lesquels il avait été le plus favorable furent les premiers à l'accuser, afin probablement, de faire oublier tout ce qu'ils en avaient reçu. Les Napoléonistes les plus enthousiastes devinrent les plus zélés royalistes et portèrent à leurs chapeaux les plus larges cocardes blanches pour attirer l'attention du nouveau maître.

Il y avait un homme qui aimait et qui admirait encore César tombé, et qui manifestait hautement l'estime qu'il avait pour Napoléon : c'était Alexandre, l'Empereur de Russie.

Il l'aimait tant, que l'hostilité politique, qu'il avait été forcé de lui manifester, ne l'empêchait pas d'admirer le héros, qui pendant tant d'années avait été le maître de l'Europe.

Le sort de Napoléon fut décidé, et, grâce aux généreux efforts du Czar, il fut selon son désir nommé Souverain de l'île d'Elbe, qu'on lui abandonna. Alexandre, ne pouvant faire plus pour Napoléon, s'occupa alors de la famille de l'Empereur, et chercha à lui être utile.

L'Impératrice Marie-Louise n'avait pas besoin de lui; elle n'avait pas profité de la permission qui lui avait été accordée par les alliés de suivre son mari à l'île d'Elbe, mais elle s'était mise avec son fils sous la protection de son père, l'Empereur d'Autriche.

Alexandre concentra donc toutes ses sympathies sur la première épouse de Napoléon et ses deux enfants, le Vice-Roi d'Italie, et la Reine de Hollande. Son intérêt pour la Reine était si grand qu'il disait qu'il irait visiter Hortense à Navarre (si elle refusait de venir à Paris), pour entendre de sa bouche comment elle voulait que son avenir fût réglé.

M. de Nesselrode, le ministre de l'Empereur de Russie, entretenait ces idées chez son maître ; personne n'était plus désireux que lui de servir la Reine. Le Comte de Nesselrode était depuis longtemps lié avec Mademoiselle Cochelet, et voulait lui prouver son amitié de cette manière, sachant bien que le meilleur moyen était de venir en aide à Hortense et à ses enfants. Mademoiselle Cochelet fit savoir à son ami l'intention de la Reine de quitter la France et d'émigrer à la Martinique. Le Comte sourit tristement en apprenant cette résolution désespérée d'un noble cœur, et chargea Mademoiselle Cochelet de prier la Reine de lui faire connaître tous ses désirs afin de les communiquer à l'Empereur.

La sympathie pour Hortense était générale. Dans une des conférences tenues par les ministres des alliés, dans lesquelles le sort de la France et des Bourbons devait se décider, on demanda ce qu'il fallait faire pour la famille de l'Empereur. Le prince de Bénévent dit :

— Je plaide pour Hortense, elle est la seule dans la Famille impériale que j'estime réellement.

Le Comte de Nesselrode ajouta :

— Qui ne serait pas fier de l'appeler sa sœur? C'est la perle de la France!

M. de Metternich lui donna aussi des éloges.

Cependant ni les rapports favorables faits par

Mademoiselle Cochelet, ni ses efforts, ni ses conseils
ne purent décider la Reine à venir à Paris. Elle ne
voulut pas quitter sa retraite.

Qu'on nous permette de citer une lettre d'Hortense
à Mademoiselle Cochelet sur ce sujet. Elle démon-
trera clairement les sentiments nobles et délicats qui
animaient la Reine.

Voici cette lettre :

« Ma chère Louise,

» Tout le monde m'écrit ainsi que toi pour me
dire : « Que voulez-vous ? » A tous, je réponds : « Je ne
veux rien. » Que puis-je désirer, mon sort n'est-il pas
fixé ? Et lorsqu'on a la force de prendre un grand
parti et qu'on a envisagé de sang-froid le voyage des
Indes ou d'Amérique, il est inutile de rien demander à personne. Je t'en prie, ne fais aucune
démarche que je pourrais désapprouver. Je sais que
tu m'aimes, et cela pourrait t'entraîner ; mais réellement je ne suis pas trop à plaindre, j'ai tant souffert
au milieu des grandeurs ! Je vais peut-être connaître la tranquillité et la trouver préférable à tout
ce brillant tourbillon qui m'entourait. Je ne crois
pas pouvoir rester en France ; le vif intérêt qu'on
me montre pourrait par la suite donner de l'ombrage
aux nouvelles autorités. Cette idée est accablante, je
le sens, mais je ne veux causer d'inquiétude à personne. Mon frère sera heureux, ma mère doit conserver sa patrie et ses biens ; moi j'irai au loin avec

mes enfants; et puisque la vie, la fortune de ceux que j'aime sera assurée, je pourrai toujours supporter le malheur, qui ne touchera que mon existence et non pas mon cœur. Je suis encore toute troublée du sort que l'on destine à l'Empereur Napoléon et à sa famille. Est-ce vrai? Tout est-il décidé? Donne-moi des détails. Si je n'étais venue près de ma mère, je suis sûre que je n'aurais pu m'éloigner de lui dans ces malheureux moments. Ah! j'espère qu'on ne me redemandera pas mes enfants : c'est alors que je n'aurais plus de courage! Elevés par mes soins, ils se trouveront heureux dans toutes les positions. Je leur apprendrai à être à la hauteur de la bonne et de la mauvaise fortune, et à mettre leur bonheur dans la satisfaction de soi-même : cela vaut bien des couronnes. Ils se portent bien, voilà mon bonheur, à moi! Remercie beaucoup M. de Nesselrode de tout son intérêt; je t'assure qu'il est des positions qu'on trouve malheureuses avec raison, et qui ne sont pas sans charmes : ce sont celles qui nous mettent à même de juger des véritables sentiments qu'on nous porte. Je jouis de l'affection que tu me témoignes, et il me sera toujours doux de t'assurer de toute celle que je t'ai vouée.

» Hortense. »

Hortense resta avec sa mère au château de Navarre; elle était décidée à ne pas sortir de sa retraite, et à continuer à déplorer la chute de la Famille impériale sans s'occuper d'elle-même.

Ses amis agirent pour elle, car Hortense avait des amis même dans le malheur. Mademoiselle Cochelet, la plus dévouée de ses amies, s'efforçait continuellement de sauver quelque chose du naufrage de la France Impériale.

Mademoiselle Cochelet était restée à Paris. Les lettres qu'elle envoyait tous les jours à la Reine, et dans lesquelles elle relatait tout ce qui se passait dans la capitale, sont une peinture intéressante et fidèle de ce temps étrange, et nous devons en citer plusieurs.

Dans une de ses premières lettres, elle raconte la conversation qu'elle vient d'avoir avec le Comte de Nesselrode au sujet de la position de la Reine :

« Les Bourbons, » dit-elle, « sont décidément bien accueillis. J'ai dit à M. de Nesselrode, que je viens de voir : — Pensez-vous que la Reine puisse habiter la France ? Les nouveaux venus y consentiront-ils ?

» — Certes, j'en suis sûr, car nous leur faisons une belle part ; sans nous auraient-ils jamais régné ? C'est nous, c'est l'Europe qui leur rend leur héritage ; ainsi j'espère qu'ils ne violeront jamais les traités. L'Empereur Alexandre soutiendra toujours les bonnes causes !

» Tous les étrangers parlent de vous, Madame, avec un grand enthousiasme. M. de Metternich, qui se rappelle sans doute combien vous avez eu de bontés pour sa femme et ses enfants, s'est beaucoup informé de vous. Le Prince Léopold est parfait pour vous et pour l'Impératrice Joséphine; tout ce qu'il désire, c'est de pouvoir vous être utile à l'une et à l'autre. M. de Nesselrode pense que vous feriez bien d'écrire à l'Empereur Alexandre, qui s'occupe avec tant de sollicitude de vos affaires particulières.

» L'ancienne noblesse est déjà très-mécontente; elle se dit encanaillée de se trouver mêlée avec la nouvelle. »

Quelques jours après, Mademoiselle Cochelet écrit :

« Venez à la Malmaison avec l'Impératrice Joséphine, l'Empereur Alexandre ira tout de suite vous y voir; il a un grand désir de vous connaître, et vous lui devez déjà de la reconnaissance, puisqu'il s'occupe de vos intérêts comme s'ils étaient les siens. Le Duc de Vicence, qui se conduit si bien avec l'Empereur Napoléon, me charge de vous dire de venir à la Malmaison, que l'avenir de vos enfants en dépend.

» L'Empereur Napoléon à signé un traité qui assure le sort de tous les membres de sa famille. Ils peuvent rester en France et conserver tous leurs titres. Vous avez 400,000 francs de rentes pour vous et vos enfants.

» Enfin on dit : Le Faubourg Saint-Germain est furieux du sort qu'on vient d'assurer à la Famille impériale, ainsi que de celui qu'on fait à l'Impératrice Joséphine. Ne sont-ils pas bien reconnaissants du bien que leur a fait l'Empereur ?

» Vous désirez la Suisse pour résidence : M. de Nesselrode trouve que vous avez raison d'y penser; c'est conserver là une bonne retraite; mais pour cela il ne faut pas abandonner celle que vous avez en France, et surtout vos droits d'y revenir.

» Croirez-vous, Madame, que M. de Nesselrode veut me faire voir son Empereur? Je m'en défends, je ne veux rien faire sans votre assentiment; mais pour cela il me faut du courage, car je serais bien curieuse de le connaître. On leur dit tant de bien de vous que cela fait plaisir à entendre.

» M. de Nesselrode, me disait encore hier : — Dites bien à la Reine combien je serais heureux de faire tout ce qu'elle voudra, que je puis le faire, que j'en ai le pouvoir. Il voudrait pour plus de sûreté que vous eussiez un engagement indépendant du traité qui vient d'être signé. Je ne sais que dire, guidez-moi; mais au moins, je vous en conjure, veuillez quelque chose. »

La Reine ne répondit à cette lettre qu'en envoyant une missive à l'Empereur Napoléon, et en priant le Comte de Nesselrode de la faire parvenir.

« Il est curieux, » dit Mademoiselle Cochelet à ce sujet, « que toutes mes demandes pour vous servir n'aient abouti qu'à donner à M. de Nesselrode la commission d'envoyer une lettre pour l'Empereur Napoléon à Fontainebleau. Il croyait au premier moment que c'était celle qu'il réclamait pour son Empereur; mais il sait apprécier tout ce

qui est noble et bien ; et comme il a une loyauté
et un tact admirables, il trouve que cette lettre
ne peut arriver par son canal ; il va l'envoyer
à Fontainebleau au Duc de Vicence, qui n'est
plus ici. »

Une autre lettre de Mademoiselle Cochelet contient ces lignes :

« Je viens, Madame, de voir encore une fois M. de
Nesselrode ; il s'est beaucoup informé de vous ; l'Empereur de Russie occupe l'Élysée-Napoléon. Le
Comte m'a raconté une histoire qui circule sur
une scène qui se serait passée entre l'Impératrice
Marie-Louise et les Rois ses beaux-frères. Ils
voulaient la mettre de force dans une voiture
pour la faire aller plus loin ; mais comme elle
s'y refusait absolument, on va même jusqu'à
dire que le Roi de Westphalie l'a un peu maltraitée :
elle a appelé au secours, c'est le Général Caffarelli,
qui commandait la garde, qui l'a protégée. Le lendemain, elle a été prise, ainsi que son fils, avec tous
les diamants de la couronne, mais il paraît que
c'était tout ce qu'elle désirait.

» Les alliés sont furieux contre le Duc de Bassano ; j'ai pris vivement sa défense, car vous savez
combien j'aime sa femme.

» La Reine de Westphalie est à Paris ; l'Empereur
Alexandre, qui est son cousin, a été de suite la voir.
On suppose qu'elle va retourner près de son père.

» Le sort de votre frère sera très-beau, mais il
n'est pas encore fixé. Il y a, m'a dit M. de Nesselrode,

bien des intrigues dans tout cela. Pour le royaume
de Naples, on n'en parle pas. Dans les particularités
qu'il me raconte sur la dernière guerre avec nous,
je vois qu'il y a bien des ministres et des maréchaux
qu'il méprise et qui sont bien coupables; mais
il m'a dit que, huit jours avant nos malheurs, ils
ne se croyaient guère nos maîtres. Le 10 Mars
encore, on croyait la paix faite, surtout avec la
Prusse.

» Ne vous affligez pas sur le séjour de l'île d'Elbe :
c'est l'Empereur Napoléon qui l'a choisi : les alliés
eussent préféré tout autre lieu.

» Ils ont saisi tous les derniers courriers qui partaient de Paris. Il y avait une lettre de l'Impératrice
Marie-Louise à l'Empereur : elle disait que son fils
allait bien, qu'il avait bien dormi, mais qu'en
s'éveillant il avait dit en pleurant avoir rêvé de
son papa, et que, malgré toutes les promesses de
joujoux qu'on avait pu lui faire, il n'avait jamais
voulu dire ce qu'il avait rêvé, et que malgré elle
cela l'inquiétait beaucoup.   .

» On assure qu'un des maréchaux a demandé à
l'Empereur Alexandre quel rang sa femme aurait
à la nouvelle cour, et qu'ensuite il lui avait
témoigné son étonnement de ce que l'armée
n'avait pas été consultée pour la Constitution.
L'Empereur Alexandre lui a répondu qu'il donnait
des ordres aux armées, mais qu'il n'en recevait
pas d'elles.

» Le Prince Léopold loge dans la même maison

que la Comtesse Tascher. Il est sans cesse occupé de vous et de votre mère; il n'est pas ingrat, lui; il se souvient des bons procédés que vous avez eus toutes deux pour lui. Je sais qu'il veut parler à l'Empereur de Russie et vous écrire. Tous vos amis disent que vous devez penser à vos enfants et accepter le sort qu'on vous offre : M. de Lavalette, M. de Vicence sont de cet avis. Vous perdez assez et vous pouvez bien accepter des vainqueurs une faible partie de ce qu'ils vous ont pris, et de ce qui vous appartient.

» Enfin, vos amis veulent absolument que vous vous rendiez à la Malmaison aussitôt que l'Empereur Napoléon aura quitté Fontainebleau. On assure que l'Empereur de Russie veut aller vous voir, même à Navarre, si vous ne venez pas à la Malmaison; ainsi vous ne sauriez l'éviter, et songez que vous tenez dans les mains la destinée de vos enfants. Dans le traité de Fontainebleau on a placé vos enfants avec vous; c'est un grand point de sécurité, et cela vous prouve l'estime qu'on vous porte, car chacun s'occupe des détails qui peuvent toucher votre cœur maternel.

» C'est cependant à l'Empereur de Russie que vous devez tous ces soins, et le Duc de Vicence, en portant cet article du traité à signer à l'Empereur Napoléon, a été approuvé par lui. C'est donc vous reconnaître tous vos droits sur vos enfants, et prouver qu'on compte sur vous seule pour leur être utile. Vous ne pouvez donc pas refuser le bien qu'on vous offre pour eux. Je crois que bien d'autres, si on leur en offrait autant, ne se feraient pas tant prier.

» Madame Tascher, qui se montre pour vous une si bonne parente, a été pour la première fois chez le Duc de Dalberg, qui est membre du gouvernement provisoire. Elle a amené la conversation sur vous : voici mot à mot ce que le Duc a dit : « On la regarde comme étrangère à la famille Bonaparte, puisqu'elle est séparée de son mari ; elle devient l'arbitre de ses enfants, on les lui a laissés ; elle peut être fort heureuse ; elle est si aimée, si estimée ! Elle peut rester en France, faire tout ce qu'elle voudra, il faut qu'elle revienne à Paris. » En le quittant, la Comtesse Tascher est venue de suite me répéter cette conversation.

» Amis et ennemis, voici ce que chacun répète sur vous : « Ceux qui ne sont pas enchantés du sort qu'on a fait à la reine Hortense sont de mauvaises gens ! Pour elle, que peut-elle regretter dans tout ceci ? Le bien énorme qu'elle faisait ! Mais à présent on osera l'aimer, le lui dire, elle a des goûts si simples, elle est si parfaite !... »

» Enfin, on a presque l'air d'être content de vos malheurs pour faire ressortir votre personne, et l'on dit : « Elle vaut bien mieux par elle-même qu'entourée de tout le clinquant d'une cour. »

» Hier, j'ai vu les arrivants de Fontainebleau, M. de Lascour, M. de Lavoestine. Ils venaient pour savoir où vous étiez, soit à Navarre, soit à la Malmaison ; ils veulent aller vous y voir. Vous avez là de vrais chevaliers.

» N'importe ce qu'elle sera, me disaient-ils, nous pourrons à présent lui témoigner notre attachement sans être accusés de flatterie.

» Ces quinze jours passés à Fontainebleau sont remplis d'intérêt. Tous ces jeunes gens voulaient accompagner l'Empereur, M. de Flahaut, M. de la Bédoyère, M. Anatole de Montesquiou : c'est l'Empereur même qui les a congédiés, en leur recommandant de servir toujours avec zèle leur patrie. Lavoestine a été admirable dans tout cela ; il parle de chacun en peignant leurs ridicules d'une manière si vraie, qu'on voudrait écrire tout ce qu'il dit. Ils veulent tous m'accompagner à Navarre ; mais ils espèrent que vous allez venir à la Malmaison.

» Lascour et Lavoestine, ainsi que beaucoup d'officiers de l'armée, sont fort mécontents des généraux qui sont partis de Fontainebleau sans faire d'adieux.

» On assure que l'Empereur a dit, en parlant de l'Impératrice Joséphine : « Elle avait raison, l'avoir quittée m'a porté malheur. »

» On dit que la Duchesse de Montebello quitte l'Impératrice Marie-Louise. »

Les prières et les flatteries ne purent fléchir le noble orgueil de la Reine, sa résolution ne fut pas ébranlée. Son opinion était que sa conduite était plus digne en restant éloignée de Paris qu'en venant dans la capitale, où les dames du Faubourg Saint-Germain célébraient la victoire du royalisme avec les officiers étrangers.

Au lieu de céder aux désirs de Mademoiselle Cochelet, la Reine lui écrivit la lettre qui suit :

« Ma chère Louise,

» Tu es affligée de ma résolution! Vous me taxez tous d'enfantillage! Vous êtes injustes. Le conseil du Duc de Vicence peut être suivi par ma mère; elle ira à la Malmaison, mais, moi, *je reste* ici; je n'ai que de trop bonnes raisons pour tenir cette conduite. Je ne dois pas séparer ma cause de celle de mes enfants ; ce sont eux, ce sont leurs parents, qui sont sacrifiés dans tout ce qui se fait, je ne veux donc pas me rapprocher de ceux qui renversent leur destinée. Plus je puis supporter avec calme ces coups de la fortune qui changent mon existence (pour la rendre peut-être plus tranquille), moins je dois montrer cette impression qui m'est toute personnelle. Je dois être vivement affligée d'une si grande infortune, et je veux laisser voir que je la ressens sans me rapprocher de ceux qui me verraient en suppliante quand je ne veux rien leur demander.

» Je ne doute pas que l'Empereur de Russie ne soit excellent pour moi ; j'en ai entendu dire beaucoup de bien, même par l'Empereur Napoléon; mais si j'ai été autrefois curieuse de le connaître, dans ce moment je ne veux pas le voir : n'est-ce pas notre vainqueur? Tous tes amis, quoi qu'ils en disent, sauront approuver ma résolution. La retraite, le calme, voilà ce qui me convient. Quand tu auras assez de tes amis tu viendras me rejoindre; j'irai peut-être aux eaux, car je souffre beaucoup de la poitrine. Je ne sais pas si c'est l'air de Navarre, mais depuis que j'y suis, je ne puis pas respirer. On veut croire ici que cela vient des émotions causées par ces grands événements; on se trompe: la mort nous a épargnés tous, et la perte d'une position brillante n'est pas ce qui use le plus la vie; d'ailleurs, personnellement, quel est le bonheur que je perds? Mon frère sera bien traité, je l'espère, et il ne s'exposera plus. Il doit être inquiet de nous, je n'ose lui écrire; mes lettres n'arriveraient pas. Si tu en trouves l'occasion, profites-en pour lui dire que nous ne sommes plus environnées de dangers. Adieu, je te recommande encore de ne pas te remuer pour moi; je crains ta vivacité et ton amitié, et pourtant j'aime à y compter. Mes enfants se portent bien, ma mère combat tous mes projets : elle me dit avoir besoin de moi ; mais je n'irai pas moins près de celle qui doit encore être la plus malheureuse.

» HORTENSE. »

Celle qu'Hortense jugeait la plus malheureuse était l'épouse de Napoléon, Marie-Louise qui venait de quitter Blois, le siége de la Régence, pour aller à Rambouillet attendre que les alliés eussent fixé

son sort et celui de son fils. Dans ces jours pleins
d'événements, le spectacle le moins surprenant n'était
certainement pas de voir presque tous les souverains
de l'Europe, les anciens maîtres de la France,
et ceux qui allaient reprendre le gouvernement,
réunis tous dans le cercle étroit de Paris ou de son
voisinage.

Aux Tuileries était un Bourbon, Bonaparte à
Fontainebleau, sa femme et son fils à Rambouillet,
l'Impératrice répudiée était à Navarre, et les Empereurs de Russie et d'Autriche, ainsi que le Roi de
Prusse, avaient établi leurs quartiers généraux à
Paris. Il y avait de plus nombre de petits souverains
allemands, de princes et de ducs créés par Napoléon,
demeurant dans la capitale ou ses environs.

La Reine de Hollande, dans ces jours de danger
et d'anxiété, crut que son devoir était d'aller aux
côtés de celle que Napoléon avait voulu faire regarder comme le chef de la famille. Hortense voulut
être fidèle à Marie-Louise et résolut d'aller à Rambouillet, où elle résidait.

Cette résolution chagrina beaucoup de ses amis.
Aussitôt que Mademoiselle Cochelet en fut informée,
elle se hâta d'écrire à Hortense, la suppliant de
renoncer à ce projet. M. de Marmold, écuyer
d'Hortense, se chargea de porter la lettre et se mit
en route pour rencontrer la Reine à Paris, où elle
voulait passer la nuit. Ce gentilhomme voulait
représenter à sa Souveraine la consternation de
ses amis et unir ses efforts à ceux de Mademoi-

selle Cochelet pour l'empêcher d'aller à Rambouillet.

Voici la lettre de Mademoiselle Cochelet :

« M. de Marmold vous porte une lettre, Madame ; s'il en est temps encore, il vous trouvera à Louis. Si vous allez à Rambouillet, vous perdez toute votre position, l'avenir de vos enfants : c'est le cri de tous vos amis. J'étais dans le délire de la joie ; le Prince Léopold vous avait écrit de la part de son Souverain ; il vous engageait à venir à la Malmaison, vous ne pouviez refuser de vous rendre à cette invitation, puisqu'il voulait aller jusqu'à Navarre ; et, au lieu de revenir avec l'Impératrice Joséphine, vous allez vous réunir à une famille qui ne vous a jamais aimée ; vous n'avez éprouvé de ce côté que des malheurs, et vous croyez remplir un devoir dont on ne vous saura aucun gré ; vous regretterez cette démarche, et il ne sera plus temps. Je vous en supplie en grâce, n'allez pas à Rambouillet.

» Votre démarche touchera peu ceux que vous allez trouver et mécontentera les alliés, qui s'intéressent à vous.

» L'Impératrice est tout à fait à l'Autriche, et on tient beaucoup à ce qu'elle ne voie personne de la famille ; je vous dis cela de la part du Prince Léopold et de Madame de Caulaincourt. Cette dernière, malgré ses années, vous veut aller chercher si vous n'arrivez pas bientôt ; elle me charge de vous répéter de ne point aller à Rambouillet, elle vous le *défend* comme votre dame d'honneur et comme vieille amie de votre mère.

» Quant au Prince Léopold, en apprenant votre projet d'aller vous réunir à l'Impératrice Marie-Louise, il avait les larmes aux yeux. « C'est bien d'être fière, » me répétait-il; « mais elle ne peut reculer, elle a déjà des obligations à l'Empereur de Russie, qui a fait le traité du 11 Avril; j'attends sa réponse pour la porter à mon Souverain, elle lui en doit une. »

» J'ai passé aussi une heure ce matin avec ce bon Lavalette. Cet excellent homme ignorait toutes les démarches que l'on fait près de vous, et il me disait : « Que ce serait heureux pour elle et pour ses enfants si l'Empereur Alexandre désirait la voir ! » Arrivez, arrivez en grâce, vous nous mettez tous au désespoir si vous allez à Rambouillet.

» Le Prince Léopold vous écrit un mot. Vous et l'Impératrice auriez été ses sœurs, qu'il aurait été moins bien, je crois. Le Comte Tschernistcheff est venu me voir. L'Empereur d'Autriche arrive demain, et bientôt les nouveaux princes français et le Roi; quelle différence ! Pour vous, vous devez voir l'Empereur avant, puisqu'il le désire tant; je suis à vos genoux pour vous en supplier; vous ne pouvez vous imaginer combien la lettre où vous m'annoncez votre projet de ne pas venir m'a fait de mal. L'Empereur de Russie se conduit si bien ici, qu'il inspire à chacun de l'estime et qu'on oublie le vainqueur pour ne plus voir que le bienfaiteur; il semble être le recours de ceux qui perdent tout et qui craignent pour leur tranquillité.

Sa conduite est admirable, il ne voit du monde que
l'indispensable, et pour ses affaires. Les femmes ne
pourront pas le taxer de trop les rechercher, et il a
du mérite, car il les aime beaucoup, dit-on. Il a dit
au Prince Léopold qu'il voulait aller à Navarre et a
ajouté : « Vous savez que j'aime et que je respecte
cette famille ; le Prince Eugène est un type de
chevalerie ; j'estime d'autant plus l'Impératrice
Joséphine, le Prince Eugène et la Reine Hortense,
que leur conduite envers l'Empereur Napoléon est
supérieure à celle de bien d'autres qui auraient dû
montrer plus de dévouement. »

» Comment ne pas apprécier un homme d'un tel
caractère, et qui distingue avec tant de noblesse ce
qui est bien et généreux? J'espère que vous en
jugerez bientôt vous-même. En grâce, revenez.

» LOUISE. »

Toutes les instances furent vaines. M. de Marmold
rencontra la Reine à Louis, il lui donna la lettre et
ajouta tout ce qu'il put pour l'empêcher d'aller à
Rambouillet. La résolution d'Hortense fut inébranlable.

—Vous avez raison,—dit-elle,—cela peut être vrai,
mais je n'en irai pas moins voir l'Impératrice Marie-
Louise. C'est un devoir. Dût-il avoir des inconvé-
nients pour moi, peu m'importe, je le remplirai.
L'impératrice Marie-Louise doit être la plus malheureuse, elle a besoin de consolation; c'est là qu'est ma
place, et rien ne changera ma détermination.

CHAPITRE XXI.

LA REINE HORTENSE ET L'EMPEREUR ALEXANDRE.

La Reine Hortense, malgré les prières de ses amis, se rendit à Rambouillet. Marie-Louise la reçut d'un air embarrassé, et lui dit qu'elle attendait son père l'Empereur d'Autriche, et qu'elle craignait qu'il fût peu satisfait de la voir. La jeune Impératrice, bien que triste et abattue, ne paraissait pas aussi affectée de la chute de l'Empereur qu'Hortense s'était attendue à la trouver. Le triste sort de son mari n'avait pas blessé son cœur aussi profondément que celui de Joséphine.

Hortense sentit qu'on n'avait pas besoin d'elle, elle vit que la présence de l'Empereur d'Autriche suffirait à consoler l'ex-Impératrice. Elle pensa à Joséphine, qui avait été si profondément affligée des malheurs de Napoléon, et croyant qu'elle était plutôt un embarras qu'une consolation pour Marie-Louise, elle s'empressa de la quitter.

Alors enfin Hortense courba sa tête hautaine, alors enfin elle céda aux désirs et aux prières de ses amis et de sa mère, qui était rentrée à la Malmaison, et elle revint à Paris. Ils lui avaient si souvent répété que l'intérêt de ses fils exigeait sa présence dans cette ville, qu'elle surmonta sa répugnance et céda à leurs désirs, comme si elle accomplissait un devoir.

Elle resta plusieurs jours à Paris, habitant son ancien hôtel, dont l'air de désolation et de solitude lui rappelait avec une éloquence terrible la grandeur qu'elle avait perdue.

Ces salons, qui avaient servi de lieu de réunion à des Rois et à des Princes, restaient vides et portaient encore sur leurs parquets souillés l'empreinte des pas des soldats ennemis qui avaient pendant quelque temps occupé l'hôtel de la Reine. Sur un ordre du Czar, les Suédois l'avaient quitté, mais aucun des serviteurs n'était revenu. D'un accord lâche et plein d'ingratitude, ils s'étaient détournés de leur soleil au moment où il fuyait devant l'orage qui ébranlait la couronne d'Hortense.

Alexandre, ayant appris l'arrivée de la Reine, s'empressa de se rendre chez elle. Hortense la reçut, seule, dans le vestibule.

— Sire, — dit-elle avec un sourire plein de mélancolie, — il ne me reste personne pour vous recevoir avec le cérémonial habituel, mes salons sont déserts.

La vue de cette Reine sans couronne, sans sujets, sans serviteurs, sans prétentions, mais qui néanmoins se tenait debout devant lui dans tout le charme de la fierté féminine et avec un doux sourire sur les lèvres, fit une impression profonde sur l'Empereur, des larmes s'échappèrent même de ses yeux.

La Reine les vit, et s'empressa d'ajouter :

— Mais qu'importe?..... Je ne pense pas que des antichambres remplies de laquais en livrées puissent rendre plus heureux ceux qui viennent me voir, et quant à moi je suis fière de vous recevoir ; ainsi vous le voyez, je gagne au change!

— Hélas ! — dit l'Empereur, — je suis en partie cause de ce revirement subit de la fortune, et je ne puis m'en consoler ; mais, dans tous les cas, permettez-moi d'arranger votre existence d'une manière qui vous soit agréable. Vous aimez la France, vous y avez des amis, et vous devez désirer d'y rester. Permettez-moi de tâcher de vous en obtenir la permission.

— Ne parlez pas de cela, — dit la Reine ; — nous devons nous soumettre à notre destinée.

— Certainement, — continua l'Empereur, — je ne puis vous offrir une couronne, mais je voudrais vous voir une situation indépendante dans votre pays, près de votre mère.

La Reine l'interrompit :

— Je ne puis, quant à présent, rester en France, et je dois avoir le courage d'envisager le côté le plus pénible de ma situation.

— Non, — s'écria l'Empereur. — Vous appartenez à votre mère ; et vous imaginez-vous que nous, qui donnons une couronne aux Bourbons, nous n'insis-

terons pas auprès d'eux en faveur de ceux avec qui
nous sommes alliés et que nous respectons? Avec
l'Empereur Napoléon il n'y a plus de paix possible;
mais, tout en lui ôtant les moyens de nous nuire,
nous ne reconnaissons pas moins qu'il est un très-
grand homme : je l'ai aimé, et comme ami il m'a
blessé au cœur en rompant nos traités, mais je ne
désire pas moins le savoir heureux aussi bien que
sa famille. J'aurais désiré une Régence et surtout
qu'on consultât la nation; mais mes alliés ont absolument voulu rappeler les Bourbons sans aucune
garantie. Tant pis pour les Français s'ils s'en trouvent plus mal, ils l'auront voulu, et non pas moi. Je
saurai toujours faire respecter les membres de votre
famille. Vous voyez par les traités qu'ils peuvent
résider en France, partout où ils voudront. Si la
Russie vous convenait, je ne serais que trop heureux de vous offrir un palais; mais vous trouverez
notre climat trop rude pour votre santé délicate, et
en vous l'offrant je ne vous offrirais que bien peu de
chose... puis, on vous aime tant en France! Pourquoi
ne voulez-vous pas y rester?..... Partout je n'entends
que vos louanges, même parmi ceux qui semblent
être les ennemis de votre famille. Restez donc où
vous vous trouvez bien. Vous devriez arranger votre
existence ici; cela peut blesser votre extrême délicatesse, mais vous y vivrez tranquille avec vos
enfants et vos amis : je le sais, c'est votre seul désir;
aussi convenons ensemble de la manière dont vous
y vivrez.

Puis apercevant Mademoiselle Cochelet :

— Venez, Mademoiselle, venez engager la Reine à me dire ce que je puis faire pour elle.

Alexandre obligea Mademoiselle Cochelet à donner son opinion, et elle plaida en sa présence les intérêts des enfants de la Reine, car elle savait que c'était là son côté le plus vulnérable. Elle dit à la Reine qu'elle devait songer à eux, qu'en les faisant rester dans leur pays elle les laissait au milieu d'amis, tandis que, partout ailleurs, leur nom ferait l'effet du nom d'un ennemi. Elle ajouta que la Reine, pour leur bien, ne pouvait refuser les bontés de l'Empereur de Russie ; et puisqu'elle, leur mère, pouvait leur assurer un sort, une fortune, une patrie, elle serait coupable de refuser obstinément.

La Reine poussa un profond soupir, des larmes brillèrent dans ses yeux, mais elle surmonta son émotion et dit à Alexandre :

— Je suis réellement touchée, Sire, de l'intérêt que vous me témoignez ; vous voulez me forcer à vous devoir de la reconnaissance, mais ne vous suis-je déjà pas trop redevable ? Jusqu'ici je m'étais habituée au malheur, je me sentais résignée, je n'ai jamais pensé que quelque chose d'heureux pût m'arriver, et je ne sais ce que je dois demander ; cependant je suis résolue à ne rien demander, soit pour mes enfants ou pour moi-même.

— Très-bien ; alors fiez-vous à moi, — dit l'Empereur.

Et quelques instants après il sortit.

Le soir même, Hortense resta chez elle avec son frère. Le Duc de Vicence et Madame du Cayla vinrent la voir. L'Empereur Alexandre, qui savait que la Reine ne devait retourner à la Malmaison que le lendemain matin, vint prendre le thé chez elle. Il parut très-embarrassé lorsqu'il vit Madame du Cayla, car il s'était échappé d'une brillante réunion où l'on avait fait toutes sortes d'efforts pour le garder, et il était contrarié de trouver une personne qui pouvait dire avec quel peu de cérémonie il avait traité sa société, puisqu'au lieu de l'affaire qu'il avait prétextée, il était venu se reposer chez le frère et la sœur que cette société redoutait tant. Il ne dit rien à Madame du Cayla, mais il continua de causer avec la Reine et le Duc de Vicence.

D'un autre côté, le Prince Eugène, avec ce ton de franchise et de modération qui rend toute discussion possible, s'entretenait avec Madame du Cayla d'une façon qui l'embarrassa cruellement, et, malgré tout son esprit, elle ne savait comment lui répondre.

— Je conçois, — dit le Prince, — qu'on préfère une dynastie à une autre ; les femmes particulièrement ne se demandent pas quel système de gouvernement est le meilleur et le plus utile au pays, car elles sont guidées par leurs affections; mais en présence des ennemis s'oublier comme femmes bien nées, et surtout comme Françaises, aller au-devant d'une armée étrangère, la fêter, l'acclamer, lorsqu'elle est encore toute couverte du sang de leurs conci-

toyens, ah! Madame! Dites-moi que vous aviez
perdu la tête, et alors je comprendrai.

— Mais, — dit Madame du Cayla, — nous n'allions
pas au-devant d'ennemis : ils devenaient nos amis
en nous ramenant le Souverain que nous avions
toujours aimé.

— Ils étaient les ennemis de la France, — répliqua
le Prince Eugène. — Vos Souverains ne doivent pas
désirer se séparer du pays qu'ils sont encore une
fois appelés à gouverner, et vous les avez compromis en cherchant à soutenir les vainqueurs quand
les vaincus sont vos frères.

— Cependant, — dit Madame du Cayla en souriant, — nous n'aurions pas réussi à ramener nos rois
sans cela. La fin justifie les moyens, et soyez sûr que
sans nous et les démonstrations que le peuple n'a
pas voulu faire, et que nous avons faites, nous,
noblesse, en nous faisant peuple, les Souverains ne
se fussent pas déclarés : nous avons gagné notre
cause aux dépens de notre fierté.

— Je suis content, — répondit le Prince, — d'apprendre de vous que le peuple n'a été pour rien
dans ces acclamations, et que les Bourbons ne
doivent le trône qu'à vous autres, jeunes et jolies
femmes.

La Malmaison, où Hortense revint après un court
séjour à Paris, et que Joséphine continuait à habiter,
devint une sorte de rendez-vous pour les Souverains
alors assemblés à Paris. Tous ces Rois et tous ces
Princes étaient avides de témoigner leurs respects à

l'Impératrice déchue et à sa fille, et de montrer ainsi l'estime qu'ils avaient conservée pour Napoléon.

Un jour le Roi de Prusse et ses deux fils, Frédéric-Guillaume et Guillaume annoncèrent leur intention de venir à la Malmaison. L'Impératrice Joséphine leur envoya une invitation à dîner, et pria Alexandre et un de ses deux frères de vouloir bien se joindre à eux.

L'Empereur accepta l'invitation. Quand lui et les jeunes Grands-Ducs entrèrent au salon où la Duchesse de Saint-Leu se trouvait alors, il prit les Princes par la main et les présentant à Hortense, il dit :

— Madame, je vous confie mes deux frères, ils vont dans le monde pour la première fois ; ma mère craint que les belles dames de Paris ne leur tournent la tête, mais peut-être est-ce bien mal remplir la promesse que j'ai faite de veiller sur eux en les amenant à la Malmaison, où sont réunies tant de charmantes femmes.

— Ne craignez rien, — répondit la Reine avec gravité, — je serai leur mentor, et je vous promets de veiller sur eux avec l'œil d'une mère.

L'Empereur rit, et montrant les deux fils d'Hortense qui venaient d'entrer au salon, il dit:

— Madame, il vaudrait mieux pour mes frères qu'ils ne fussent pas plus âgés que ces enfants.

Il s'approcha des enfants et leur adressa la parole en se servant des titres de Monseigneur et d'Altesse Impériale.

Les enfants le regardèrent avec étonnement, car

l'Empereur de Russie était le premier qui leur donnait ces grands titres. Leur mère, la Reine, n'avait jamais souffert qu'on les appelât autrement que par leurs noms de baptême; elle voulait, dans leur situation élevée, les préserver d'un vain orgueil et leur apprendre à n'avoir d'autre importance que celle dont ils s'estimeraient dignes.

Bientôt après on annonça le Roi de Prusse et ses fils, et le Czar laissa les enfants aller à eux.

Pendant qu'Alexandre et le Roi de Prusse se saluèrent, les fils d'Hortense demandèrent à leur gouvernante quelles étaient les personnes qui venaient d'entrer.

— C'est le Roi de Prusse, — répondit cette dame, — et la personne qui lui parle en ce moment est l'Empereur de Russie.

Le petit Louis-Napoléon regarda un moment avec attention la haute stature des Souverains étrangers dont les grands noms ne semblaient pas du tout l'effrayer: il était habitué à voir des Rois dans les salons de sa mère.

— Mademoiselle, — dit-il un moment après, — ces deux messieurs sont-ils aussi nos oncles et devons-nous leur donner ce nom?

— Non, Louis, vous devez les appeler Sire.

— Mais pourquoi ne sont-ils pas nos oncles?

La gouvernante se retira dans un coin du salon avec les enfants, et leur dit que, loin d'être leurs oncles, le Roi de Prusse et Alexandre étaient les conquérants de la France.

— Alors ils sont les ennemis de nos oncles?—de-

manda Louis-Napoléon avec colère. — Alors pourquoi l'Empereur de Russie m'a-t-il embrassé?

—Parce que c'est un ennemi généreux. Sans lui
vous n'auriez plus rien au monde, et le sort de vos
oncles serait encore pire qu'il ne l'est.

— Alors nous devons aimer cet Empereur-là? —
demanda l'enfant.

— Certainement, car vous lui devez beaucoup.

Le jeune Prince ne répondit rien, mais il jeta sur
l'Empereur un regard pénétrant pendant que celui-
ci parlait à Joséphine.

Le jour suivant, Alexandre revint à la Malmaison,
et comme il était assis à côté de la Reine Hortense,
dans le salon d'été, le petit Louis-Napoléon s'approcha sans bruit derrière lui, mit quelque chose de
brillant dans la main de l'Empereur et s'enfuit aussitôt.

La Reine le rappela et lui demanda d'un ton sévère ce qu'il avait fait.

Le petit Prince revint en hésitant, les yeux fixés
à terre et dit en rougissant:

— Oh! maman, c'est l'anneau que mon oncle Eugène m'a donné. Je voulais en faire présent à l'Empereur Alexandre, parce qu'il est bien bon pour nous.

Alexandre, très-ému, attira vers lui le petit Louis-
Napoléon, et le prit sur ses genoux.

Il céda aux désirs de l'enfant en acceptant l'anneau; il l'attacha à sa chaîne de montre et fit vœu
de porter ce souvenir tant qu'il vivrait.

CHAPITRE XXII.

MORT DE L'IMPÉRATRICE JOSÉPHINE.

Depuis que l'étoile de Napoléon avait cessé de luire, depuis que l'Empereur avait été obligé de quitter la France, la vie de Joséphine était bien triste. Elle sentait que le jour s'était enfui et que la nuit arrivait; mais elle renfermait ce pressentiment dans son cœur : jamais une larme ni un soupir ne révélèrent ses souffrances à sa fille chérie. Elle déplorait seulement le destin de l'Empereur, et celui de ses enfants et de ses petits-enfants. Elle paraissait avoir oublié son propre malheur et ne plus rien désirer pour elle. Elle faisait les honneurs de la Malmaison avec la même grâce simple et naturelle qui la distinguait dans sa jeunesse, et devant les Princes étrangers qui la visitaient elle affectait un maintien calme et serein bien loin des agitations de son cœur.

Elle aurait vivement désiré rester enfermée à la Malmaison, seule avec son chagrin, si elle n'avait pas pensé que le bien-être de sa fille et de ses petits-fils réclamait qu'elle vît la société. La mère dévouée

fit ce que l'orgueilleuse Hortense n'avait pu se décider à faire : elle pria Alexandre de soutenir les intérêts de la Reine et de ses enfants.

Aussitôt qu'Alexandre eut obtenu les titres qui
assuraient à Hortense le Grand-Duché de Saint-
Leu, il se hâta d'aller à la Malmaison pour en informer l'Impératrice.

Joséphine le remercia non avec des paroles, mais
avec des larmes; et, prenant sa main, elle lui demanda avec une charmante simplicité d'accepter
d'elle un souvenir.

L'Empereur montra du doigt une coupe sur laquelle était peint le portrait de Joséphine, et lui demanda la permission de s'en emparer.

— Non, Sire, — dit-elle, — vous pouvez acheter
partout une pareille coupe. Je veux vous donner quelque chose que vous ne trouverez nulle part et qui
vous fera quelquefois penser à moi. C'est un présent
que j'ai reçu du pape Pie VII le jour de mon couronnement. Vous avez donné aujourd'hui une couronne ducale à ma fille, et je veux vous montrer
ma reconnaissance en vous donnant ceci, qui vous
rappellera à la fois la mère et la fille,— l'Impératrice
et la Reine déchues.

Le présent que Joséphine offrait à l'Empereur était
un camée antique d'une énorme grandeur, si bien
travaillé que l'Impératrice avait eu raison de dire
qu'on ne pouvait rien trouver de pareil.

Sur ce camée étaient gravées les têtes d'Alexandre
le Grand et de son père, Philippe de Macédoine. La

perfection du travail et la grandeur de la pierre le rendaient très-précieux. Alexandre refusa d'accepter ce cadeau vraiment princier ; il céda seulement au désir de Joséphine, quand il vit que son refus l'offensait, et qu'elle était ce jour-là plus pâle et plus souffrante que d'habitude. L'Impératrice avait des raisons d'être triste: les Bourbons avaient percé son cœur d'un nouveau trait. Joséphine avait lu dans les journaux un article qui parlait dans des termes cruels et méprisants de la tombe du fils aîné de la Reine de Hollande élevée à Notre-Dame, et ajoutant que le ministre de Blacas avait donné des ordres pour que le corps fût enlevé de la cathédrale et enterré dans un cimetière public.

Hortense, qui avait lu cet article, se hâta d'aller à Paris réclamer les restes de cet enfant qu'elle avait tant pleuré, et de les déposer dans l'église de Saint-Leu.

Joséphine trembla en racontant cette nouvelle insulte à l'Empereur de Russie, et une pâleur mortelle couvrit son visage.

Pour la première fois elle n'eut pas la force de cacher ses souffrances. Hortense n'était pas là, elle pouvait abandonner son sourire artificiel et montrer sa figure telle qu'elle était, déjà marquée par la mort.

— Votre Majesté est malade ! — s'écria l'Empereur.

Joséphine eut un sourire qui fit venir les larmes aux yeux d'Alexandre, elle mit la main sur son cœur et murmura:

— C'est ici, Sire ; j'ai reçu le coup mortel.

Elle n'avait que trop raison. Son cœur était mortellement blessé.

L'Empereur frissonna en examinant Joséphine; i se rendit en toute hâte à Paris et envoya son médecin à la Malmaison pour avoir des nouvelles de la santé de l'Impératrice. Quand le docteur revint, il dit à Alexandre que Joséphine était dangereusement malade, et que tout espoir était perdu.

Il ne se trompait pas. L'Empereur ne la revit plus.

Hortense et Eugène passèrent une triste nuit au chevet de leur mère. Ils firent venir les plus habiles médecins, tous furent de l'avis du Russe, que l'état était désespéré. Joséphine mourut de chagrin. Sa main ferme avait contenu sa blessure tant que sa vie avait été utile à ses enfants ; mais maintenant que l'avenir d'Hortense était assuré, elle retira sa main, et son cœur saigna jusqu'à la mort.

L'Impératrice Joséphine mourut le 29 Mars 1814, après une maladie qui, en apparence, ne dura que deux jours. Hortense ne recueillit pas le dernier soupir de sa mère. Quand elle rentra dans la chambre, après que l'abbé Bertrand eut administré la mourante, quand Joséphine étendit les bras et essaya vainement de parler à ses enfants, le chagrin fut plus fort que sa fille, elle tomba évanouie sur le tapis. Joséséphine mourut dans les bras de son fils.

La nouvelle de la mort de l'Impératrice fit une profonde impression sur les Parisiens. La capitale parut avoir oublié que Napoléon n'était plus le Sou-

verain de la France, et que les Bourbons étaient re-
montés sur le trône de leurs pères. Chacun fut triste
et pleura Joséphine; bien des cœurs gardèrent la
mémoire de cette femme qui avait fait tant de bien,
et à laquelle chacun pouvait attribuer un acte de
bienveillance ou de générosité.

Après sa mort, Joséphine reçut encore les hommages de milliers de personnes. Des masses de peuple vinrent à la Malmaison pour voir l'*Impératrice*
une dernière fois; le Faubourg Saint-Germain lui-
même prit sa part des regrets. Les orgueilleux
royalistes qui étaient rentrés avec les Bourbons se
rappelaient peut-être l'amabilité de l'Impératrice
quand elle était sur le trône, et les sommes considérables qu'elle avait dépensées pour venir en aide
aux exilés. En rentrant en France avec le Roi
Louis XVIII ils avaient oublié de remercier leur
bienfaitrice; mais maintenant qu'elle était morte,
ils ne pouvaient s'empêcher de l'estimer et de l'admirer.

— Quelle femme incomparable était Joséphine!
—dit Madame du Cayla, l'amie du Roi ; — quel tact,
quelle douceur, quelle modération ! La mort en ce
moment est encore une preuve de son bon goût.

Eugène arracha Hortense presque de force du lit
de mort de sa mère. Il alla à Saint-Leu avec sa
sœur et ses enfants. Les deux petit-fils de l'Impératrice furent les seuls membres de la Famille impériale qui suivirent le cercueil, enterré à la Malmaison. La douleur avait rendu malades ces deux en-

fants. Derrière les deux jeunes Princes venait le
Général russe de Sacken, qui représentait l'Empereur
de Russie, et les voitures de tous les rois et princes
qui avaient détrôné Napoléon.

La dernière nuit que l'Empereur Alexandre
passa sur le sol français, avant son départ pour
l'Angleterre, il se rendit à Saint-Leu. En quittant
Eugène et Hortense, qui, à cette occasion, sortit de
sa chambre pour la première fois, il les assura tous
deux de sa sincère et constante amitié. Sachant que
l'ambassadeur qu'il laissait à Paris, Pozzo di Borgo (1)
était l'ennemi acharné de Napoléon et de sa famille, il lui donna comme attaché le baron Bou-
tiakin, qui fut choisi par Mademoiselle Cochelet elle-
même, et qui devait recevoir et envoyer les lettres
de la Reine et de sa fidèle compagne.

Peu de jours après, Eugène quitta aussi Saint-Leu
et sa sœur pour aller avec le Roi de Bavière, dans
sa nouvelle résidence en Allemagne. Hortense le
suivit d'un œil mélancolique. Alors, pour la première fois, elle vit combien elle était seule et abandonnée. Elle ne gémit pas lorsqu'elle se vit précipiter de la haute position qu'elle occupait, elle ne
se plaignit pas quand le malheur fit tomber toutes
les couronnes de ses parents; au contraire, elle sou-
riait au milieu de l'orage, et tendait son front à la

---

(1) Pozzo di Borgo dit, en apprenant la nouvelle de la mort de
Napoléon à Sainte-Hélène : « Je ne l'ai pas tué, mais j'ai jeté sur
son cercueil la dernière pelletée de terre afin qu'il ne puisse pas
en sortir. »

tempête pour qu'elle lui ôtât son diadème. Mais alors qu'elle était seule dans les grandes salles du château de Saint-Leu, personne ne l'entourant excepté ses deux fils et quelques dames fidèles, Hortense se prit à pleurer.

— Hélas ! — s'écria-t-elle en tendant les bras à Mademoiselle Cochelet;—je n'ai plus de courage! Ma mère est morte, mon frère est parti, Alexandre oubliera bientôt la protection qu'il m'a promise, et il faudra que je lutte seule avec mes fils contre toutes les hostilités que l'on dirigera sur moi à cause du nom que je porte. J'ai peur d'avoir à me repentir de n'avoir pas suivi ma première idée. L'attachement que j'ai pour mon pays suffira-t-il à compenser les chagrins que je prévois?

Les tristes pressentiments de la Reine se réalisèrent trop tôt. A l'heure du danger l'esprit des mortels est doué du pouvoir de lire dans l'avenir; mais, comme Cassandre, on peut voir les destinées futures sans pouvoir les détourner.

CHAPITRE XXIII.

LE RETOUR DES BOURBONS.

Le 12 Avril, le Comte d'Artois, qui était le précurseur du Roi, et que Louis XVIII avait nommé son lieutenant, fit son entrée dans Paris. Aux portes de la capitale il fut reçu par le nouveau gouvernement provisoire, à la tête duquel se trouvait M. de Talleyrand. La réponse du Comte d'Artois au discours du ministre fut très courte.

— Rien n'est changé en France : il n'y a qu'un Français de plus.

Le peuple reçut le lieutenant du Roi avec une froide curiosité. L'armée des alliés formait la haie jusqu'au Tuileries, où les dames du Faubourg Saint-Germain, parées de lis et de cocardes blanches, lui avaient préparé une entrée pleine d'enthousiasme.

La Comtesse du Cayla, qui plus tard devint la favorite du Roi, et qui avait été un des principaux instruments de la Restauration, fut la première à dérouler le drapeau blanc. En compagnie de plusieurs amis elle parut quelques jours avant l'arrivée du Prince dans les rues de Paris, et chercha à exciter parmi le peuple un peu d'enthousiasme pour la famille de son souverain légitime.

Mais la nation, comme l'armée, conservait son vieux dévouement à l'Empereur, et c'est avec une triste indifférence qu'elle écoutait les proclamations du Prince de Schwartzemberg lues par M. de Vauvineux.

Les Royalistes, bien entendu, criaient : Vive le Roi! mais la masse du peuple gardait le silence. Ce calme lugubre terrifiait la Comtesse du Cayla. Elle sentait que c'était une preuve secrète du mécontentement public et qu'il était nécessaire d'exciter la foule attristée, et de l'entraîner à exprimer énergiquement des sympathies royalistes. Elle avait vainement essayé de ranimer l'enthousiasme du peuple par ses discours; il restait à savoir si un symbole visible produirait un effet plus heureux. Il fut décidé qu'on lui ferait voir l'étendard des Bourbons.

Madame du Cayla donna son mouchoir de poche à un de ses compagnons, et le pria de l'agiter en l'air, et pour le faire voir à tous elle l'attacha à la canne du Comte de Montmorency. Un mouchoir de poche attaché à une canne fut ainsi le premier drapeau royaliste qui, après une période de vingt-six ans, reparut dans les rues de Paris.

Les Parisiens revirent cet emblème avec une sorte de venération craintive ; ils l'accueillirent sans acclamations et sans démonstrations de joie : ils continuèrent à garder le silence; mais cependant ils suivirent le groupe des Royalistes, qui gagna tumul-

tueusement les boulevards en criant : Vive le Roi !
Ils ne prirent aucune part au mouvement, il est
vrai, mais ne firent rien pour l'empêcher.

Pendant ce temps, la joie des Royalistes, et particulièrement des dames royalistes, atteignait un tel
délire, qu'elle dépassait presque les bornes de la dé-
cence. Dans leur exaltation fanatique, elles reçurent
les soldats alliés comme des sauveurs et les accablè-
rent de démonstrations d'amour. Par une étrange
aberration d'idées, ces soldats, bien qu'ennemis de la
France, leur paraissaient être une partie de leurs
bien-aimés Bourbons, et elles les reçurent avec un
enthousiasme presque égal à celui qu'elles devaient
déployer en revoyant la famille de leur Roi. Il y eut
un moment où les cœurs de ces dames paraissaient appartenir à toutes les nations, excepté à la
leur.

Louis XVIII lui-même fut peu satisfait de l'enthousiasme sans bornes du Faubourg Saint-Germain,
et dit ouvertement à la Comtesse du Cayla combien
la conduite des dames royalistes en cette occasion
lui paraissait indigne et ridicule. Il exprima même
l'opinion que cela pouvait faire tort à sa cause, puisqu'à cette époque la nation n'avait pas encore exprimé sa volonté.

—Il eût mieux valu, — dit-il, — observer à l'égard
des alliés une imposante réserve sans aucune démonstration ni affectation d'aucune sorte. Un maintien calme et digne leur aurait inspiré du respect
pour la nation, et ils n'auraient pas quitté Paris avec

l'idée qu'ils nourrissaient, il y a cinquante ans, que la nation Française est la plus immorale et la plus frivole des nations. Vous surtout, mesdames, vous vous êtes exposées à ces reproches. Les alliés en corps vous ont paru si aimables que vous avez encouru le soupçon de les avoir aimés en particulier, et il a circulé beaucoup de rumeurs qui ne sont pas à l'avantage des dames Françaises.

— Mais, mon Dieu! — répondit la Comtesse du Cayla à son royal ami, — les Parisiennes ont voulu témoigner aux alliés leur gratitude et leur joie de leur avoir rendu Votre Majesté. Elles ont offert aux alliés de bonne grâce ce que n'avaient pu obtenir ni les tyrans de la République ni les héros de l'Empire; pas une de nous ne regrettera, j'en suis certaine, ce qu'elle a fait pour nos bons amis les alliés.

« Ce qui avait été fait pour les bons amis les alliés » n'en avait pas moins donné naissance à bien des rumeurs désagréables, et les maris, qui ne partageaient pas l'enthousiasme de leurs femmes pour les guerriers étrangers, ont pensé bien souvent qu'ils avaient des raisons de se plaindre.

Le Comte de G*** entre autres avait épousé, quelques jours avant la Restauration, une belle et noble jeune fille. Elle était restée, dans l'insouciance de sa jeunesse, tout à fait indifférente à la crise politique. Il n'en était pas ainsi cependant de sa belle-mère, de son beau-père et de son mari, qui étaient des royalistes très-exaltés.

Le jour où les alliés entrèrent dans Paris, ces trois

personnes s'empressèrent, comme tous les autres légitimistes, de se rendre auprès de leurs bons amis, et chacun d'eux rentra avec un étranger. Le mari ramena un Anglais, la belle-mère un Prussien, et le beau-père un Autrichien.

Tous les trois s'efforcèrent de se surpasser l'un l'autre en amabilité vis-à-vis leurs hôtes; fêtes et festins furent donnés en l'honneur de ceux dont ils considéraient la présence comme une grande cause de réjouissance. La petite Comtesse seule restait indifférente au milieu de l'enthousiasme de sa famille, et on lui reprocha de prendre trop peu d'intérêt à la bonne cause. On l'exhorta à faire tout ce qu'elle pourrait pour fêter les braves officiers qui avaient rendu à la France son souverain légitime.

Il arriva qu'un jour le mari priait l'Anglais de donner à la Comtesse une leçon de lecture; la Marquise, en outre, désirait tout particulièrement que le Prussien conduisît sa fille au bal afin de lui apprendre à valser comme en Allemagne, pendant que le Marquis, ayant découvert que l'Autrichien était un grand amateur de peinture, l'emmenait souvent visiter avec lui tous les musées.

En un mot, ils mirent la jeune Comtesse dans une situation où il était facile de commettre non pas un, mais trois faux pas; car pourquoi aurait-elle montré plus de préférence à l'un qu'à l'autre de ses visiteurs?

Mais elle était jeune et peu au fait de semblables intrigues; il arriva donc que les siennes furent bientôt découvertes par sa famille. Son mari, sa belle-mère et son beau-père durent se fâcher : c'en était trop même pour ces zélés royalistes, et ils adressèrent de violents reproches à la jeune pécheresse.

— A coup sûr cela n'est pas ma faute, — répondait la jeune femme au milieu de ses larmes ; — c'est vous qui l'avez voulu. Ne m'avez-vous pas dit de faire tout ce qui serait en mon pouvoir pour obliger ces messieurs ?... Comment aurais-je pu leur refuser quelque chose ?...

Mais il y eut aussi des cas où les dames enthousiastes du Faubourg Saint-Germain se virent repoussées par ceux auxquels elles firent des avances. La noble et fière Marquise de M*** en sut quelque chose. Cette dame s'avança devant un des régiments Français à l'air lugubre et mécontent qui venait de laisser passer en silence le Comte d'Artois. La Marquise engagea les soldats à montrer leur affection pour la famille royale, ajoutant qu'elle serait au premier qui crierait : « Vive le Roi ! » Les fidèles soldats de l'Empereur ne se laissèrent pas émouvoir par cette promesse. Pas un seul ne se montra empressé de gagner le prix offert. Tous gardèrent le silence.

Les Princes qui se trouvaient à la tête des armées alliées furent naturellement les principaux objets de l'ovation des royalistes, bien qu'elle leur fût fort indifférente. L'Empereur d'Autriche était trop occupé de l'avenir de sa fille et de son petit-fils ; le Roi de Prusse trop froid et trop sérieux pour faire attention aux coquetteries des dames royalistes; toutes leurs batteries étaient donc dirigées sur Alexandre, le jeune Empereur de Russie.

Mais là aussi leur enthousiasme fut mal récompensé. Alexandre vivait dans une retraite qui semblait impliquer un manque absolu de confiance, et cependant les nobles dames du Faubourg Saint-Germain décidèrent du sort de la France en l'amenant à donner sa voix à la famille des Bourbons. On fut longtemps à décider qui occuperait le trône vacant.

C'était le secret désir de l'Empereur de Russie d'élever au trône le noble Vice-Roi d'Italie, Eugène Beauharnais, si universellement aimé. La lettre par laquelle Eugène avait répondu à l'offre des alliés, qui avaient essayé de le détacher de l'Empire en lui offrant le duché de Gênes, avait attiré au fils de Joséphine l'estime du Czar. Alexandre lui-même avait écrit à Eugène, au nom des alliés, pour lui promettre le duché de Gênes s'il consentait à abandonner la cause de Napoléon et à se joindre à ses ennemis.

Eugène Beauharnais avait répondu ce qui suit : —

« Sire,

» J'ai lu les propositions de Votre Majesté; elles » sont sans doute très-avantageuses, mais elles ne » sauraient ébranler ma résolution. Je crois avoir » mal exprimé ma pensée quand j'ai eu l'honneur de » voir Votre Majesté, si Elle peut me croire un » instant capable de vendre mon honneur pour

SUR LA REINE HORTENSE   213

» quelque prix que ce soit. Ni le duché de Gènes,
» ni le royaume d'Italie ne feront de moi un traître.
» L'exemple du Roi de Naples ne me séduit pas : je
» préfère être un honnête soldat qu'un Prince parjure.
   » L'Empereur, dites-vous, m'a maltraité ; s'il en
» est ainsi je l'ai oublié, je ne me souviens que de
» ses bontés. Tout ce que je suis, tout ce que j'ai.
» je le lui dois ; mon rang, mes titres, ma fortune,
» et par-dessus tout ce que vous appelez ma gloire.
» Je suis donc déterminé à le servir tant que je
» vivrai. Mon cœur et mon bras sont à lui. Que mon
» sabre se brise dans ma main si jamais je le tire
» contre l'Empereur ou contre mon pays. Je me
» flatte que mon refus bien fondé m'assurera au
» moins votre estime.

                    » Je suis, etc. »

D'un autre côté, l'Empereur d'Autriche désirait que
son petit-fils, le Roi de Rome, montât sur le trône de
France, et que sa mère conservât la Régence pendant
sa minorité, mais il n'osa pas demander ouvertement
aux alliés d'adopter son plan, car il leur avait
promis de sanctionner tout ce qu'ils jugeraient à
propos de faire. Ce fut donc en vain que le Duc de
Cadore, qui de Blois avait été envoyé aux alliés
par Marie-Louise pour sauvegarder les intérêts de
l'Impératrice, tenta de persuader à son père d'assurer
le trône de France à son fils.

L'Empereur François répondit à l'envoyé de sa
fille qu'il croyait avoir de bonnes raisons pour espérer

beaucoup ; mais qu'il lui était impossible d'atteindre son but par la force.

— J'aime ma fille, — dit l'Empereur d'Autriche, —j'aime mon gendre, et je suis prêt à verser mon sang pour eux.

— Mais, Sire, — répliqua le Duc de Cadore, — un semblable sacrifice n'est pas nécessaire.

— Je suis prêt à répandre mon sang pour eux, — continua l'Empereur, — à sacrifier ma vie ; mais, je le répète, j'ai promis à mes alliés de sanctionner tout ce qu'ils feront et de ne rien faire sans les consulter. Mon ministre, M. de Metternich, est maintenant chez vous, et je ratifierai tout ce qu'il aura signé.

Cependant l'Empereur d'Autriche continuait secrètement à espérer que Metternich arriverait à élever le Roi de Rome au trône de France.

Le zèle des royalistes était destiné à détruire cet espoir. L'Empereur de Russie était installé à l'hôtel de Talleyrand. Il avait cédé aux obsessions et aux prières du diplomate Français, qui savait combien il serait facile de prendre de l'empire sur l'Agamemnon de la Sainte-Alliance, s'il pouvait l'avoir à tout moment pour ainsi dire sous la main. En donnant l'hospitalité à l'Empereur de Russie, M. de Talleyrand espérait le captiver et tirer de lui le meilleur parti.

Dans ces circonstances, c'est M. de Talleyrand que la Comtesse du Cayla s'empressa d'aller trouver, afin de faire avec le bonapartiste d'hier, mais le royaliste d'aujourd'hui, les préparatifs nécessaires pour le retour des Bourbons.

M. de Talleyrand prit sur lui d'obtenir à la Comtesse une audience de l'Empereur. Il y réussit. En conduisant la belle royaliste aux appartements du Czar, il lui dit à l'oreille : —

— Vous feriez bien d'imiter Madame de Semallé. Essayez tout d'abord de frapper un coup décisif. L'Empereur est galant, comme vous savez, et il pourra accorder aux prières d'une femme ce qu'il refuse à la diplomatie.

Ce conseil ne fut pas repoussé. A peine fut-elle seule qu'elle étendit les bras d'une façon suppliante et se prosterna devant l'Empereur. Celui-ci s'empressa de la relever de la manière la plus affable.

— Que faites-vous? — demanda-t-il presque effrayé, — une noble dame ne devrait jamais s'agenouiller devant un gentilhomme.

— Sire, —répondit la Comtesse,—je m'agenouille devant vous parce que je suis sur le point de vous demander une faveur que vous seul pouvez accorder. Ce sera un double motif de réjouissance de voir Louis XVIII rentrer en France, et de l'y voir ramené par Alexandre 1er.

— Est-il vrai que la nation Française révère toujours la maison de Bourbon?

— Oui, Sire, elle est notre seul espoir, à elle seule appartiennent nos cœurs.

— Oh! c'est très-bien, — s'écria Alexandre; —et toutes les dames de France partagent-elles votre enthousiasme?

— Tous les cœurs Français battent pour la famille royale.

— Mais s'il en est ainsi, si la France redemande le Roi, le Corps Législatif n'a qu'à se prononcer, et tout sera fait selon vos désirs.

Ce fut donc la Comtesse du Cayla qui, la première, amena cette manifestation de la part du Corps Législatif. Elle ne perdit pas de temps à répandre dans Paris les paroles de l'Empereur, et le soir qui suivit son entrevue avec Alexandre, elle donna une soirée à laquelle furent invités les dames les plus distinguées du parti légimiste et un grand nombre de Sénateurs.

« Je croyais important, » dit la Comtesse du Cayla dans ses *Mémoires*, « d'obtenir de ces messieurs une promesse solennelle. Folle que j'étais! la plupart d'entre eux n'avaient-ils pas fait et brisé au moins une douzaine de serments? »

Le lendemain de cette soirée, le Sénat réuni en séance extraordinaire, proclama un gouvernement provisoire composé de M. de Talleyrand, du Duc de Dalberg, du Marquis de Jancourt, du Conte de Bournonville, et de l'Abbé de Montesquiou. Le Sénat, sous l'influence de ces hommes tout dévoués à la légitimité, prononça la déchéance de Napoléon, et proclama Louis XVIII à sa place. Mais, pendant que le Sénat manifestait en séance solennelle ses sentiments royalistes, il montrait en même temps clairement son manque de principes et de sentiments patriotiques. Les Sénateurs stipulèrent, dans une clause spéciale

du traité fait avec le Roi rentrant, que la pension à
vie des Sénateurs continuerait à leur être payée.
Ainsi ces hommes illustres, en rappelant Louis XVIII,
eurent soin de se récompenser eux-mêmes.

CHAPITRE XXIV.

LES BOURBONS ET LES BONAPARTE

Les alliés, sans autres investigations, prirent le vœu du Sénat pour celui du peuple, et rappelèrent au trône de ses pères Louis XVIII, qui, sous le nom de Comte de Lille, était alors exilé à Hartwell.

L'Empereur d'Autriche tint parole. Il ne fit aucune objection aux mesures prises par les alliés, mais il souffrit que son petit-fils, le Roi de Rome, fût privé de son héritage, et il consentit à ce qu'on enlevât la couronne Impériale du front de sa fille. L'Empereur François fut cependant aussi étonné que Marie-Louise de la marche inattendue que prirent les affaires, car, jusqu'à l'occupation de Paris, les alliés lui avaient donné l'espoir que sa fille et son petit-fils resteraient au pouvoir.

Le désappointement de l'Empereur fit faire une caricature assez drôle, qui, le jour de l'entrée de Louis XVIII, fut placardée sur les murs à côté de la proclamation enthousiaste de Chateaubriand à l'occasion du retour des Bourbons. Sur cette caricature, qui circulait par milliers d'exemplaires dans Paris,

l'Empereur d'Autriche était dans une superbe
voiture découverte, Alexandre était sur le siége du
cocher, le régent d'Angleterre servait de postillon,
et le roi de Prusse de valet de pied. Napoléon, à
pied, courait à côté du carrosse, disant à l'Empereur d'Autriche : —

— Voyez, beau-père, ils m'ont mis dehors.

— Et moi dedans, — répondait François.

La joie des dames du Faubourg Saint-Germain
fut grande de voir enfin leur Roi, et elles voulurent
témoigner leur gratitude à l'Empereur Alexandre
avec trop d'enthousiasme. Celui-ci fut insensible à
ces hommages, il évita même d'aller aux Tuileries
aux grandes réunions données par le nouveau Roi.
La noblesse et les diplomates furent choqués de voir
l'Empereur de Russie manifester presque ouvertement ses sympathies pour la famille de Napoléon,
et aller à la Malmaison au lieu d'assister aux fêtes
des Tuileries.

Le Comte de Nesselrode pria son amie, Mademoiselle Cochelet, de faire connaître à l'Empereur
le mécontentement du Faubourg Saint-Germain,
lorsqu'Alexandre viendrait trouver la compagne
de la Reine pour causer avec elle, comme il le faisait
souvent, de l'avenir d'Hortense.

— Sire, — dit Mademoiselle Cochelet, — au Faubourg Saint-Germain on est jaloux de l'empressement
que vous montrez à la Reine; M. de Nesselrode m'en
a parlé avec chagrin. Notre Empereur, m'a-t-il dit,
va beaucoup trop à la Malmaison; toute la diplo-

matie et la haute société s'en effarouchent, on craint auprès de lui une influence qui ne serait pas dans la politique qu'il doit suivre.

— Bah! — répondit l'Empereur, — je reconnais bien là Nesselrode, il s'inquiète facilement. Que m'importe le Faubourg Saint-Germain? Tant pis pour ces dames, si elles n'ont pas fait ma conquête; je préfère à tout les nobles qualités du cœur. Je trouve dans l'Impératrice, la Reine Hortense, et le Prince Eugène, tout ce qui m'attache et tout ce qu'on peut admirer. Je me plais beaucoup plus avec eux dans la douceur d'une société intime, qu'avec des personnes qui sont comme des énergumènes, et qui, au lieu de jouir du triomphe que nous leur avons fait, ne pensent qu'à anéantir leurs ennemis, en commençant encore par ceux qui les ont protégées si longtemps; elles sont fatigantes par leur exaspération.

— Les Françaises en général sont coquettes, — dit l'Empereur dans une autre conversation, — je suis arrivé ici avec une grande frayeur d'elles, je sais à quel point elles sont aimables, mais sans doute leur cœur ne leur appartient déjà plus, aussi je prends leur bienveillance comme je le dois, sans que cela me touche nullement, et je les soupçonne d'aimer à plaire au point d'en vouloir un peu à ceux qui ne reçoivent qu'avec galanterie les attentions dont elles sont prodigues.

Mademoiselle Cochelet défendit les dames Françaises, et dit à Alexandre, qu'il ne devait pas les juger sur la manière dont elles agissaient vis-à-vis de lui, qu'il était assez naturel de se monter la tête pour un jeune Empereur qui se faisait voir sous un jour si favorable, et que, sans être coquette, on pouvait désirer en être remarquée.

— Mais, — répondit l'Empereur avec son sourire triste, — est-ce qu'elles m'attendaient pour sentir leur cœur ? Je recherche l'esprit, la conversation, mais je fuis tout ce qui voudrait prendre une sorte d'empire affectueux sur moi ; je vois alors l'amour-propre et je me retire.

Tandis que les royalistes et les dames du Faubourg Saint-Germain accueillaient merveilleusement les alliés et flattaient le Roi nouvellement élu en lui faisant des contes sur les réjouissances publiques, la nation commençait à être mécontente. Les alliés avaient fini leur besogne, ils avaient rendu à la France son Roi légitime et couronné leur œuvre en stipulant, dans le traité de Paris, que la France retournerait à ses anciennes lois et coutumes anti-révolutionnaires.

La France fut obligée de se soumettre à la volonté des vainqueurs, qui reprirent à la faiblesse de la royauté ce qu'ils avaient été obligés d'accorder à la force de l'Empire.

Toutes les places fortes des frontières, obtenues avec tant de peine et occupées par des garnisons françaises, furent rendues. La France, forte et puissante, allait redevenir ce qu'elle était trente ans auparavant.

Ce fut cet abandon et le retour à l'ancien régime qui mécontenta la nation. Les vrais Français, qui avaient abandonné la cause de l'Empereur, parce qu'ils étaient fatigués par des guerres continuelles, étaient cependant fiers de ces conquêtes, et ne voulaient pas consentir à une cession qui blessait leur amour-propre national. Ils étaient furieux contre le Roi qui s'était soumis à une pareille humiliation, et disaient qu'il avait préféré la couronne à l'honneur de la France.

Louis XVIII lui-même ressentit profondément l'humiliation de voir la France revenir à ses anciennes limites. Il avait essayé, à plusieurs reprises, de faire renoncer les alliés à leurs exigences, mais ceux-ci avaient donné à leurs diplomates l'ordre de faire comprendre à Louis que, s'il n'acceptait pas la France avec ses nouvelles frontières, il pouvait la céder à Marie-Louise.

Le Roi fut donc obligé d'accepter l'arrangement conclu, mais il le fit avec beaucoup d'amertume, et quand ses courtisans exaltaient les mérites des alliés on pouvait l'entendre murmurer : —

— Mes chers amis, les ennemis! —

Mu par de tels sentiments pour les alliés, ce fut avec répugnance et après une lutte obstinée que Louis accorda ce qu'ils demandaient pour la famille de Napoléon. Mais l'Empereur Alexandre tint parole, il maintint les droits de la Reine Hortense et de ses enfants et la défendit contre la haine des Bourbons, le mauvais vouloir des royalistes, et l'indifférence des alliés. C'est à lui seul et à sa fermeté que la famille de Napoléon dut cette clause du traité du 11 Avril, dans laquelle Louis XVIII s'engageait solennellement à ce que « les titres et les dignités de tous les membres de la famille Impériale soient reconnus et déclarés légitimes. »

Après de grands efforts, Alexandre obtint enfin de Louis XVIII un titre et une propriété pour Hortense. Ce fut aux demandes réitérées du Czar. que le Roi nomma Hortense Duchesse de Saint-Leu, et lui donna des terres et un duché indépendants.

Les Bourbons semblaient s'éveiller d'un long sommeil et paraissaient s'étonner que le monde eût progressé pendant leur absence.

Selon leur opinion, tout devait être resté comme vingt-cinq ans auparavant, et ils refusèrent de reconnaître les événements qui s'étaient passés pendant cette période. En conséquence, Louis data son premier décret de « *la dix-neuvième année de son règne,* » et il essaya par tous les moyens de revenir à l'année 1789.

C'est probablement grâce à cette singulière manière de voir que Louis XVIII conféra à Hortense le titre de Duchesse de Saint-Leu en ces termes, très-blessants pour la Reine : « Le Roi élève Mademoiselle Hortense de Beauharnais au rang de Duchesse de Saint-Leu. »

La Reine fut extrêmement courroucée en recevant cette communication, et elle protesta.

— Est-il possible, — dit la Reine en se levant vi-

vement, — que M. de Nesselrode ait cru que je
consentirais à accepter une pareille formule. Louis
XVIII, puisqu'il est reconnu Roi de France, a le
pouvoir de sanctionner, n'importe par quel acte, la
possession de mes biens autour de Saint-Leu, mais
je ne puis consentir qu'il me donne, de cette façon,
un titre que j'ai le droit de prendre et qui, accepté
de cette manière, aurait l'air de renier la validité de
celui qui m'a appartenu. Je l'ai reçu sans le désirer,
ce titre de Reine, il ne m'a pas rendu heureuse et
je le perds sans regrets. Que m'importe d'ailleurs le
titre qu'on me donne! mais lorsqu'il s'agit de s'a-
baisser devant un parti vainqueur, je ne dois faire
aucune concession.

Puis, se promenant avec une agitation croissante,
elle ajouta : —

— Le Roi vient de signer son premier acte de *la dix-
neuvième année de son règne*, c'est manifester la volonté de ne pas reconnaître ce qui s'est passé depuis
la Révolution. Il en est bien le maître, si la nation le
veut; mais nous, nous devons aux peuples qui nous
ont élevés si haut, de ne jamais désavouer ce
qu'ils ont fait pour nous; ainsi, je crois de mon
devoir de ne pas permettre qu'on oublie que j'ai été
Reine, bien que je ne tienne pas à porter ce titre.
Je n'accepterai aucune compensation en échange
de tout ce que perdent mes enfants, que de ceux
qui reconnaîtront ce qu'ils furent ainsi que moi. Ne
croyez pas, — continua la Reine en se rapprochant
de Mademoiselle Cochelet, — que ce changement

de formes soit de peu d'importance. N'a-t-on pas
raconté dans les journaux que mon frère, en arrivant ici, s'est fait annoncer chez le Roi comme
Marquis de Beauharnais? Il a trouvé au-dessous de
lui de le faire démentir, et il a eu tort; mais ceux
qui ont imaginé cette fable savent bien qu'elle n'est
pas vraie : on aurait voulu persuader aux nations
que ceux mêmes qu'elles avaient placés à leur tête
ont reconnu le peu de validité de leurs droits, et
sont venus, sans plus de façon, les déposer aux pieds
des Bourbons. C'est la conséquence d'un système qui
veut anéantir toutes les gloires du passé, et auquel
je ne puis m'associer sans faire injure à la France
et à l'Empereur. Les peuples sont aussi fiers que
les Rois, ils ne souffrent pas qu'on abaisse ce qu'ils
ont élevé, et tiennent à ce qui est leur création,
jusqu'à ce qu'il leur convienne de le détruire eux-
mêmes. Que les besoins soient changés, que les Bourbons redeviennent souverains de la France, que le
pays le trouve bon et nous renvoie, nous n'avons rien
à dire; mais notre dignité est trop liée à la dignité
de la France pour consentir à la compromettre ainsi.

A ce moment le Prince Eugène entra, sa sœur
lui fit lire le décret, et il en fut aussi scandalisé
qu'elle. Tous deux prièrent Mademoiselle Cochelet
d'exprimer ce qu'ils en pensaient à M. de Nesselrode
et de dire que la Reine ne voulait plus rien.

Elle revint donc à Paris et vit M. de Nesselrode,
son ami, qui après l'avoir écoutée, répliqua d'un air
assez contrarié : —

— Que voulez-vous que je fasse? On ne peut rien tirer de M. de Blacas; il semble qu'ils reviennent tous de l'autre monde; je crois, en vérité, qu'ils sont surpris de trouver grandis les enfants qu'ils ont laissés à la mamelle. Je n'ai pu rien obtenir de mieux du ministre du Roi. Certainement Louis XVIII est disposé à ménager le Prince Eugène, la Reine et l'Impératrice, mais il voudrait, je crois, n'avoir à les traiter que comme il l'aurait fait en 1789, car lui et son parti ne veulent entendre parler de rien de ce qui s'est fait, et les titres de Reine et d'Impératrice les choqueront toujours.

— Mais vous savez bien, — répondit Mademoiselle Cochelet, — que ces princesses ont le projet de porter un titre plus modeste, puisque l'Impératrice compte prendre celui de Duchesse de Navarre, et la Reine celui de Duchesse de Saint-Leu.

— Aussi, — reprit M. de Nesselrode, — si elles n'avaient simplement qu'à prendre les titres qui leur conviennent, personne n'y trouverait à redire; mais ici il s'agit d'établir un Duché pour la Reine, un Duché qui lui conserve une fortune indépendante qu'elle puisse transmettre à ses enfants, — et pour cela, il faut un acte du nouveau souverain.

Il fut enfin décidé qu'on demanderait conseil au Duc de Vicence, et M. de Nesselrode quitta Mademoiselle Cochelet en lui disant que ce malheureux Duché lui coûtait plus de peine que le traité de Paris.

Au conseil qui eut lieu plusieurs jours plus tard, on décida qu'il était plus avantageux, et pour la Reine et pour la famille Impériale, d'établir ce Duché de Saint-Leu, comme conséquence du traité du 11 Avril. Ainsi, en mettant « *Hortense Eugénie, dans le traité du 11 avril,* » c'était forcer Louis XVIII à la reconnaître comme Reine, puisqu'il était dit, dans ce traité, que chacun conservait ses titres; et en même temps ce nom de Reine, qui leur paraissait si dur à concéder, ne leur offusquait pas les yeux.

Les lettres patentes furent donc rédigées dans cette forme, et quoique ce ne fût qu'une reconnaissance indirecte du titre de Reine, il n'y avait plus d'humiliation à accepter.

Le Vice-Roi d'Italie, Eugène, si universellement aimé, qui, selon le désir du Czar était venu à Paris pour veiller à ses intérêts, causait aussi un grand embarras aux Bourbons.

Il était impossible au Roi de ne pas rendre justice aux mérites d'un des héros les plus illustres de l'Empire et qui était le gendre du Roi de Bavière. Quand Eugène exprima le désir d'être présenté à Louis XVIII, on lui accorda de suite une audience.

Mais, comment fallait-il le recevoir? Quel titre donner au beau-fils de Napoléon, au Vice-Roi d'Italie? C'eût été trop ridicule de renouveler l'absurdité commise pour les titres d'Hortense, et d'appeler Eugène « Vicomte de Beauharnais; » lui accorder le titre de Roi eût compromis la dignité de la dynastie légitime. Dans cet embarras, le Roi eut recours à ce qu'il crut un bon expédient. Quand le Duc d'Aumont introduisit le Prince, le Roi s'approcha de lui et lui dit en souriant : —

— Je me réjouis, Monsieur le Maréchal, de faire votre connaissance.

Eugène, en train de saluer le Roi, s'arrêta court, et regarda autour de lui pour voir à qui le souverain s'adressait. Louis sourit et continua :—

— C'est vous, Monsieur, qui êtes Maréchal de France, car je vous élève à cette dignité.

— Sire, — répondit Eugène, en s'inclinant devant le Roi, — je vous remercie de vos bonnes intentions, mais le malheur de tenir un haut rang auquel le hasard m'a élevé m'empêche d'accepter le titre glorieux dont vous venez de m'honorer. Je vous suis très-reconnaissant, Sire, mais je dois refuser.

La ruse du Roi ne réussit pas, et Eugène eut l'air d'un conquérant dans cette première entrevue avec Louis XVIII. Il n'avait pas besoin de l'assistance du Roi de France, puisque le Roi de Bavière, son beau-père, l'avait fait prince de sa famille et lui avait donné le duché de Leuchtenberg. Eugène se retira et vécut dans la tranquillité pendant plusieurs années, à côté d'une femme aimante, et entouré de ses enfants, jusqu'à ce que, en 1824, la mort vint le prendre et l'arracher à une famille qui le regretta profondément.

CHAPITRE XXV.

MADAME DE STAEL.

La restauration, qui abaissa tant de grands hommes, releva quelques noms à demi oubliés, et ramena à Paris une personne qui avait été bannie de France par Napoléon, et qui, pendant son exil, avait réussi à ajouter un nouvel éclat à son nom déjà connu. C'était la célèbre Madame de Staël, la fille de Necker; et l'auteur de *Corinne* et de *Delphine*.

La guerre engagée entre Madame de Staël et l'Empereur des Français avait été longue et acharnée, et cette femme, armée de son génie, de son éloquence, couronnée des lauriers récoltés dans l'exil avait peut-être fait à Napoléon plus de mal que toute une armée ennemie.

Des deux côtés on se haïssait cordialement, et pourtant il eût été au pouvoir de Napoléon de changer instantanément cette haine en affection. Madame de Staël n'avait d'abord été que trop portée à recevoir avec enthousiasme le jeune héros d'Arcole

et de Marengo, et elle avait désiré être l'Égérie de ce
nouveau Numa. Dans la chaleur de son admiration
et emportée par une imagination trop vive, Madame
de Staël, dans sa correspondance avec Napoléon,
avait oublié toute retenue féminine. Comme poëte,
elle s'était crue autorisée à célébrer le jeune héros
et à chanter l'étoile radieuse qui s'élevait sur la
France, dans un dithyrambe brûlant.

Madame de Staël n'avait donc pas attendu que
Bonaparte vînt à elle, mais elle s'était efforcée de
se faire connaître à lui.

Elle avait écrit les lettres les plus enthousiastes
à celui qui revenait en conquérant de l'Italie. Ces
lettres ne plurent guère au jeune général. Absorbé
par ses plans de campagnes et d'autres projets importants, Napoléon n'avait pu trouver le temps de
parcourir les ouvrages de Madame de Staël. Il ne
savait rien d'elle, si ce n'est qu'elle était fille de
Necker, ce qui n'était qu'une recommandation se-
condaire aux yeux de Napoléon, car non-seulement il refusait son admiration à ce ministre, mais
il allait jusqu'à prétendre qu'il était l'auteur de la
révolution.

Ce fut donc avec étonnement que le jeune général
reçut les lettres brûlantes de Madame de Staël. Il avait
coutume de les montrer à ses amis et de dire avec un
mouvement d'épaules : —

— Comprenez-vous cette folie?

Mais Madame de Staël ne devait pas être décou-
ragée par le froid silence de Bonaparte. Elle écrivit

épîtres sur épîtres, plus enthousiastes les unes que les autres.

Dans une de ces lettres elle allait jusqu'à dire : —
« Qu'évidemment c'était une erreur de la Providence ;
» qu'une nature aussi puissante et aussi brillante que
» celle de Bonaparte eût été unie à celle de José-
» phine, si faible et si timide, et qu'elle, Madame
» de Staël, se croyait née pour lui, qu'il semblait
» que la nature ne l'avait douée d'un caractère si
» enthousiaste que pour la mettre à même d'admirer
» un si grand héros. »

Bonaparte déchira cette lettre après l'avoir lue, et
jeta ses fragments au feu, en s'écriant : —

— Eh quoi ! cette folle ose se comparer à Joséphine ? Je ne répondrai pas à ses lettres.

Il tint parole et ne répondit point ; mais Madame
de Staël ne sut pas comprendre ce silence, ou plutôt
fit semblant de ne pas le comprendre. Peu habituée
à abandonner ses projets, elle tint bon et résolut d'a-
voir une entrevue avec Napoléon, en dépit de son indifférence.

Elle mit son projet à exécution. Elle réussit à
surmonter tous les obstacles qui s'élevèrent sur son
chemin, et l'entrevue, si ardemment désirée par une
des parties et si longtemps évitée par l'autre,
eut enfin lieu. Madame de Staël fut amenée aux
Tuileries et reçue par Napoléon et sa femme. L'aspect personnel de l'illustre et spirituelle femme
était peu fait pour désarmer Bonaparte et lui ôter ses
préjugés. Madame de Staël était, selon son habitude

vêtue sans goût et d'une façon tout à fait bizarre ;
elle avait oublié que Napoléon aimait à voir les
femmes mises avec élégance et simplicité. Madame de
Staël, dans cette entrevue, fit jaillir les plus brillantes
qualités de son esprit, mais Napoléon, loin d'en être
fasciné, sentit s'accroître son antipathie pour la
femme-poëte.

C'est donc avec un ton de mauvaise humeur qu'il
fit à la question un peu indiscrète de Madame de
Staël. — « Quelle était la femme la plus grande à
ses yeux ? » cette réponse mordante : « Celle qui
donne le plus d'enfants à l'État. »

Madame de Staël était venue le cœur plein d'enthousiasme et d'admiration, elle s'était adressée à Napoléon comme à un dieu descendu sur terre, elle était
venue poëte inspiré et charmé, et elle partit femme
offensée. Elle ne pardonna jamais à Bonaparte cette
réponse qui rendait ridicule celle qui se l'était attirée ;
mais elle se vengea en plaisanteries mordantes sur
Napoléon et sa famille. Ces boutades, cela va sans
dire, ne manquèrent jamais d'arriver aux oreilles du
Premier Consul.

Mais ces bons mots et ces sarcasmes, lancés par
cette femme illustre contre le héros, lui firent des
blessures plus profondes que le fer ou l'acier, car
Madame de Staël avait l'esprit vif et piquant et savait marier la plaisanterie à l'ironie. Napoléon sentit sa supériorité sous ce rapport, et ses sentiments
hostiles s'accrurent contre une femme qui osait pi-
quer son talon d'Achille avec les pointes acérées

de son esprit, et le blesser de la manière la plus cruelle.

Il s'ensuivit une guerre acharnée entre les deux plus grands génies de l'époque, une guerre qui, des deux côtés, fut soutenue avec une animosité impitoyable. Mais on ne peut dire que les deux parties eussent des armes égales, car Napoléon étant au pouvoir avait tous les moyens de punir les hostilités d'une ennemie de talent.

Il exila Madame de Staël de Paris, et bientôt après de France, et la même femme qui avait commencé par chanter le dieu descendu sur terre, s'éloigna royaliste, ennemie mortelle de Napoléon, et décidée à vouer son éloquence et son génie à la cause des Bourbons exilés, et à faire naître dans les cœurs des hommes une invisible mais formidable haine contre son puissant adversaire.

L'effusion de la haine de Madame de Staël prit encore plus de force à mesure que sa renommée grandissait. Après le succès obtenu par *Delphine* et *Corinne*, elle fut pour lui une ennemie aussi dangereuse que pouvaient jamais l'être l'Angleterre, la Russie et l'Autriche.

Mais, au milieu des triomphes que Madame de Staël remportait au dehors, elle fut bientôt violemment prise par le mal du pays. Elle aimait passionnément la France et s'y sentait plus attachée que jamais depuis qu'elle en était exilée. Elle employa toutes les influences dont elle pouvait disposer pour obtenir la permission d'y rentrer, mais l'Empereur demeura inexorable.

— Je déteste autant, — disait-il, — les femmes qui veulent jouer le rôle des hommes, que les hommes efféminés. A quoi bon toutes ces aberrations d'imagination ? Qu'en reste-t-il ? Rien ! Tout cela est une insanité de sentiment, un dérangement mental. Je déteste cette femme, et peut-être je la déteste parce que je manque de patience avec les femmes qui se jettent dans mes bras, et Dieu sait qu'elle a sérieusement essayé de le faire.

Les sollicitations de Madame de Staël pour qu'on la laissât rentrer en France rencontrèrent donc un refus glacial, mais elle n'abandonna pas plus son dessein que lorsqu'elle avait tenté de gagner l'affection de Napoléon. Elle fit tentatives sur tentatives pour arriver à son but, et nous pouvons bien l'en excuser, car ce n'était pas seulement le retour en France qu'elle désirait, mais aussi le recouvrement d'un million de francs que lui devait la France.

Son père, Necker, à l'époque de la grande famine, quand la misère était presque universelle et l'argent rare, était venu au secours de son pays en lui prêtant une somme d'un million de francs qui était nécessaire pour les achats de grains, et Louis XVI avait signé un acte par lequel il s'engageait à payer cette dette nationale.

La Révolution, cependant, qui renversa le trône du malheureux roi, avait enfoui toutes les promesses et les obligations écrites sous les ruines de la vieille monarchie, et le prêt de Necker fut longtemps oublié par le gouvernement français.

Madame de Staël insistait alors pour que l'Empereur tînt la promesse du feu roi, et que celui qui occupait le trône des Bourbons acquittât une dette que le dernier roi de cette famille avait contractée pendant que son père était aux affaires.

Nous l'avons déjà dit, lors de son entrevue avec Napoléon, Madame de Staël l'avait considéré comme un dieu. Il paraît qu'elle croyait encore en sa divinité, puisqu'elle espérait que, de sa corne d'abondance, il laisserait tomber sur elle une pluie d'or.

Comme il ne lui était pas permis de rentrer en France, elle envoya son fils plaider sa cause auprès de l'Empereur et tâcher d'avoir son million, sachant bien cependant combien il serait difficile, même pour son fils, d'obtenir une audience de Napoléon. Elle adressa en cette circonstance une lettre éloquente à la Reine Hortense, la priant de jouer le rôle de médiatrice entre elle et l'Empereur.

Hortense, toujours bonne et pleine de compassion pour l'infortune, se sentit vivement intéressée au sort de cette femme de talent, à laquelle elle ne pouvait refuser son admiration, et entreprit volontiers de la protéger. Elle était la seule qui, malgré le déplaisir de Napoléon, avait osé faire valoir à plusieurs reprises les droits de la pauvre exilée : elle présenta le rappel de Madame de Staël comme un acte de justice nécessaire. Elle alla même jusqu'à recevoir son fils que tout le monde repoussait, et à le produire dans son salon.

Les prières et les représentations généreuses et éloquentes d'Hortense obtinrent enfin ce que nul autre n'eût pu faire. Elle réussit à vaincre, au moins en partie, l'animosité de Napoléon contre Madame de Staël. Il permit à cette dame de rentrer en France, mais elle ne devait jamais paraître ni à Paris, ni dans ses environs. Grâce à la médiation d'Hortense, il accorda aussi une audience à Monsieur de Staël qui, pendant longtemps, l'avait sollicitée en vain.

L'entrevue de Napoléon avec le fils de Madame de Staël fut aussi intéressante qu'originale. L'Empereur, en cette occasion, manifesta ouvertement le peu d'intérêt, et même l'espèce de haine qu'il éprouvait pour Madame de Staël et pour son père, tandis qu'en même temps il écoutait généreusement leur défense présentée par le fils et le petit-fils.

Le jeune de Staël représenta à l'Empereur la vive impatience de sa mère de revenir dans sa patrie, et lui dit combien elle se trouvait isolée et malheureuse dans l'exil.

— Oh! que non.— répliqua l'Empereur,— votre mère est trop excentrique. Je ne dirai pas que c'est une méchante femme. Elle a du talent, beaucoup de talent, et même beaucoup trop, mais son talent est un talent agressif et révolutionnaire. Elle a grandi dans le chaos d'une monarchie qui croulait et d'une révolution, et elle porte l'empreinte de ces deux éléments dans son cœur, tout ceci peut deve-

nir dangereux. Douée comme elle l'est, incontestablement, d'un grand génie, elle peut réussir à faire
des prosélytes, il faut donc que je la surveille. Je
sais quelle ne m'aime pas, et c'est parce que je suis
convaincu qu'elle m'attaquerait, que je ne lui per-
mets pas de venir à Paris. Supposez que je le fasse?
Avant six mois elle m'aurait réduit à la triste nécessité de l'envoyer à Bicêtre, ou de l'enfermer au
Temple. Comme cela serait désagréable! Cela cau-
serait une grande sensation et serait nuisible à ma
popularité. Dites à votre mère que j'ai pris une résolution que rien ne saurait changer. Tant que je
vivrai elle ne rentrera pas à Paris.

Ce fut en vain que le jeune de Staël assura l'Empereur, au nom de sa mère, qu'elle éviterait avec
soin toute espèce de conflit, qu'une fois à Paris, elle
vivrait tout à fait retirée, Napoléon ne se laissa pas
ébranler dans sa résolution.

—Tout cela est très-beau! je sais ce que de telles
promesses valent;— répondit-il;— je vois à quoi vous
voulez en venir, mais vous n'y parviendrez pas.
Elle serait un point de mire et un étendard pour
tout le Faubourg Saint-Germain. Elle, vivre retirée,
dites-vous? Mais on viendrait la visiter, et elle ne
pourrait pas faire autrement que de rendre ces vi-
sites. Elle commettrait mille folies, lancerait mille
plaisanteries qui lui paraîtraient innocentes, mais
qui m'ennuieraient fortement. Mon gouvernement
n'est pas un jeu d'enfants, j'envisage tout sérieusement, je désire que tout le monde s'en pénètre bien,

et vous pouvez le répéter à qui bon vous semblera.

Monsieur de Staël eut l'audace de continuer à discuter avec l'Empereur, il alla même jusqu'à lui demander, bien qu'avec une humilité de circonstance, la raison du mauvais vouloir qu'il témoignait à sa mère. Il dit à Napoléon qu'il comprenait que le dernier ouvrage de Necker, auquel on supposait que sa mère avait travaillé, avait dû le mécontenter et être pour beaucoup dans l'antipathie qu'il avait pour elle. Il l'assura que cette supposition était dénuée de fondement. Sa mère, dit-il, n'avait pris aucune part à la composition de ce livre qui, d'ailleurs, rendait ample justice au génie extraordinaire de l'Empereur.

— Une belle justice! il m'appelle l'homme nécessaire. L'homme nécessaire! Et cependant d'après lui, la première chose à faire avec cet homme nécessaire eût été de lui couper la tête. Oui, j'étais nécessaire pour remettre les choses en ordre, pour corriger les erreurs de votre grand-père et de tous ceux qui, comme lui, ont provoqué la chute de la monarchie et causé la mort de Louis XVI.

—Sire, — répliqua le jeune homme profondément ému,—vous ignorez assurément que les biens de mon grand-père ont été confisqués parce qu'il a défendu le Roi?

— Jolie défense! si j'empoisonne un homme et que je lui administre ensuite un contre-poison en voyant son agonie; peut-on dire que j'ai voulu sauver cet homme? Eh bien! votre grand-père a défendu

Louis XVI de cette manière. Les confiscations dont vous parlez ne prouvent rien du tout. N'a-t-on pas confisqué la fortune de Robespierre? Oui, je le répète, Robespierre, Marat et Danton, eux-mêmes, n'ont pas appelé sur la France autant de malheurs que l'a fait Necker. C'est lui qui a fait la Révolution. J'ai vécu sous la Terreur, et j'ai été témoin oculaire de la misère publique. Mais, tant que je vivrai, un pareil état de choses ne se représentera pas, je vous en donne ma parole. Il y a des rêveurs qui étalent sur le papier les utopies les plus charmantes. On les colporte, et il ne manque pas de fous pour les lire et les croire. La prospérité nationale est dans toutes les bouches, mais bientôt après, le peuple manque de pain et vous demande la réalisation de vos théories, et c'est là le fruit ordinaire de semblables songes creux. Votre grand-père est l'auteur des saturnales qui ont rendu la France furieuse.

Après cette violente explosion de colère, l'Empereur prit un ton plus doux ; il s'approcha du jeune homme, qui se tenait debout, pâle et interdit devant lui, et lui prenant doucement l'oreille comme il avait coutume de faire quand, après une discussion, il voulait faire la paix avec son adversaire, il dit avec un gracieux sourire : —

— Vous êtes encore bien jeune, si vous aviez mon âge et mon expérience, vous jugeriez les choses bien différemment. Votre sincérité ne m'a pas offensé, au contraire, elle m'a plu ; j'aime à voir un fils défendre la cause de sa mère. La vôtre vous a chargé d'une mission difficile, et vous l'avez remplie avec beaucoup de tact. Je suis content d'avoir causé avec vous, car j'aime la jeunesse, pourvu qu'elle soit naturelle et pas trop entêtée ; mais malgré tout, je ne puis vous donner d'espoir. Vous n'obtiendrez rien. Si votre mère était en prison, je n'hésiterais pas à vous accorder sa grâce, mais elle n'est qu'exilée, et rien ne me fera la rappeler.

— Mais, Sire, n'est-il pas tout aussi triste de vivre loin de son pays que d'être en prison ?

— Oh ! que non ! Ce sont là des idées romanesques, vous les avez prises à votre mère. Elle est vraiment bien à plaindre ! Excepté Paris, elle a toute l'Europe pour prison.

— Mais, Sire, tous ses amis sont à Paris !

— Avec son talent il ne lui sera pas difficile de se faire de nouveaux amis. Je ne puis comprendre pourquoi elle désire tant que je lui permette de revenir à Paris. Pourquoi tient-elle tant à se trouver à la proximité immédiate de la tyrannie? Vous voyez que je ne crains pas de prononcer le mot. Je ne comprends réellement pas cela. Pourquoi ne demeure-t-elle pas à Berlin, à Vienne, à Milan, ou à Londres? Réellement, elle devrait aller à Londres ! Elle pourrait y écrire des pamphlets à cœur-joie. Dans toutes ces villes, je ne chercherai pas à l'entraver : mais Paris... Paris est ma résidence, et là je ne veux souffrir que des gens qui me veulent du bien. Je voudrais que chacun en fût bien convaincu. Je sais quelles en seraient les conséquences si je permettais

à votre mère de revenir à Paris. Elle se compromet-
trait de nouveau. Elle séduirait les gens de ma Cour,
elle dépouillerait Garat aussi sûrement qu'elle a
autrefois confondu le tribunal. Sans doute, elle com-
mencerait par promettre tout ce qu'on voudrait,
mais il ne lui serait jamais possible de ne point se
mêler de politique.

— Sire, je puis vous assurer solennellement que
ma mère ne promettrait rien qu'elle ne pourrait tenir.
Elle ne s'occuperait pas de politique. Ses inclinations ne se tourneraient que vers ses amis et la littérature.

— Je connais la signification de ce mot, Monsieur! Tout en parlant de société, de morale, de littérature, ou de n'importe quoi, on arrive à y mêler
la politique! Si votre mère venait à Paris on me
rapporterait chaque jour un nouveau bon mot, quand
même elle ne l'aurait pas fait, mais je vous dis que
je ne souffrirai rien de semblable dans la ville où je
réside. Réellement, elle ferait mieux d'aller à Londres. Pourquoi ne le lui conseillez-vous pas? M. Necker ne possédait pas le moindre talent adminis-
tratif. J'ai appris ce que c'est pendant les dix
dernières années! Et maintenant, encore une fois,
dites à votre mère que je ne lui permettrai jamais
de revenir à Paris.

— Votre Majesté n'y consentirait-elle pas, du
moins, si des devoirs sacrés exigeaient quelques jours
de résidence?...

— Des devoirs sacrés! Qu'entendez-vous par là?

— Sire, la présence de ma mère sera nécessaire
pour obtenir de votre gouvernement le rembourse-
ment d'une dette sacrée.

— Qu'appelez-vous sacrée ? Toutes les dettes ne
sont-elles pas sacrées ?

— Sans doute, Sire, mais la nôtre tient à des
circonstances d'une importance toute particulière.

— Une importance toute particulière ?— demanda
l'Empereur, en se levant et comme fatigué de cette
longue conversation.—Quel est le créancier de l'État
qui n'en dise pas autant de sa dette ? En outre, je
ne suis pas suffisamment renseigné sur votre récla-
mation. Je n'ai rien à voir là-dedans, et je ne m'en
occuperai pas. Si la loi se prononce en votre faveur,
vous aurez votre argent; mais s'il vous faut de la
faveur pour l'obtenir, vous l'attendrez en vain de
de moi. Je vous serais plutôt défavorable qu'autrement.

—Sire, — insista M. de Staël, au moment où l'Empereur allait quitter le salon,—Sire, mon frère et moi
nous voudrions nous établir en France, mais comment pourrions-nous vivre dans un pays où notre
mère ne pourrait résider ?

L'Empereur qui avait déjà atteint la porte, s'arrêta, et dit en se retournant : —

— Je ne me soucie pas du tout que vous vous
établissiez en France. De fait, je ne vous le con-
seillerai pas. Vous feriez mieux d'aller en Angleterre. Là, on aime les Genevois, les pamphlétaires,
les salons politiques. Vous feriez mieux d'aller en

Angleterre, car en France je serais plutôt contre vous que pour vous.

Après la Restauration, Madame de Staël revit sa France bien-aimée et si désirée. Elle rentrait avec une nouvelle distinction et une plus grande renommée, désirant surtout voir mettre sous presse son ouvrage sur l'Allemagne qui, primitivement, avait été saisi par la police impériale. Elle se flattait de l'espoir que la nouvelle Cour oublierait qu'elle était la fille de Necker; elle pensait que chacun la recevrait les bras ouverts, avide de reconnaître l'influence qu'elle ambitionnait!

Combien son erreur était grande!...

A la Cour, on la reçut avec une froide politesse plus offensante qu'une hostilité déclarée. Le Roi, disait en parlant d'elle à ses intimes : —

— C'est un Châteaubriand en jupons.

La Duchesse d'Angoulême ne sembla jamais s'apercevoir de la présence de cette femme célèbre et ne lui adressa jamais un seul mot, tandis que le reste de la Cour l'attaquait ouvertement, et conservait avec tenacité ses vieux préjugés et sa haine primitive. Les efforts de Madame de Staël pour acquérir une influence à la Cour des Bourbons restèrent donc inutiles. On ne la considéra jamais comme un personnage puissant ou même comme un sage conseiller, mais simplement comme un écrivain de talent. On rit de ses conseils, et on alla jusqu'à attaquer Necker lui-même.

On l'entendit un jour dire à la Comtesse du Cayla : —

— Je suis bien malheureuse. Napoléon me haïssait parce que j'avais de l'esprit, et ici on me repousse et on me honnit parce que j'ai quelque sens commun. Eh bien, je puis me passer d'eux, mais puisque ma présence leur est désagréable, j'essaierai du moins de me faire rembourser mon argent.

Ainsi, il paraît que cette *dette sacrée* n'avait pas été payée sous le régime impérial, et Madame de Staël essaya d'obtenir du Roi ce qu'elle n'avait pu se faire rembourser par l'Empereur.

Elle connaissait la grande influence qu'exerçait sur le Roi la Comtesse du Caÿla, et elle se hâta de se rendre auprès de cette dame, dont elle avait fait la connaissance dans les circonstances extraordinaires d'une affaire d'amour très-romanesque.

La Comtesse, qui pensait qu'un ancien service ne devait pas être oublié, se montra reconnaissante de celui que Madame de Staël lui avait autrefois rendu. Elle obtint pour elle la restitution de la « dette sacrée, » car par ordre de Louis XVIII, un million de francs fut compté à Madame de Staël.

« Mais, — dit la Comtesse du Cayla dans ses mémoires, — je crois que le recouvrement de ce million ne lui coûta pas moins de quatre cent mille francs, sans parler d'une parure en diamants d'une valeur d'environ cent mille francs.

Le « je crois » de Madame du Cayla aurait pu passer pour une certitude, si on avait pu examiner la bourse et les écrins de la Comtesse.

En outre des quatre cent mille francs et de la

parure en diamants, Madame de Staël donna à son amie un bon conseil : —

— Profitez de la faveur dans laquelle vous vous trouvez,—dit-elle,—et ne perdez pas de temps, car si les choses continuent comme en ce moment, je crains bien que la Restauration ne soit bientôt condamnée au repos.

—Que voulez-vous dire?—demanda la Comtesse en souriant.

— Je veux dire, qu'excepté le Roi qui, peut-être, ne dit pas tout ce qu'il pense, chacun est, à la Cour, aussi mal renseigné que jamais. Dieu seul sait où leurs folies les conduiront encore! On commence déjà à se moquer des vieux soldats en faveur des jeunes prêtres, et c'est le moyen le plus sûr de précipiter la France dans la rébellion.

La Comtesse du Cayla considéra cette prophétie de Madame de Staël comme une appréhension dénuée de raison ; elle pensa que des espérances déçues, une ambition désappointée, avaient étendu un nuage sur les yeux autrefois si pénétrants de la femme-poète, qui l'empêchait de voir les choses sous leur véritable jour, et elle songeait peu que cette prophétie dût bientôt se réaliser.

Madame de Staël cependant se consola de la mauvaise réception que lui avait faite la Cour, en réunissant dans son salon toute la bonne société de Paris, en l'amusant par des mots piquants et des anecdotes fabriquées de toutes pièces, ou à peu près, aux dépens de la haute noblesse, qui venait de reparaître si subitement avec son inépuisable lignée.

Madame de Staël se souvint aussi de la générosité que lui avait montrée la Reine Hortense à l'époque de son exil, et non-seulement elle, mais aussi Madame Récamier, son amie, qui avait été également exilée par Napoléon, non, comme le disaient ses ennemis, parce qu'elle était l'amie de Madame de Staël, mais parce qu'elle était un des principaux chefs de ce qu'on appelait « la petite Église, » société réactionnaire qui s'était formée dans le Faubourg Saint-Germain, et qui était un de ces centres d'opposition que l'Empereur voyait avec un grand déplaisir.

Hortense avait toujours pris très-chaudement le parti de Madame de Staël et de Madame Récamier; pour toutes les deux, elle avait été une généreuse médiatrice auprès de l'Empereur, et elle avait tâché de les faire revenir de l'exil; et maintenant qu'un soudain changement avait permis à ces dames de rentrer à Paris, elles s'empressèrent d'assurer la Reine de leur gratitude et de leur admiration.

Mademoiselle Cochelet raconte en ces termes l'entrevue de la Reine et de ces deux dames : —

« Mesdames de Staël et Récamier avaient demandé à la Reine la permission de lui faire visite, afin de lui exprimer leur gratitude. Sur ce, la Reine les invita toutes les deux à dîner pour le lendemain. Elle me demanda qui elle devait inviter pour faire face à une

visiteuse aussi instruite et d'autant de talent que Madame de Staël.

» — Pour ma part, — dit-elle, — je n'ai pas assez de
courage pour soutenir une conversation avec elle ;
il est difficile d'avoir de l'esprit quand on est malheureux, et je crains que mon embarras ne gagne
les autres.

» Nous passâmes en revue un grand nombre de
personnes, et je m'amusais beaucoup en disant, à chacun des noms qui était prononcé : « Pas assez fort
pour Madame de Staël. »

» La Reine rit beaucoup, mais à la fin la liste des
invités fut arrêtée et nous attendîmes tous avec une
grande impatience l'arrivée des deux illustres dames.
La recommandation que la Reine nous avait faite
d'être spirituels à tout prix, donnait à nos visages
une expression des plus embarrassées. Nous avions
l'air d'acteurs se groupant sur la scène au moment
du lever du rideau. Les bons mots et les remarques
fines se succédèrent de la façon la plus charmante
jusqu'à l'arrivée de la voiture ; mais alors nos visages
prirent tout à coup une expression de gravité.

» Madame Récamier, qui était encore jeune et belle,
portait sur ses traits l'empreinte d'une grande
naïveté, elle aurait pu passer pour une jeune fille
surveillée par une froide duègne, tant était grand
le contraste de son aspect féminin et presque timide
avec le port masculin de sa compagne.

» J'avais toujours entendu dire cependant que Madame de Staël était une noble et bonne personne,

affable pour ceux qui l'approchaient. Je ne parle que de l'impression qu'elle produisait la première fois qu'on la voyait.

» La teinte un peu chaude du visage de Madame de Staël mêlée à l'originalité de son costume, et ses épaules nues, qui auraient pu passer pour belles, si on les eût considérées séparément, étaient bien loin de réaliser l'être idéal que notre imagination avait conçue de l'auteur de *Corinne.*

» J'avais espéré retrouver en elle une des héroïnes qu'elle a si admirablement esquissées, et je restai tout d'abord muette de désappointement. Mais, quand une fois j'eus surmonté ce premier sentiment de surprise, je ne pus m'empêcher de reconnaître que ses yeux étaient admirables ; mais, ce qui resta toujours un mystère pour moi, c'est que son visage ait jamais pu faire naître l'amour, et pourtant on disait qu'elle l'avait fréquemment inspiré.

» Quand, plus tard, je communiquai mon étonnement à la Reine, elle répondit :—

» — C'est peut-être parce qu'elle est capable elle-même de ressentir beaucoup d'amour qu'elle en inspire aux autres ; en outre, la vanité d'un homme est toujours flattée d'être distingué par une telle femme ; après tout, une femme douée d'autant de génie que Madame de Staël peut se passer de beauté.

» Madame de Staël entra au salon avec une grande assurance. La Reine lui demanda comment se trouvait sa fille, qu'on attendait également, et qui était, disait-on, une séduisante jeune femme.

» Je crois que nos messieurs eussent été encore plus aimables sous les regards des beaux yeux de la fille que sous ceux de la mère. Un méchant mal de dents avait retenu la jeune femme.

» Après les compliments d'usage, la Reine proposa une promenade dans le parc; nous fûmes bientôt assises sur les coussins du char à bancs de la Reine, lequel est devenu historique par les nombreuses célébrités et les grands personnages qui l'ont successivement occupé. L'Empereur Napoléon seul n'y était pas monté, car il n'avait jamais visité Saint-Leu. A cette exception près, il y avait bien peu de personnes distinguées qui ne s'y fussent assises.

» Comme les chevaux n'allèrent qu'au pas dans le parc et dans la forêt de Montmorency, la conversation s'anima peu à peu, et un échange intéressant d'idées se fit comme si nous n'avions pas quitté le salon. Nos invités admirèrent les délicieux environs du château qui leur rappelaient la Suisse, puis on parla de l'Italie. La Reine, qui s'était montrée quelque peu distraite, et qui, certainement, avait des raisons pour cela, demanda tout à coup à Madame de Staël : —

» — Vous êtes donc allée en Italie?

» Madame de Staël resta muette d'étonnement et tout le monde de s'écrier : —

» — *Corinne! Corinne!*

» — Oh! c'est vrai, —répondit la Reine comme si elle s'éveillait d'un rêve.

» — Ainsi donc, vous n'avez jamais lu *Corinne?* — demanda M. de Conouville.

» — Oui... non... — balbutia la Reine dans un grand embarras, mais je le lirai un jour.

» Et, pour cacher une émotion que seule je pouvais comprendre, elle changea le sujet de la conversation.

» Elle aurait pu dire la vérité. Ce livre avait paru à l'époque où son fils aîné venait de mourir en Hollande ; le Roi, alarmé de son désespoir, de sa douleur, suivit le conseil de Corvisart, qui prétendait qu'il fallait éviter à Hortense toute cause de chagrin et chercher à la distraire. Il fut convenu que je lui lirais *Corinne ;* elle était incapable d'accorder beaucoup d'attention à n'importe quelle lecture, mais cependant il lui était resté un pénible souvenir du livre. Depuis cette époque, j'avais souvent demandé la permission de le lui lire, mais je n'avais jamais rencontré qu'un refus.

» — Non ! non ! — disait-elle, — pas encore, ce livre me rappelle une douleur, son nom même me rappelle le moment le plus terrible de ma vie, je ne me sens pas encore assez forte pour renouveler cette impression pénible.

» Seule je pouvais donc deviner ce qui avait causé l'embarras de la Reine quand elle avait répondu aux questions qui lui avaient été adressées à propos de *Corinne.* Mais l'auteur, bien entendu, n'y vit que de l'indifférence pour son ouvrage. Je dis le lendemain à la Reine qu'il eût mieux valu avouer à Madame de Staël la raison de son embarras.

» — Madame de Staël n'aurait pas été à même
d'apprécier mes sentiments, — répondit-elle, — et
je sens qu'elle a perdu sa bonne opinion de moi, et
qu'elle doit me croire très-sotte, mais le moment
n'était pas choisi pour lui parler de mes impressions
personnelles.

» On prenait généralement le grand char à bancs de
préférence à une voiture plus belle (bien qu'il con-
sistât en deux banquettes à coussins placées l'une en
face de l'autre), parce qu'il rendait la conversation
plus facile ; mais il n'était pas protégé contre le
mauvais temps ; une forte pluie qui survint nous fit
rentrer au château mouillés jusqu'aux os.

» Une chambre avait été préparée pour que ces
dames pussent se changer et mettre un peu d'ordre
dans leur toilette, qui avait été fort dérangée par
l'orage. Je restai avec elles pendant quelque temps,
retenue par les nombreuses questions que Madame
de Staël m'adressa sur la Reine et ses fils. Elle avait
cessé d'être spirituelle, mais elle se lava, s'arrangea
et se reposa comme une simple mortelle.

» — Les voilà, — me disais-je en moi-même, —
revenues à l'état naturel de la vie et à l'existence
prosaïque de la fragile humanité. Ces deux femmes
célèbres, qu'on s'arrache de tous côtés et qui sont partout reçues avec déférence, sont aussi mouillées et
aussi peu poétiques maintenant que moi-même !

» J'étais réellement bien loin de ce que j'avais
espéré, mais la même scène devait bientôt recommencer.

» On entendit des voix sous la fenêtre et un accent allemand, et les deux dames s'écrièrent presque simultanément :

» — Mais c'est le Prince Auguste de Prusse !

» Personne dans la maison n'avait été prévenu de l'intention du Prince de visiter Saint-Leu. L'entrevue était donc tout à fait accidentelle. Le Prince venait tout simplement rendre visite à la Reine; mais comme l'heure du dîner approchait, il était presque indispensable de l'inviter à rester. C'était là sans doute ce qu'il désirait.

Auguste de Prusse était assis à la droite de la Reine tandis que Madame de Staël s'assit à sa gauche. La femme de chambre de cette dame avait mis sur sa serviette une petite branche qu'elle avait coutume de tordre et de tourner dans ses doigts lorsqu'elle parlait. La conservation devint très-animée, et il était curieux de voir Madame de Staël gesticuler et maltraiter son petit rameau. On aurait pu croire qu'il lui avait été donné par quelque fée, comme un talisman dont dépendait son génie.

»On vint à parler de Constantinople, ville que plusieurs de ces messieurs avaient visitée. Madame de Staël fut d'avis que ce serait une excellente plaisanterie, pour une femme intelligente, d'aller tourner la tête du Sultan et ensuite de l'amener à accorder aux Turcs une constitution. Au dessert, on parla de la liberté de la presse.

»Madame de Staël m'étonna réellement alors, non-seulement par le brillant de son esprit, mais aussi

par la gravité profonde avec laquelle elle traitait des
questions qui, à cette époque, n'étaient pas considérées comme étant du domaine de la conversation féminine. On parlait alors, dans les salons, de
métaphysique, des qualités du cœur et de l'esprit,
et d'autres sujets semblables. On considérait qu'il
n'appartenait qu'à l'Empereur et aux diplomates
de parler politique. Son temps était le temps des
actions, et, par excellence, des grandes actions,
comme l'époque qui suivit fut celle des beaux et
grands discours, et des controverses politiques et littéraires.

»Madame de Staël et la Reine parlèrent d'une romance d'Hortense intitulée : *Fais ce que dois, ad-
vienne que pourra.*

» — Pendant le temps de mon exil, que vous vous
êtes si généreusement empressée d'abréger, — dit
Madame de Staël,—il m'arrivait souvent de chanter
cette romance, et de penser à vous.

»En disant cela, son visage était si radieux d'é-
motion qu'on pouvait le dire magnifique. Elle n'é-
tait pas seulement une femme de génie, mais aussi
une femme de cœur et de sentiment, et je compris
alors comment elle avait pu fasciner si fortement
plusieurs hommes.

»Ensuite elle causa pendant quelque temps de l'Empereur avec la Reine.

» — Pourquoi était-il si fâché contre moi ? — de-
manda-t-elle.—Ne savait-il pas combien je l'admi-
rais. J'irai à l'île d'Elbe le voir ? Pensez-vous qu'il

me reçoive bien ? J'étais faite pour idolâtrer cet homme et il m'a repoussée !

» —Ah ! Madame, — répliqua la Reine, — j'ai entendu l'Empereur dire fréquemment qu'il s'était imposé une grande tâche, qu'il sentait qu'il avait à remplir une haute mission, et il ne pouvait s'empêcher quelquefois de comparer ses labeurs aux efforts d'un homme qui tâche d'atteindre le sommet d'une haute montagne et qui ne doit se laisser arrêter par aucun des obstacles qui se trouvent sur son chemin. « Tant pis pour ceux qui traversent ma route », disait-il, « car je n'ai pas le temps de m'occuper d'eux. » Eh bien, Madame, vous vous êtes trouvée sur son chemin, mais s'il en eût atteint le sommet, il vous eût peut-être tendu une main secourable.

» —Il faut que je lui parle, — dit Madame de Staël, — on m'a nui auprès de lui.

» —Je le pense aussi, — répondit la Reine, — mais vous lui feriez injure si vous le croyiez capable de haïr quelqu'un ; il a pensé que vous étiez son ennemie et il a eu peur de vous. Cela ne lui est pas arrivé souvent, —ajouta-t-elle avec un sourire ; — maintenant qu'il est malheureux, il verra en vous une amie. Je suis convaincue qu'il vous recevrait bien.

» Madame de Staël s'occupa alors beaucoup des petits princes, mais elle ne réussit pas à faire la paix avec eux. Peut-être était-ce pour mettre leur savoir à l'épreuve qu'elle leur adressa un grand nombre de questions.

» — Aimez-vous votre oncle ?

» — Beaucoup, Madame !

» — Aimez-vous la guerre autant que lui ?

» — Oui, si la guerre n'était pas la cause de tant de malheurs.

» — Est-il vrai que votre oncle vous faisait souvent réciter une fable qui commence par ces mots : « La raison du plus fort est toujours la meilleure? »

» — Madame, on nous faisait très-souvent répéter des fables, mais aucune plus souvent que les autres.

» Le Prince Napoléon, qui était doué d'une grande pénétration et dont le jugement était déjà très-développé, pour un âge si tendre, répondit avec beaucoup de tact à ces questions, et quand l'interrogatoire fut terminé, il dit peut-être un peu haut : —

» — Comme cette femme est questionneuse ! Est-ce là ce qu'on appelle avoir de l'esprit?

» Après que les visiteuses furent parties, chacun donna son opinion sur leur compte. Celle du jeune Napoléon fut la moins favorable, mais il n'osa l'émettre qu'à demi voix.

» Pour ma part, j'étais plus éblouie que ravie des deux dames. Il était impossible de ne point admirer le génie de Madame de Staël, malgré ses aberrations et sa malveillance, mais il n'y avait ni grâce féminime, ni douceur attrayante dans toute sa personne. »

CHAPITRE XXVI.

LA VIE A BADEN-BADEN.

L'état de santé de la Reine lui fit une nécessité de voyager, et il fut décidé qu'elle se rendrait d'abord à Plombières. La Reine hésita longtemps à emmener ses enfants avec elle ; elle avait quelque répugnance à se séparer d'eux, et le Duc de Vicence fut consulté à ce sujet.

— Puisqu'ils doivent vivre en France, — dit-il, — vous devriez habituer le monde à les y voir. Si la Reine les emmène, qui sait si on ne les empêchera pas de rentrer, et si le Duché de Saint-Leu ne sera pas entièrement séquestré, ce duché que nous avons eu tant de difficultés à obtenir, et dont les revenus sont si lentement payés? On n'agit pas franchement avec la Reine, donc elle doit se défier des intentions de ceux qui lui sont contraires et ne pas donner prise à ses ennemis.

Au sujet de ce conseil, la Reine disait quelquefois à Mademoiselle Cochelet : —

— Il me semble surprenant qu'on me parle de mes ennemis. Comment puis-je en avoir, moi qui ai regardé comme mes amis ceux qui souffraient, et qui était si heureuse de leur être utile? Je n'avais pas d'ennemis alors. Le pouvoir est une chose meilleure que je ne l'imaginais; je ne le regrette pas, mais je sens que j'ai eu tort de ne pas l'estimer davantage.

C'est de ce ton que parlait souvent la Reine, qu'on a déjà essayé de représenter comme étant au désespoir d'avoir perdu sa puissance, et mettant tout en œuvre pour la ressaisir.

Mademoiselle Cochelet nous rappelle constamment que la douceur, l'impartialité et la résignation formaient la base du caractère de la Reine, et toutes les fois qu'elle sortait de son calme habituel et s'indignait, c'est qu'elle avait acquis la preuve d'une injustice ou d'une fausseté; alors elle disait avec aigreur : —

— Ah! je ne croyais pas le monde si méchant! Est-il possible qu'il soit si difficile de connaître la vérité? Je suis heureuse d'être loin de tout ce qui me semble si méprisable. Je me ferais volontiers ermite.

D'autres fois, elle disait : —

— Nous devons être indulgents, car le monde est plus léger que méchant. Le mal qu'il fait est le même sans doute, mais s'il le fait sans intention, il faut lui pardonner et l'aimer.

Elle éleva ses enfants à n'avoir jamais un sentiment de haine.

— C'est la nature des choses, — leur disait-elle, — qui place les hommes dans tel ou tel rang. Vous ne devez jamais avoir de colère contre ceux qui prennent votre place. et, s'ils agissent convenablement, vous devez avoir le courage de le reconnaître et de leur rendre justice dans toutes les circonstances où vous pouvez vous trouver en contact avec eux.

Le gouvernement de la Restauration se conduisit mal avec la Reine, car il saisit son revenu et les arrérages dus par le Trésor. Cette mesure était tellement inique, qu'on la supposa momentanée, mais en attendant comme il fallait vivre, la Reine pensa à vendre les objets précieux qu'elle possédait. Le Vice-Roi et la Reine désiraient aussi se défaire de suite des tableaux de la Malmaison afin de payer les dettes de leur mère. Eugène obtint quelque argent de ses bijoux, et cela donna naissance à la calomnie qu'Hortense était activement occupée à faire revenir l'Empereur de l'île d'Elbe.

Quand arriva le moment de quitter Saint-Leu, sa douleur à l'idée de se séparer de ses enfants augmenta. Pour se donner du courage, elle repassa en revue toutes les raisons qui l'avaient décidée, et dit à sa fidèle compagne : —

— Je laisse mes enfants en France, dans leur pays, le pays qui les a vus naître, qui les a reçus avec acclamations, et je ne sais pas pourquoi je tremble en me séparant d'eux. Cela n'est pas raisonnable ; car, que peut-il leur arriver ici ? Le premier paysan venu les défendrait, si un malheur les menaçait. J'aurais eu plus de raisons de m'alarmer s'ils eussent été obligés de quitter la France. Je les aurais conduits chez des gens fatigués de nos victoires, et qui ne peuvent avoir aucune sympathie pour le nom français ou pour ceux qui le portent.

Mademoiselle Cochelet partagea son opinion, et la rassura du mieux qu'elle put dans l'inquiétude naturelle qu'elle ressentait à l'idée de se séparer d'êtres à la fois si chers et si intéressants.

La Reine laissa ses enfants avec Madame de Boubert, qui leur servait de seconde mère, sous la tutelle de M. Devaux, qui ne devait pas les quitter un seul instant, et la surveillance du digne Abbé Bertrand, qui donnait à l'aîné des leçons de latin et apprenait à lire au plus jeune. Ces deux messieurs étaient les seuls membres de sa maison que la Reine eût conservés; et bien, que par leur âge, ils ne fussent pas des défenseurs bien vigoureux, leur prudence, leur zèle, et leur dévouement étaient une garantie qu'ils préserveraient contre tout accident les précieux trésors qui leur étaient confiés.

La Reine partit accompagnée de Mademoiselle Cochelet seulement, et après être restée quelque temps à Plombières, elle reçut une lettre de son frère Eugène qui la priait de venir à Bade, ville d'eaux, en ce moment encombrée de têtes couronnées. Le personnage le plus important était le beau-père d'Eugène, l'excellent Roi de Bavière, qui avait la manie d'acheter de jolis chapeaux pour toutes ses parentes. Un noble caractère était celui de la Grande-Duchesse Stéphanie de Bade, qui, depuis la mort de l'Empereur était traitée avec fort peu d'égards par la famille de son mari. Il fut sérieusement proposé au Congrès de Viennne que le Grand-Duc désavouât son mariage, comme lui ayant été imposé par la force. Le moment le plus pénible de la vie de la Grande-Duchesse avait probablement été celui où une lettre de Napoléon lui avait ordonné de rentrer en France au moment où les alliés étaient sur le point d'envahir Bade. A ce sujet elle dit à la Reine Hortense : —

— J'étais épouse, mère, et souveraine, et je ne pouvais pas ainsi abandonner tous mes devoirs. J'ai osé désobéir à l'Empereur en restant dans le pays envahi. Quelles émotions diverses j'ai éprouvées! J'ai vu passer les armées innombrables qui allaient envahir la France! Un jour j'ai entendu dire qu'une bataille gagnée par l'Empereur avait forcé les alliés à repasser le Rhin, et il arriva, en effet, des fugitifs pour confirmer cette nouvelle. Quelques jours après, j'appris la reddition de Paris et l'abdication de l'Empereur! Je ne sais pas comment tant de sensations diverses dans un si court espace de temps ne m'ont pas tuée.

Les princesses passaient leur temps en promenades, en fêtes, et en dîners, pendant que leurs maris s'occupaient de politique et se préparaient à aller partager les dépouilles de la France au Congrès de Vienne, qu'on avait remis au mois de Septembre. Le parti vaincu était naturellement dans une grande anxiété, et Hortense était toute inquiète sur le sort de son frère. Un matin, Mademoiselle Cochelet fut étonnée de recevoir la visite de Madame de Krudener, une de ses vieilles connaissances, qu'elle n'avait pas vue depuis 1809. Elle s'élança pour se précipiter dans ses bras, mais l'autre l'arrêta et dit d'un ton inspiré : —

— Je suis venue pour voir votre Reine, car je dois la sauver d'un danger qui la menace; je voulais venir en apprenant son arrivée, mais Dieu ne l'a pas permis. Des personnes plus malheureuses qu'elle réclamaient mes soins.

— Qu'avez-vous à lui dire ? — demanda Mademoiselle Cochelet très-alarmée.

— Je suis venue pour lui révéler ce que Dieu désire qu'elle apprenne. Vous savez combien je l'aimais, je ne l'ai pas vue depuis 1809, mais j'ai bien souvent prié pour elle. Il faut que sa destinée s'accomplisse. Elle est bien aimée de Dieu. La pauvre Reine de Prusse et la Reine Hortense sont mes deux types idéals de femmes et de martyres. Dieu m'a donné mission de les servir. J'ai écrit, pour votre édification, tout ce que j'ai appris pour la première, et maintenant je sais tous les malheurs qui attendent la seconde. Depuis la dernière fois que je l'ai vue, elle a perdu une couronne, une position brillante, une amie, une tendre mère, je sais tout cela, mais Dieu l'aime et veut l'éprouver. Elle doit se résigner, car elle n'est pas encore au bout de ses souffrances.

— Que savez-vous de tout cela, ma chère Madame? — demanda Mademoiselle Cochelet. — Allons, parlons comme nous avions coutume de le faire. Asseyez-

vous et ne m'alarmez pas ainsi sur l'avenir d'une
personne que vous aimez aussi tendrement que je
l'aime.

— Oui, elle sera heureuse avec son âme sublime
et pure, mais elle ne doit rien attendre des hommes,
car Dieu seul la protégera. Avant tout, il ne faut
pas qu'elle retourne en France, elle doit aller en
Russie, où l'Empereur Alexandre sera le refuge de
l'infortunée.

— Vous m'effrayez réellement, — dit Mademoiselle Cochelet; — que peut-il lui arriver de plus
malheureux que ce qui lui est arrivé?

— Ah! vous ne savez pas quelle année terrible
sera 1815. Vous croyez que le Congrès de Vienne
se terminera? Détrompez-vous. L'Empereur Napoléon sera plus grand que jamais. Il quittera son
île; mais ceux qui prendront son parti seront tra-
qués, persécutés et punis; ils ne trouveront pas un
coin pour reposer leurs têtes.

Elle était restée debout en parlant; sa figure
courte, son excessive maigreur, ses cheveux clairs
en désordre et l'éclat de ses yeux avaient quelque
chose de surnaturel qui, involontairement, terrifiait
Mademoiselle Cochelet.

— La Reine est sortie, — lui dit-elle, — revenez
demain; je sais le plaisir qu'elle aura à vous recevoir.
Mais si vous voulez lui parler de sa mère, vous la
ferez pleurer, car elle ne peut entendre ce nom sans
éclater en sanglots.

— Qu'importent ses larmes! — dit Madame de

Krudener en sortant ; —Dieu aime ceux qui pleurent, car ils sont prédestinés. Mais si la Reine désire me voir, qu'elle reste chez elle, car je ne pourrai revenir souvent ; je n'ai plus de volonté à moi, j'appartiens à ceux que Dieu m'envoie pour que je les console ; mais souvenez-vous de ce que je vous ai dit : ne la laissez pas retourner en France.

En disant ces mots, elle partit, laissant son interlocutrice si étonnée de tout ce qu'elle lui avait dit, qu'elle ne savait pas si elle était éveillée ou endormie ; elle était terrifiée et elle tremblait sans savoir pourquoi.

Mademoiselle Cochelet avait peine à reconnaître l'auteur de *Valérie*, qui avait, jusqu'à un certain point, écrit son propre roman, dans cette peinture de sentiments tendres et aimables, et qui, en 1809, possédait encore tout le charme et la timidité d'une faible femme mêlés à un profond sentiment de religion. A l'époque de sa visite, elle avait l'assurance et le ton absolu d'une prophétesse, et elle produisit d'autant plus d'effet sur Mademoiselle Cochelet, que cette dernière avait une foi entière dans ses paroles.

CHAPITRE XXVII.

MADAME DE KRUDENER

Aussitôt que le Reine rentra, sa compagne se hâta de lui parler de la visite qu'elle avait reçue, et de la terreur que les prédictions de Madame de Krudener lui avaient inspirée.

— Je vous reconnais bien là, — dit la Reine ; — je recevrai Madame de Krudener avec plaisir, car c'est une excellente personne que j'aime beaucoup, mais croire qu'elle soit prophète, c'est une autre affaire.

Le lendemain, Madame de Krudener se présenta chez la Reine et eut une entrevue particulière avec elle. En la quittant, elle dit à Mademoiselle Cochelet : —-

—Quel ange que votre Reine ! Le ciel la récompensera, mais qu'elle ait confiance en moi; qu'elle n'aille pas en France, mais en Russie.

Quand Mademoiselle Cochelet vint retrouver la Reine, elle lui trouva les yeux rouges.

— Eh bien ! Madame, — lui dit-elle en lui baisant la main, — elle vous a affligée.

—- Comment pouvait-il en être autrement ? Elle

a rouvert toutes les blessures de mon cœur en me
parlant de tous ceux que j'ai perdus. Elle a une
âme si tendre que ses paroles sont empreintes de
toute la sympathie qu'elle ressent. Elle ne m'a rien
appris de nouveau en me disant que je dois me résigner à la volonté du ciel. Si elle ne m'avait dit
que cela, j'aurais pu la croire sans hésitation, mais
quand elle se dit inspirée et quand elle veut prédire
l'avenir, elle détruit chez moi toute confiance; ma
raison se refuse à la croire aussi bien que ma religion, je ne vois en elle qu'une femme exaltée. Je
suppose qu'elle est malade. Elle m'intéresse encore,
mais elle ne produit plus d'effet sur moi.

— Cependant, Madame, elle est si parfaite, si dé-
tachée de tout ce qui touche à la terre, que nous
pouvons facilement supposer qu'une âme si purifiée
est plus près de Dieu que tout autre. Pourquoi ne
s'en servirait-il pas pour appeler les âmes à lui et
avertir ceux qu'il aime des dangers qui les me-
nacent?

— Cela ne peut être plus pour elle que pour
d'autres; car si nous ajoutons foi à nos inspirations,
qui nous dit qu'elles sont toujours bonnes? Nous
devons les repousser comme ne venant pas de Dieu.
Ce principe serait détestable puisqu'il y a un choix
à faire, et que le seul bien serait exempt du danger,
car les méchants prendraient leurs haines pour des
inspirations. La religion nous éclaire mieux, elle
nous montre la route que nous devons suivre, dans
laquelle nous ne pouvons nous égarer, comme elle

nous recommande d'aimer même nos ennemis, et
de leur faire tout le bien qu'il dépend de nous de
leur faire.

— Mais on a commis un grand nombre de crimes
au nom de la religion?

—Certainement, parce que l'homme mêle à tout
ses mauvaises passions. Cependant, si en faisant le
mal, il se trompe un moment, il ne peut tromper
les autres; le bon sens de chacun peut juger à quel
point il diffère de ce que nous recommande la religion. Mais une personne qui croit possible que Dieu
l'inspire, n'a plus d'autre guide qu'elle-même, et
malheureusement tout le monde n'est pas aussi bon
et aussi aimant que Madame de Krudener.

La Reine cependant n'était pas disposée à nier les
bonnes qualités de la prophètesse, et elle dit dans le
cours de la même conversation : —

— Mon Dieu! personne ne peut respecter ses
vertus plus que moi; il n'y a aucun danger à les
reconnaître et à les imiter. Mais je voudrais que
votre raison discernât ce qui est bon en elle et ce
qui est mauvais. Ce n'est pas quand Madame de
Krudener me dit : « — Ne retournez pas en France, »
qu'elle me paraît folle, car il se peut qu'elle ait
raison. En considérant le tour que prennent les
choses, je crois que j'aurai quelque difficulté à y
vivre tranquille; mais quand elle me dit que je dois
aller en Russie, que le Congrès n'aura pas de fin,
que l'Empereur va revenir, et que ceux qui se join-
dront à lui seront perdus, — comment le sait-elle ?

Je lui ai répondu avec calme que je ne pouvais aller
en Russie, que c'était l'Empereur Alexandre lui-
même (qu'elle croit le sauveur universel) qui avait
fixé mon sort en France; et j'ajoutai que si, comme
elle me l'assurait, l'Empereur devait y rentrer, je ne
pouvais oublier que j'étais sa fille, et que les malheurs
qu'elle prédit pour ceux qui l'entoureraient devaient
m'atteindre, car ma place était à ses côtés, et je ne
la déserterais pas.

Madame de Krudener habitait, au village de Lich-
tenthal, une maison modeste, avec sa fille, charmante jeune personne de dix-huit ans. Le principal meuble de sa chambre consistait en une grande
croix en bois, devant laquelle elle s'agenouillait avec
ceux qu'elle désirait fortifier dans sa foi. Jusqu'à
cette époque, elle connaissait à peine l'Empereur de
Russie, sur lequel elle exerça plus tard une si
grande influence. Elle avait même quelques petits
préjugés contre lui, bien que cela ne l'empêchât
pas de dire que la sécurité ne pouvait être trouvée
que près de lui. C'était avec beaucoup de peine
qu'on avait pu l'amener à rendre ses hommages à
l'Impératrice de Russie alors à Baden, et elle ne
faisait que lui répéter ses avis, au sujet de l'année
terrible de 1815.

La Reine de Hollande tenait beaucoup à présenter
Madame de Krudener à sa belle-sœur, la Duchesse
de Leuchtenberg, et l'on prit jour. Hortense conduisit la visiteuse dans la chambre de sa sœur, et
bientôt après elle sortit en éclatant de rire, à la

grande surprise et au grand scandale de Mademoiselle Cochelet.

Mais son rire avait une raison d'être. La Princesse Augusta ignorait le caractère de Madame de Krudener et se préparait à la recevoir avec les formalités ordinaires. Jugez de sa surprise, lorsqu'elle vit la prophétesse debout devant elle, lever les yeux et les bras au ciel, et parler avec emphase de résignation et de malheurs encore plus grands que ceux que la famille Impériale avaient déjà éprouvés. La Princesse ne comprenait rien à tout cela, mais elle restait immobile, la bouche ouverte, tandis que le Prince Eugène croyait fermement qu'une folle avait été introduite dans son salon. C'en était beaucoup trop pour la gravité de la Reine, et elle sortit en courant, dans la crainte d'éclater de rire devant eux.

Bientôt cependant elle rentra et parvint à emmener la pauvre Madame de Krudener, avant qu'elle pût s'apercevoir de l'effet qu'elle avait produit.

Nous aurons à reparler de Madame de Krudener à l'époque où ses prophéties furent réalisées, et où elle témoigna de nouveau son amitié à la malheureuse Reine.

CHAPITRE XXVIII.

JADIS ET A PRÉSENT.

La Restauration était un fait accompli; les armées des puissances alliées avaient enfin quitté la France, et Louis XVIII en était maintenant le seul maître. Lui, les membres de sa famille, et les anciens émigrés, qui revenaient de toutes les parties du monde, étaient les représentants de l'ancien régime de la France avec son gouvernement despotique, ses manières polies, son aristocratie intrigante, et ses mœurs légères. De l'autre côté, se trouvait la jeune France, la génération de la Révolution et de l'Empire, la noblesse nouvelle, sans autre lignée que son propre mérite, qui ne pouvait parler des aventures de « l'Œil-de-Bœuf, » ni des « Petites Maisons, » il est vrai, mais qui pouvait raconter bien des histoires des champs de bataille et de la vie des camps et des hôpitaux.

Ces deux partis ne pouvaient être que très-hostiles l'un à l'autre. C'était entre eux une lutte continuelle à la cour de Louis XVIII; mais dans cette lutte, la jeune France, qui jusque-là avait toujours vaincu, supportait chaque jour des défaites humiliantes, où la vieille France restait victorieuse. Elle ne l'emportait pas par le courage ou le mérite, mais par les traditions du passé qui, sans égard pour les grands changements survenus en France, voulaient renaître et planter son drapeau.

Le Roi Louis avait promis à ses sujets, dans le traité du 11 Avril, qu'il conserverait à la noblesse de l'Empire ses titres et ses dignités, et les nouveaux Ducs, Princes et Maréchaux furent reçus à la Cour; mais le rôle qu'ils y jouaient était très-insignifiant, et même humiliant. On leur donna clairement à entendre que, si on les supportait, ils étaient loin de plaire.

Les personnages qui, avant la Révolution, avaient joui du privilége de monter dans les voitures du Roi, continuèrent à user de ce droit, tandis que la noblesse napoléonienne n'était jamais admise à aucune distinction de ce genre. Les dames de l'ancien régime avaient leur tabouret et leurs petites et grandes entrées aux Tuileries; mais on eût trouvé absurde qu'une duchesse de la jeune France réclamât le même honneur.

C'est la Duchesse d'Angoulème surtout qui donna aux dames du Faubourg Saint-Germain l'exemple de cette étroite et mesquine intolérance, et qui témoigna une animosité impitoyable contre les institutions napoléoniennes. C'est elle qui, plus que toute autre, soumit les représentants de la Révolution à une suite d'insultes délibérées. Il est vrai que la fille du Roi décapité, qui avait vu monter tous les siens sur l'échafaud, qui avait été prisonnière au Temple, avait bien quelques raisons pour se souvenir des horreurs de la Révolution et haïr ceux qui y avaient pris part ; mais elle alla trop loin en essayant d'effacer et d'oublier entièrement cette époque.

A l'un des premiers dîners que le Roi donna en l'honneur de ses alliés, la Duchesse d'Angoulême, qui se trouvait à côté du Roi de Bavière, demanda à ce souverain, en lui indiquant le Grand-Duc de Bade : —

— N'est-ce pas ce prince qui a épousé une princesse de la façon de Napoléon ? Quelle faiblesse de s'être allié à ce général !

La Duchesse oubliait ou faisait semblant d'ignorer que le Roi de Bavière ainsi que l'Empereur d'Autriche, qui entendaient ce qu'elle disait, s'étaient aussi alliés au « Général Bonaparte. »

Quand elle prit possession des appartements qu'elle avait occupés autrefois aux Tuileries, la Duchesse demanda à son vieil accordeur de pianos, Dubois, qui avait continué d'occuper sa charge pendant l'Empire, et qui alors montrait à sa maîtresse les magnifiques instruments de Joséphine : —

— Où donc est mon piano ?

Ce piano était une vieille épinette. La Duchesse fut étonnée de ne pas le retrouver, comme si trente ans ne s'étaient pas écoulés depuis qu'elle l'avait abandonné, et comme s'il n'y avait jamais eu de 10 Août 1792, où le peuple avait pillé les Tuileries.

Mais on avait pour principe d'effacer l'histoire depuis 1795 jusqu'en 1814. Les Bourbons semblaient avoir oublié qu'entre le dernier lever de Louis XVI et le premier de Louis XVIII, il s'était passé plus d'une nuit. La Duchesse d'Angoulême était toute surprise que des personnes qu'elle avait connues enfants eussent grandies, et elle voulait traitertout le monde comme elle le faisait en 1789.

Après la mort de l'Impératrice Joséphine, le Comte d'Artois visita la Malmaison, qui existait à peine avant la Révolution, et que Joséphine avait presque entièrement créée.

L'Impératrice, qui aimait beaucoup la botanique, avait fait construire à la Malmaison des serres magnifiques, dans lesquelles on avait réuni des plantes de presque toutes les parties du monde, car bien des princes et des potentats, connaissant le goût de Joséphine pour les fleurs, avaient tenu, dans les jours de sa grandeur, à lui témoigner leur amitié en lui envoyant des plantes rares. Le Prince Régent d'Angleterre avait même trouvé moyen, pendant la guerre avec la France, d'envoyer à l'Impératrice plusieurs arbustes des Indes-Occidentales, et il était donc tout naturel que les serres de la Malmaison fussent les mieux approvisionnées, les plus belles et les plus intéressantes de toute l'Europe.

Le Comte d'Artois, comme nous l'avons dit, alla visiter la Malmaison, la célèbre résidence de Joséphine. En entrant dans les serres et en voyant les magnifiques collections qu'elles renfermaient, il s'écria comme s'il revoyait ses vieux amis de 1789 :—

—Ah ! voilà nos fleurs de Trianon !

La noblesse exilée qui venait de rentrer en France rapportait avec elle les mêmes stupides préjugés que ses maîtres.

Elle avait conservé ses coutumes, ses manières, et ses prétentions d'avant la Révolution, et voulait revenir en 89. Elle avait une si haute opinion de ses propres mérites qu'elle refusait absolument de rendre justice à ceux des autres, et pourtant le seul fait d'avoir émigré était tout ce dont elle pouvait se vanter.

Elle voulait une compensation à ce sacrifice.

Chacun de ces émigrés revenant de Coblentz se croyait des titres à un emploi ou à une pension du gouvernement, et ne pouvait comprendre comment il se faisait que ceux qui en jouissaient n'eussent pas été mis de côté. Une succession continuelle d'intrigues, de calomnies, et de cabales allait son train, et les privilégiés de l'ancienne France réussirent généralement à remplacer les officiers et les pensionnés de l'Empire, dans leurs emplois et dans leurs pensions. Tous les hauts commandements de l'armée furent donnés aux ducs et aux comtes de l'ancien régime, qui avaient été occupés à Coblentz à faire de la tapisserie, tandis que la France versait son sang sur les champs de bataille, et ces nouveaux venus voulurent discipliner les vétérans de Napoléon avec les règlements de 1789.

L'étiquette d'autrefois fut introduite à la cour ; et

tout cela s'effectua avec une facilité relative, car la
noblesse royaliste avait conservé les manières et la
légèreté qui l'avaient perdu jadis.

Ces vieux chevaliers méprisaient la jeune génération, ils la trouvaient trop raisonneuse, trop morale,
et trop pédante. Ils riaient des jeunes hommes qui
n'avaient qu'une maîtresse, et pour lesquels la femme
d'un ami était une personne trop sacrée pour qu'on
l'approchât avec une pensée déshonnête.

Quant à ces vieux messieurs du bon vieux temps,
avec leurs aventures des jours passés, au milieu de
tant d'innovations qui ne pouvaient pas être toutes
mises de côté, ils puisaient une douce satisfaction
dans le souvenir de l'ancien régime, et en parlant
de ce temps, ils oubliaient leur âge et ils redeve-
naient les jeunes roués de l'Œil-de-Bœuf.

Un jour, le Marquis de *** et le Duc de Lauraguais
se rencontrèrent dans l'antichambre de Louis XVIII.
C'étaient deux héros de cette époque où le boudoir
était un champ de bataille, et où le myrthe tenait
la place du laurier. En parlant d'un événement du
règne de Louis XVI, le Duc afin d'en bien préciser
l'époque dit : —

—C'est au moment où j'étais l'amant de votre
femme.

—Oh! alors, c'était en 1776, — répliqua tranquillement le Marquis.

Les deux gentilshommes étaient loin de voir
quelque chose d'extraordinaire dans une semblable
conversation. Cette liaison avait été chose toute na-

turelle. Il eût été ridicule de la part du Duc de le
nier, et tout aussi absurde au Marquis de prendre
de l'humeur.

Le plus intelligent et le plus éclairé de tous
ces représentant de l'ancien régime était le Roi
Louis XVIII lui-même.

Il ne s'aveuglait pas sur les fautes et les erreurs
de ceux qui l'entouraient, et n'avait que peu de
confiance dans ses courtisans. Cependant, il lui était
impossible de se débarrasser de leur influence, et
après avoir donné à son peuple une constitution,
malgré l'opposition de toute la cour et du Prince de
Condé, qui appelait dérisoirement la Charte: «Mademoiselle la Constitution de 1791», il se confina dans
les Tuileries, et laissa à M. de Blacas, son premier
ministre, le soin de s'occuper des détails du gouvernement.

Le Roi Louis, bien qu'enfoui dans l'intérieur de
son palais, était incontestablement le plus éclairé
de tous les membres de la vieille dynastie. Il regardait en face bien des choses devant lesquelles ses
conseillers fermaient résolûment les yeux, et il fut
très-étonné de trouver que beaucoup des officiers
et des nobles qu'avait créés Napoléon, n'étaient ni
aussi vulgaires, ni aussi ridicules qu'on le lui avait
dit.

— On m'avait fait entendre, — dit un jour
Louis XVIII, — que les généraux de Napoléon n'é-
taient que des rustres et des personnages grossiers ;
il me semble que cela est tout à fait faux. Cet

homme les a admirablement formés, ils sont tout aussi polis et tout aussi rusés que les anciens courtisans de l'ancienne cour. Soyons sur nos gardes avec eux.

Toutes les fois que Louis XVIII, sans y songer, rendait justice à l'époque nouvelle, il blessait profondément les représentants de l'ancien régime qui prenaient de l'humeur contre lui, et n'étaient pas toujours assez maîtres d'eux-mêmes pour cacher leur sentiment.

Louis le sentait parfaitement, et, afin de se concilier ses vieux courtisans jaloux, il était souvent forcé, contre son inclination personnelle, de soumettre les *parvenus* à toutes sortes d'humiliations.

Des querelles et des intrigues constantes dans l'intérieur même des Tuileries étaient les conséquences inévitables de cette conduite, et c'était pour le Roi une cause fréquente d'ennuis et même d'alarmes.

— Je suis furieux contre moi-même autant que d'autres peuvent l'être, — dit-il un jour à un de ses confidents. — Une puissance invisible et mystérieuse semble me contrecarrer et prendre plaisir à amoindrir ma popularité.

— Mais, néanmoins, vous êtes roi !

— Sans doute, — répliqua Louis XVIII; — mais peut-on dire aussi que je suis le maître? Un roi est un homme qui, toute sa vie, reçoit des ambassades, accorde des audiences insipides, entend des discours plus insipides encore, se rend en grande cérémonie

une fois par an à Notre-Dame, et, finalement, est
enterré en grande pompe à Saint-Denis. Le vrai
maître est celui qui commande, celui qui a le pouvoir de faire respecter ses ordres; il étouffe les intrigues, il sait réduire au silence les prêtres et les
vieilles femmes. Bonaparte fut, à la fois, roi et
maître. Ses Ministres n'étaient que ses commis, les
Rois, ses frères, n'étaient que ses lieutenants, et ses
courtisans n'étaient guère plus que des gens à son
service. Les Ministres et le Sénat étaient également
serviles, et le Corps Législatif était, lui-même, plus
humble que le Sénat et le Clergé. C'était un homme
extraordinaire, et ce dut être un homme heureux;
car, non-seulement il eut des serviteurs dévoués et
des amis fidèles, mais encore un clergé bienveillant
par-dessus le marché.

Nous avons déjà dit que Louis, fatigué des querelles et des intrigues continuelles de sa cour, s'était
confiné dans l'intérieur de son palais, et laissait M. de
Blacas régner à sa place; mais ce personnage, malgré son arrogance et son égoïsme, comprenait peu
l'art de gouverner.

Le Roi, homme extrêmement intelligent, préférait
s'entretenir avec ses amis sur des sujets littéraires et
scientifiques. Il avait coutume de leur lire des pas-
sages tirés de ses mémoires; on admirait ses vers, et
ses anecdotes pleines d'esprit, mais quelquefois équi-
voques, étaient on ne peut plus goûtées. C'était
beaucoup plus agréable que de tenir de longs conseils avec ses Ministres et de s'enfoncer dans des dis-

cussions sans fin. N'avait-il pas donné une constitution à son peuple, et ses Ministres ne pouvaient-ils
pas régner tout aussi bien que lui.

— Ils ont voulu de la liberté,— disait le Roi;— eh
bien ! je leur en ai donné assez pour désarmer la tyrannie, mais pas assez, pourtant, pour autoriser le
dérèglement. Si j'avais moi-même fixé le montant
de l'impôt, j'eusse été impopulaire. Dans l'état actuel, la France s'impose elle-même, mon seul pouvoir est d'exercer le bien et de faire grâce. Mes Ministres sont là pour répondre de tout ce que la nation
désapprouve.

Tandis que les Ministres régnaient d'après les
principes constitutionnels, et faisaient nombre de
choses désapprouvées par la nation, le Roi n'avait
que le droit de faire le bien, et en conséquence, ne
sachant que faire de lui-même, il commença à s'occuper de questions d'étiquette.

Une de ces questions les plus importantes fut de
décider quelles modes on adopterait à la cour; car
il semblait impossible d'adopter celles de l'Empire,
et par là, d'admettre qu'il y avait eu quelques changements depuis 1789.

La contre-révolution devait entraîner non-seulement des changements en politique, mais aussi dans
les modes et les manières; et, plusieurs semaines
avant que la nouvelle cour fût installée, les hauts
fonctionnaires s'occupèrent de savoir quel costume
on adopterait pour cette circonstance. Il fut impossible de résoudre cette question : en conséquence,

le Roi convoqua les personnes de son intimité, tant dames que gentilhommes, pour décider, en secret, cette importante affaire.

Un certain Marquis de Brézé, maître des cérémonies, dit au Roi : qu'il considérait comme une trahison de conserver les modes Impériales sous le règne d'un Roi légitime.

— Ainsi donc nous allons revoir les cheveux poudrés et les ailes de pigeon ?—demanda le Roi.

M. de Brézé gardait un sérieux parfait tout en répondant qu'il pensa nuit et jour aux moyens d'éluder la difficulté, mais que jusqu'à présent il ne lui était survenu aucune idée qui fût digne du maître des cérémonies du Roi Très-Chrétien.

— Sire, — dit le Duc de Chartres en souriant,—je demande l'introduction des culottes courtes, des souliers à boucles, des bourses, et des queues.

—Dans ce cas, — fit observer le Prince de Poix, qui avait séjourné en France pendant l'Empire,—je demanderai une indemnité, si je suis forcé de revenir aux modes d'autrefois, avant d'avoir usé les vêtements que je porte. Quant aux dames, je propose, si le noble Marquis n'insiste pas réellement pour qu'elles s'entourent d'une muraille de jupons et de paniers, qu'on nous dispense de considérer les vertugadins comme indispensables à leur vertu.

Le maître des cérémonies ne répondit à ces plaisanteries que par un profond soupir, et le Roi finit par décider que chacun serait libre de s'habiller à la nouvelle ou à l'ancienne mode.

Le maître des cérémonies fut obligé de se soumettre à cette décision, mais il ne le fit qu'avec grande répugnance; et il dit d'une voix tout à fait mélancolique : —

— Votre Majesté peut sourire, mais je demande la permission de faire observer que l'habit fait la moitié de l'homme, et que l'égalité de costume qui doit nécessairement amener la confusion est la mère des principes révolutionnaires.

— Je vois, Marquis, — répliqua le Roi, — que vous pensez avec Figaro que bien des gens qui se moquent d'un juge en vêtements ordinaires, tremblent devant un huissier revêtu de sa robe.

Le maître des cérémonies aurait pu se consoler de sa défaite dans la discussion sur les costumes, car il l'emporta sur tous les autres points. Il fut décidé que l'étiquette devait se soumettre au joug tyrannique qui avait été en vigueur avant la Révolution.

Selon cette étiquette, le Roi ne pouvait jamais quitter son lit sans le secours de ses chambellans, et il ne se levait pas avant que tous ceux qui avaient le privilége de la grande entrée fussent dans sa chambre. Jouissaient de ce privilége : les officiers du palais, la haute noblesse, les Maréchaux de France, quelques dames privilégiées. Le cafetier de Sa Majesté, le tailleur, le porteur de ses pantoufles, un barbier et deux aides, l'horloger et l'apothicaire avaient aussi le privilége d'entrer dans la chambre du Roi.

En présence de toutes ces personnes de distinction, on habillait le Roi. La seule chose que l'étiquette permettait au Roi, c'était de mettre sa cravate. Le Roi devait aussi vider avec soin les poches de l'habit qu'il avait porté la veille.

Une autre coutume de l'ancien régime, était les dîners publics de la famille royale, et ceci fut également renouvelé. Le maître des cérémonies fut occupé, pendant plusieurs semaines, des préparatifs du premier de ces dîners, et le Roi eut à nommer des officiers de table spéciaux, choisis dans les familles de ceux qui avaient occupé ces dignités avant la Révolution.

A ces dîners d'apparat on vit aussi le fameux vaisseau, qui ne devait jamais quitter la table royale, et qu'on mettait devant l'assiette du Roi. Pendant la Révolution de 1792, cette importante pièce d'argenterie, présent de la ville de Paris à quelque monarque Français, avait été perdue, et le maître des cérémonies avait été obligé d'en commander une nouvelle au joaillier de la couronne.

Ce vaisseau, qui était en argent massif et bien doré, représentait le naufrage d'un vaisseau sans mâts; il contenait les serviettes de la table du Roi, enveloppées dans deux serviettes imprégnées de parfums rares. Selon la vieille étiquette, personne ne devait (pas même les membres de la famille royale) passer devant le vaisseau sans s'incliner, et le lit du Roi était l'objet d'une égale vénération.

Il y avait une autre coutume de la vieille France qu'on remit en vigueur, c'est que le Roi devait toujours être entouré de favoris.

Louis XVIII, de même que son frère le Comte d'Artois, avaient leurs favoris; parmi ceux du Roi, la belle et spirituelle Comtesse du Cayla occupait le premier rang. Il était de son devoir d'amuser le souverain et de chasser les nuages qui ne couvraient que trop souvent son front quand il était cloué à son fauteuil par la maladie ou par son peu de goût pour le mouvement.

Elle avait coutume de l'entretenir d'anecdotes tirées de la chronique scandaleuse de la cour Impériale, ou de lui rappeler les aventures de sa jeunesse, que le Roi savait raconter avec tant d'esprit et de vivacité. Quelquefois, elle examinait les lettres du cabinet noir, que la poste envoyait au Roi par politesse, et lisait à haute voix les plus intéressantes.

Le Roi avait coutume de comparer cet espionnage au conduit souterrain qui apportait à l'oreille de Denys de Syracuse tout ce qui se passait et se disait.

Louis XVIII ne négligeait aucune occasion de se montrer reconnaissant envers son intéressante amie. Trouvant qu'elle connaissait peu les Saintes Écritures, il lui fit présent d'une des Bibles illustrées de Royaumont. Chacune des cent cinquante magnifiques gravures de ce volume était protégée par un billet de banque de mille francs.

Une autre fois, le Roi lui donna une copie de la constitution et l'accompagna encore d'un grand nombre de billets de banque.

La Comtesse du Cayla, en retour de tant de générosité, se laissait patiemment appeler la tabatière du Roi, nom qu'on lui avait donné parce que le Roi Louis prenait un plaisir tout particulier à aspirer le tabac qu'il avait auparavant déposé sur l'épaule blanche de la belle Comtesse.

CHAPITRE XXIX.

LE SALON DE LA DUCHESSE DE SAINT-LEU.

Tandis qu'aux Tuileries on s'occupait à faire revivre l'étiquette et la légèreté de l'ancienne cour ; tandis que M. de Blacas goûtait, dans une ignorance complète, son jour de gloire et s'amusait à tourner en sens contraire les aiguilles de l'horloge du temps, — le temps, lui, continuait d'avancer.

La lutte incessante des deux grands partis politiques ne dégénéra que trop tôt en mécontentement général, tandis que Napoléon, souverain à l'île d'Elbe, faisait secrètement ses préparatifs pour un retour en France, et entretenait une correspondance suivie avec ses plus dévoués partisans.

L'armée, il le savait, lui était restée fidèle. Il n'ignorait pas que les soldats passés en revue par leurs nouveaux maîtres criaient : « Vive le Roi ! » mais qu'ils ajoutaient tout bas : « de Rome, et son petit papa. »

Hortense, la nouvelle Duchesse de Saint-Leu, prenait peu de part à tout ceci. Quoique jeune et belle, elle avait pour ainsi dire rompu avec le monde. Elle n'était plus femme, mais seulement mère, et tous les trésors d'amour et de bonté cachés dans son cœur étaient exclusivement réservés à ses enfants. Elle ne vivait que pour ses fils.

Dans sa paisible retraite de Saint-Leu, ses jours s'écoulaient dans l'étude et la méditation. Après avoir peint ou écrit pendant le jour, ou s'être occupée de l'éducation de ses enfants bien-aimés, elle passait la soirée dans son salon, où quelques personnes choisies venaient goûter les douceurs d'une conversation pleine de charme et d'intérêt.

Malgré le changement survenu dans sa position et l'obscurité comparative de sa situation actuelle, Hortense avait encore quelques amis qui lui étaient restés fidèles, et qui continuaient à la voir tout en occupant à la nouvelle cour des postes élevés.

Avec ces amis, la Duchesse de Saint-Leu passait ses soirées dans son salon à causer d'un passé aussi heureux que glorieux, et elle s'occupait tant des jours d'autrefois, qu'elle ne s'aperçut , ou ne soupçonna jamais comment ces conversations sur ce grand passé pouvaient produire la haine et exciter les soupçons d'une cour jalouse et mesquine.

Le Duc d'Otrante qui, à force de ruses et de lâchetés, avait réussi à conserver le poste de Ministre de la Police, qu'il avait occupé sous Napoléon, avait ses espions partout. Il savait tout ce qui se passait dans les différents salons de Paris, et, bien entendu, dans celui de la Duchesse de Saint-Leu, où l'on cherchait à oublier un présent triste et monotone par les sou-

venirs d'une grande époque. Fouché, ou plutôt le
Duc d'Otrante, était l'homme qui savait tout tourner
à son avantage.

Pour faire sortir Blacas, le premier Ministre de
Louis XVIII, de sa folle sécurité et de son indolence,
Fouché exprima son étonnement de ce que le Ministre
ne paraissait point s'enquérir de ce qui se passait au
château de Saint-Leu, où, disait-il, on conspirait ouvertement contre le gouvernement existant, et où
les Bonapartistes se réunissaient pour convenir des
mesures à adopter pour faire revenir l'Empereur de
l'île d'Elbe. Mais, afin d'être en règle, pour le cas
où l'inconstante déesse se montrerait capricieuse, le
Duc d'Otrante ne négligea pas, en même temps, de
se rendre à Saint-Leu, et de prier la Duchesse d'être
sur ses gardes. Elle était entourée d'espions, ajouta-
t-il, et des choses, peut-être en réalité fort innocentes, pouvaient être mal interprétées.

Hortense ne profita pas du conseil. Elle considérait les précautions comme inutiles là où il n'y
avait pas de mauvaises intentions, et ne semblait pas
disposée à se priver de l'unique consolation qui lui
restait.

Ainsi, le salon de la Duchesse de Saint-Leu continua à être le rendez-vous de ceux qui avaient autrefois servi l'Empereur le plus fidèlement. Les
Ducs de Vicence, de Bassano, de Raguse, et de la
Moskowa, avec leurs femmes, ainsi que le loyal et
enthousiaste Charles de la Bédoyère, et le diplomate
distingué, Comte Régnault de Saint-Jean-d'Angély,

furent aussi bien reçus que jamais au château de Saint-Leu.

Les accusations et les soupçons contre ces réunions de Bonapartistes devenaient de plus en plus fréquents et hostiles aux Tuileries, et la pauvre Duchesse, qui vivait paisiblement et sans défiance dans sa retraite, fut victime de l'envie et des faux rapports de ces fières dames de la vieille aristocratie, qui ne pouvaient comprendre comment on pouvait les admirer et admirer la Duchesse, et s'irritaient de ce que, maintenant encore, sous un Gouvernement légitime, il y avait des personnes qui assuraient que la Duchesse était aimable, spirituelle et attrayante. Hortense apprit à quel point on avait poussé la calomnie et les faux rapports, et, pour le bien de ses fils et de ses amis, elle résolut de leur donner un démenti.

— Je dois quitter mon charmant Saint-Leu et me rendre à Paris. Là, on pourra facilement surveiller tous mes mouvements, et les circonstances exigent que j'écoute la raison.

Elle quitta donc sa paisible demeure et rentra avec ses enfants et sa cour dans Paris, pour habiter de nouveau son vieil hôtel de la Rue de la Victoire.

Mais, hélas! son arrivée à Paris, loin de réduire la calomnie au silence, ne fit que donner de nouvelles armes à ses ennemis.

Les Bonapartistes continuèrent, bien entendu, à fréquenter l'hôtel de la Duchesse, et ni les prières ni les menaces ne purent amener Hortense à fermer sa porte aux amis fidèles de sa famille, qui, eux aussi, étaient persécutés à cause de cette même fidélité.

Cependant, pour désarmer la calomnie et pour contredire les rumeurs que les Bonapartistes seuls avaient accès chez elle, la Duchesse résolut d'ouvrir son salon à tous les étrangers qui avaient des lettres de recommandation, et qui désiraient lui être présentés. Un grand nombre de personnes se hâtèrent de profiter de la permission.

Un cercle choisi et distingué fut bientôt formé autour d'Hortense. Il y avait des grands personnages de l'Empire, qui venaient par attachement, un grand nombre d'étrangers qui désiraient voir et admirer l'ex-Reine, et beaucoup de nobles légitimistes attirés par la curiosité et qui désiraient savoir par eux-mêmes s'il était réellement vrai que la Duchesse de Saint-Leu fut la plus spirituelle, la plus gracieuse, et la plus séduisante femme que l'on pût voir.

Parmi tous les étrangers qui désiraient être présentés à la Reine, un des plus marquants avait choisi pour l'introduire une personne aimable et gracieuse, à laquelle il était impossible de rien refuser.

C'était le Duc de Wellington, qui avait prié Madame Récamier de demander à la Reine de vouloir bien le recevoir. L'audience fut accordée avec joie, car la Reine était alors inquiète sur le sort de l'Empereur. D'après les mesures prises au sujet des biens des Bonapartes, il n'était pas probable que le traité

SUR LA REINE HORTENSE 289

du 11 Avril, passé avec Napoléon, serait exécuté; en fait, ce n'était plus une question, et le gouvernement dépouillait les parents de l'Empereur des biens particuliers qu'ils n'auraient pas dû perdre.

— Je désire en parler à Lord Wellington,—disait la Reine à Mademoiselle Cochelet,— on dit que le gouvernement Anglais est honorable, les Ministres d'Angleterre ont signé le traité du 11 Avril, et Lord Wellington peut demander que le gouvernement Français tienne ses engagements envers l'Empereur. Puisque le hasard nous a laissées en France, je veux en profiter pour faire souvenir les nouveaux maîtres de la justice qu'ils doivent à l'Empereur. Il a rendu toute sa fortune privée et tous les diamants de la couronne qu'il a payés de ses deniers, et qui, certainement, lui appartenaient. D'après le traité, il a rendu le tout en échange d'un revenu de deux millions de francs, et jusqu'à présent aucun des engagements pris vis-à-vis de lui n'a été rempli. Que deviendra-t-il s'il ne lui reste rien pour payer ses fidèles soldats?

Quand Lord Wellington se présenta chez la Reine, elle lui parla dans ce sens; il répliqua avec son sang-froid Britannique, et ses yeux perçants fixés sur la Reine : —

— C'est une injustice que le gouvernement Anglais ne souffrira pas. Je rappellerai au gouvernement Français que le traité de Fontainebleau est sacré, et qu'il doit recevoir son exécution entière.

Une autre personne qu'on voyait aussi dans le

19

salon de la Reine, était le Comte Tascher, cousin germain de l'Impératrice Joséphine. Arrivé de la Martinique à l'âge de quatorze ans, il avait été envoyé à l'École militaire de Fontainebleau. En quittant l'École, il fut nommé sous-lieutenant comme les autres élèves, et envoyé par l'Empereur lui-même au 4e régiment de ligne.

— Je mets votre cousin dans l'infanterie pour lui apprendre son métier, — disait Napoléon à Joséphine, — car cette arme est l'âme de la guerre.

Le jeune Tascher alla rejoindre son régiment à Freysengen, en Bavière, et fit, avec lui, la campagne de 1806. Ce régiment, qui avait perdu son drapeau à Austerlitz, et à qui on n'en avait pas encore donné d'autre, s'étant bien conduit dans plusieurs affaires, reçut à Berlin, un nouveau drapeau des mains de Napoléon. Tascher, qui était encore à pied, et qui supportait, malgré sa jeunesse, toutes les fatigues de la guerre, n'était pas en position de rencontrer souvent l'Empereur. Cependant, au commencement de la campagne, il fut appelé en présence de l'Empereur, qui passait en revue son régiment, la veille d'une action.

— Avez-vous peur? — lui demanda l'Empereur.

— Non, Sire, — répondit le jeune homme.

— Pensez-vous que vous serez tué?

— Non, Sire.

— Et si vous le pensiez, que feriez-vous?

— J'irais encore, mais de moins grand cœur.

— Eh bien, allez donc, il ne vous arrivera rien.

SUR LA REINE HORTENSE

Deux jours avant la bataille d'Eylau, après une brillante affaire de cavalerie, dans laquelle un aide de camp de l'Empereur Alexandre fut fait prisonnier, le 4e régiment de ligne se trouvait au quartier général, et Tascher fut de nouveau appelé devant l'Empereur. Il était là quand l'aide de camp russe fut amené.

— Votre maître, — lui dit l'Empereur, — n'a donc pas assez de la guerre ? Vos jeunes officiers de cour ne la trouvent pas suffisamment longue et meurtrière, ils se flattent de nous vaincre ; mais qu'ils se détrompent, car l'armée Française a d'autres motifs que les vôtres pour assurer son triomphe. Voyez ce jeune homme tout couvert de boue, qui marche à pied avec son régiment, c'est un cousin germain de l'Impératrice Joséphine ; eh bien ! il n'a d'autre faveur à espérer que celle qu'il méritera. Avec de tels éléments l'armée Française est invincible.

A la bataille d'Eylau, le 4e régiment de ligne fut presque entièrement détruit. Quand l'Empereur le passa en revue, le lendemain matin, ce spectacle l'attrista. Il sembla chercher le jeune Tascher, qu'il ne trouvait pas, et demanda avec intérêt ce qu'il était devenu. Apprenant qu'il était légèrement blessé, il l'envoya chercher et le fit son officier d'ordonnance. Son état de souffrance et de dénûment ne parut pas le surprendre, il dit seulement : —

— Pour un créole, c'est un peu dur, n'est-ce pas, Tascher ? Mais vous avez fait votre devoir. Je suis content, et vous avez passé le plus difficile.

Que vous manque-t-il? Avez-vous des chemises?

— Non, Sire, je n'ai que celle que je porte depuis dix jours.

— Je ne puis vous en donner une, n'en ayant pas moi-même, — répliqua l'Empereur, — mais je vous enverrai à Varsovie où vous trouverez de l'argent pour en acheter.

Il lui donna un ordre signé de sa main, sans fixer la somme, et le jeune homme ne prit que cinquante napoléons. Il fit les campagnes d'Espagne et de Russie comme aide de camp du Prince Eugène, et il resta attaché à sa personne jusqu'à sa mort.

Il était naturel que le salon de la Duchesse, à Paris, donnât plus ample matière à la médisance et aux cancans, que les réunions du château de Saint-Leu. Les vieilles princesses et duchesses qui, avec leurs généalogies sans fin, leurs préjugés, et leurs prétentions surannées, s'assemblaient dans le Faubourg Saint-Germain, étaient furieuses d'être obligées d'entendre parler de la célébrité croissante de la Reine Hortense, et cherchaient leur vengeance dans une hostilité plus grande.

Elle ne se contentèrent plus de dénoncer sa cour dans leurs réunions, mais elles commencèrent à la faire attaquer dans la presse.

Hortense était le souvenir vivant de l'Empire, dans lequel elle s'incarnait, et c'est pour cette raison qu'il fallait la perdre. On publia des pamphlets et des libelles dans lesquels on exhortait le Roi à se tenir sur ses gardes contre cette femme dangereuse, qui,

ouvertement, et sous les yeux mêmes du gouvernement, organisait une conspiration en faveur de Napoléon. On lui conseillait de l'exiler, non-seulement
de Paris, mais de la France, et de comprendre dans
cet exil, ses enfants, car, leur permettre de rester en
France, c'était forcer le pays à élever des loups qui
le dévoreraient un jour.

Hortense ne fit aucune attention à ces calomnies;
elle était trop habituée à se voir incomprise et mal
jugée pour se donner la peine de se tourmenter plus
longtemps de ces sortes de choses; elle savait bien
qu'un silence dédaigneux est la meilleure réponse
qu'on puisse faire à des calomnies, — s'en défendre
ne les désarment jamais, au contraire, cela ne produit que de nouvelles causes de scandales.

Hortense, elle-même, méprisait la calomnie et la
médisance. Elle ne souffrait jamais qu'on lui ra-
contât sur les autres des choses qui pussent leur
être préjudiciables. Un jour, elle était encore Reine
de Hollande, une dame Hollandaise essaya de nuire
dans son esprit à une autre dame qu'elle accusait
d'appartenir au parti Orangiste.

—Madame,—interrompit la Reine,—je suis également étrangère à tous les partis, je regarde toutes
les femmes comme ayant un droit égal à mon amitié,
car j'aime à penser du bien de tout le monde. J'é-
prouve seulement une impression dévorable pour
ceux qui essayent de me prévenir contre les autres.

Et cependant Hortense avait toujours été en butte
à la calomnie et à la médisance.

« J'ai vécu avec la Reine Hortense pendant vingt-cinq ans, » dit Mademoiselle Cochelet, « et pendant ce temps, je ne l'ai jamais quittée, mais je n'ai jamais vu en elle un seul mouvement de mauvais vouloir contre qui que ce fût. Elle était toujours bonne, toujours douce, prenant intérêt à tous les malheureux, et toujours prête à rendre service; et cette bonne et généreuse femme fut toujours l'objet d'une haine intense et de calomnies absurdes, tandis qu'elle n'avait d'autre protection que la pureté de ses intentions, l'honnêteté et la droiture de ses actions. »

Hortense ne songea pas seulement à démentir les calomnies dont on l'entourait. Son esprit, à cette époque, était occupé de choses toutes différentes.

Un envoyé de son mari, qui habitait alors Florence, venait d'arriver pour lui demander ses deux fils, au nom de Louis Bonaparte. Après de longues négociations, il déclara qu'il serait satisfait si Hortense consentait à lui laisser emmener l'aîné des enfants, Napoléon-Louis.

Mais l'affectueuse mère ne pouvait et ne voulait consentir à se séparer d'aucun de ses fils, et puisque les prières et les supplications n'avaient pu réussir à ébranler la résolution de son mari, et qu'il paraissait déterminé à ne pas la laisser diriger l'éducation de ses enfants, elle résolut dans son désespoir, d'avoir recours à des moyens extrêmes.

Elle dit avec fermeté au messager de son mari

qu'elle refusait de se séparer de ses fils, et réclama, en même temps, la protection de la loi pour garder ce qui lui appartenait. Elle déclara que les Princes ne pouvaient être forcés d'abandonner leurs droits comme citoyens Français, et qu'ils le seraient, si on les obligeait à s'exiler.

Mais pendant qu'on accusait la Duchesse de Saint-Leu de conspirer en faveur de Napoléon, toutes ses pensées étaient absorbées par le procès qui devait décider si ses deux fils lui seraient laissés. Les seules conspirations auxquelles elle prenait part étaient organisées avec ses avocats et dirigées contre son mari.

Mais les calomnies, les accusations, les libelles dans les journaux n'en continuant pas moins, ses amis pensèrent enfin qu'il était temps de montrer à la Duchesse un de ces articles hostiles, afin d'obtenir d'elle la permission d'y répondre.

Hortense lut le papier avec un sourire plein de mélancolie, puis elle le rendit.

— Il est pénible,—dit-elle,—de se voir calomniée par ses compatriotes, mais il serait inutile de répondre. Je sais comment me consoler d'une pareille attaque, elle me touche peu.

Le lendemain parut, dans le même journal qui avait déjà publié cet article scandaleux, une attaque ouverte et infâme contre Louis Bonaparte, l'époux d'Hortense. Cette fois, elle se fâcha sérieusement. Elle oublia toutes ses discussions, tout son malheur, elle oublia jusqu'au procès qu'elle avait entamé contre son mari, pour se souvenir seulement que celui qu'on attaquait si lâchement était le père de ses enfants, et qu'il n'était pas là pour se défendre.

— Je me suis révoltée, — dit-elle, — et je désire que M. Despré réponde immédiatement à cet article. Si les affections paternelles et maternelles ont fait naître une division qui semble nous rendre ennemis, personne n'a le droit de s'en mêler, et ce n'est un déshonneur ni pour lui ni pour moi. Je serais extrêmement fâchée si l'on profitait de ce malheureux désaccord pour insulter le père de mes enfants et le noble nom qu'ils portent. Il est de mon devoir de le représenter, puisqu'il est absent. Je veux voir M. Despré immédiatement pour lui dire comment il faut répondre à cet article infâme.

Le lendemain matin, parut dans les journaux un éloquent et spirituel article sur Louis Napoléon, qui réduisit au silence ses accusateurs. Le Prince, si vivement défendu, ignora probablement toujours qu'il dut cette réfutation à sa femme.

CHAPITRE XXX.

UNE ENTREVUE AVEC LOUIS XVIII.

La Reine se mit dans l'esprit qu'elle devait voir Louis XVIII, qui avait signé le traité du 11 Avril et les lettres patentes du Duché de Saint-Leu. Elle dit à sa dame de compagnie : —

— J'aurais tort de ne pas rendre cette visite de remercîment, qui en ce moment est devenue nécessaire à ma tranquillité. Ceux qui inventent de pareilles histoires sur mon compte le font parce qu'ils s'imaginent faire plaisir à la cour dont ils me croient l'ennemie obstinée. Quand on saura que j'ai vu le Roi, on n'osera plus faire circuler de pareilles infamies, et l'on m'oubliera. En outre, cette démarche prouvera aux Bourbons que si j'avais voulu intriguer contre eux, je ne serais pas restée en France à leur merci, et que si je me suis décidée à les voir, c'est que je suis incapable d'agir contre eux.

— Alors, Madame, vous ne suivrez pas le conseil de l'Empereur de Russie,— dit Mademoiselle Cochelet,—il a été si peu satisfait de la légère faveur qu'on vous a faite, qu'il m'a expressément recommandé de vous dire de ne faire aucune démarche qui témoignât de votre gratitude. « Les Bourbons ne la recevront pas convenablement, car ils n'ont pas la » générosité d'être pour elle ce qu'ils devraient » être. » Telles sont ses propres paroles dont je me souviens parfaitement.

— Vous savez que je ne suis jamais aveuglément les conseils de personne : je n'ai qu'un conseiller, c'est ma conscience ; ai-je raison ou ai-je tort?... Quand je puis me dire à moi-même : je fais bien, quels que soient les ennuis qui en peuvent résulter, j'ai la force de les supporter. En cette circonstance, l'Empereur de Russie m'a témoigné de l'intérêt en obtenant pour moi la permission de résider en France, permission que je n'eusse point demandée, sans la triste position dans laquelle je me trouve, sans mon amour pour mon pays, et sans les vœux de ma mère. Mais c'est le Roi de France que l'Empereur de Russie a décidé à m'être utile, de gré ou de force, cela ne me regarde pas; c'est lui qui a signé l'acte qui me permet de rester en France, et c'est donc lui que je dois remercier. Je ne veux jamais paraître mal agir envers qui que ce soit, et le conseil de l'Empereur de Russie me semble déraisonnable; il m'a fait contracter des obligations et il ne veut pas que j'en témoigne de reconnaissance, il craint qu'on ne me reçoive pas convenablement; mais moi, qu'ai-je à craindre, et si l'on me reçoit avec la moindre froideur, je me retirerai, et alors il n'y aura aucun tort de mon côté, mais bien du côté de ceux que j'aurai voulu remercier et qui auront été impolis.

La Reine, une fois décidée, demanda une audience particulière au Roi, et elle l'obtint aussitôt. Sa dame de compagnie se rendit avec elle aux Tuileries, et l'attendit tout le temps qu'elle resta dans le cabinet du Roi, qui avait été celui de l'Empereur. La Reine en revoyant tout ce qui lui avait été familier, excepté l'homme qu'elle regardait comme un père, et dont la place était occupée par son ennemi, sentit son cœur battre violemment.

Quand elle ressortit, les courtisans s'empressèrent autour d'elle.

— Eh bien, Madame, — demanda le Duc de Grammont, — êtes-vous contente de notre Roi?

— On ne peut plus, répondit la Reine.

Tous les visages s'épanouirent de joie, et chacun s'avança pour la conduire à sa voiture. Dès qu'elles se trouvèrent seules, Mademoiselle Cochelet demanda à la Reine si elle avait été réellement satisfaite du Roi.

— Il serait impossible de l'être davantage, — répondit-elle. — Il a été excessivement poli et même galant avec moi, d'abord il était très-embarrassé et j'ai été obligée de lui parler la première, mais quand on a des remercîments à faire, rien n'est plus facile, et il m'a paru un excellent homme.

— Et pourtant, Madame, il passe pour être bien faux.

— On me l'a dit, et cependant je ne l'ai pas remarqué, au contraire; il est possible qu'un homme âgé et infirme inspire toujours de l'intérêt quand il prend un air paternel, c'est peut-être son air embarrassé qui m'a mise à l'aise, mais je me sentais plus libre qu'avec l'Empereur Napoléon. Cela n'est pas surprenant, car la grandeur personnelle impose toujours, et même moi, qui étais sa fille, je n'ai jamais osé lui parler sans qu'il m'adressât la parole. Tout en causant avec le Roi, il m'a semblé qu'il exprimait le désir que je rendisse une visite à la Duchesse d'Angoulême. C'est, sans doute, une personne respectable et intéressante, mais je n'ai aucune raison pour aller la voir. Je devais seulement cette visite de politesse au souverain reconnu par le pays que j'habite, et je lui ai positivement manifesté mon intention de rester dans une retraite absolue. Quand il m'a parlé du plaisir qu'il aurait à me revoir, je lui ai répondu que je ne me considérais plus comme faisant partie de ce monde, et qu'un profond isolement était tout ce qui me convenait. Il m'a parlé aussi de ma mère et de mon frère en les louant, mais on dit sa famille si pleine de haine contre tout ce qui touche à l'Empire, que je ne chercherai aucunement à entrer en contact avec elle.

Il est vrai que tout ce qu'on avait répété au sujet de cette haine n'était que trop réel. Entre autres choses sérieuses, on avait dit que tous les commerçants brevetés de l'Empereur ou des Princesses, qui avaient leurs armes comme enseignes, avaient demandé la même faveur à la Duchesse d'Angoulême, et qu'on leur avait donné l'ordre d'apporter ces armes aux Tuileries, afin qu'elle pût juger ce qu'ils demandaient aux nouveaux souverains.

Le rire et les plaisanteries avaient été sans fin dans le salon de la Duchesse d'Angoulême; on considérait sans doute comme très-absurde que des parvenus osassent avoir des armes, plus que cela, un aigle, un lion, mais par-dessus tout une couronne Impériale ou Royale. C'était certainement pénible pour ceux qui ramenaient les lys. Mais après une révolution comme cette de 1792, cela n'avait rien d'étonnant. Quand on rapporta à Hortense ces éclats de rire, elle dit : —

— Ce n'est pas seulement de mauvais goût, mais cela prouve qu'ils n'ont pas étudié les nouvelles institutions du pays, et qu'ils s'imaginent le retrouver comme ils l'ont laissé. Mais il faut qu'ils s'habituent à l'émancipation de la France, s'ils veulent la gouverner.

Cette visite causa une immense sensation parmi les courtisans. La tête du Roi était tournée, il ne parlait plus que de l'esprit de la Reine, de son tact, de sa grâce, de sorte que les membres de sa famille finirent par lui dire : —

— Demandez son divorce, et épousez-la, puisque vous la trouvez si charmante.

Madame Campan, l'ancienne gouvernante de la Reine, vint bientôt à Saint-Leu avec une quantité

de nouvelles, qu'elle avait recueillies d'un gentilhomme de la chambre. Elle raconta à la Reine les
anecdotes suivantes.

— Pendant qu'on le déshabillait, le Roi n'a fait
que vous louer, il a dit : «Je suis bon juge et je n'ai
jamais jusqu'à présent rencontré de femme qui allie
autant de grâce à des manières aussi distinguées. »
Chacun écoutait en silence. «Oui,» dit enfin le Duc
de Duras, « c'est une personne que chacun s'accorde à trouver charmante, mais il est bien malheureux, et peut-être à craindre, qu'elle soit entourée de personnes connues pour être les ennemis
implacables de Votre Majesté.., » Le Roi ne dit pas
un mot, mais il renvoya son monde. Ainsi, soyez
prudente, mon cher ange, — continua Madame
Campan, — il n'y a rien de plus dangereux que
d'être louée par les rois, quand ils n'ont aucune
raison pour nous protéger. Ils nous créent ainsi des
ennemis par les jalousies qu'ils excitent, et ils essaient
rarement de nous défendre contre ceux dont ils ont
attiré l'animosité sur nous ; je sais mieux que personne quel pouvoir ont les ennemis à la cour, et je
vous supplie d'être en garde contre eux.

— Peut-être avez-vous raison, Madame, — répliqua la Reine, — mais qu'ai-je à craindre des courtisans? Je ne désire ni les supplanter, ni voir le Roi.
Je les défie de trouver dans ma conduite quoi que
ce soit qu'on puisse incriminer, et ce qui est faux
tombe facilement.

Mais les calomniateurs se montrèrent inexorables.

Voici un exemple de leurs inventions perverses :
Les gens du peuple avaient coutume de répéter entre eux : « Le petit Caporal viendra nous délivrer aux
violettes, » — c'est-à-dire au Printemps. On vit
dans ces simples mots une conspiration, et on accusa
la Reine Hortense d'y prendre part, parce qu'elle
aimait passionnément les violettes, très-rares à
cette époque, et qu'elle recevait chaque jour des
bouquets que lui envoyaient les jardiniers de Saint-
Leu.

Une autre calomnie, qui excita grandement la
colère de la Reine, fut qu'on mêla son nom à l'assas-
sinat d'un général nommé Quénel. On retrouva son
corps dans la Seine, et l'on assurait gravement qu'il
avait été assassiné par les Bonapartistes, parce qu'ils
craignaient qu'il ne trahît la conspiration à la tête
de laquelle se trouvait la Duchesse de Saint-Leu.
Après réflexion, la Duchesse ne fit que rire de cette
calomnie, et ne s'en occupa plus. Nous pourrions
multiplier les exemples, mais ceux-ci sont suffisants
pour montrer combien un faux zèle emportait les
partis.

Pendant une saison, cependant, on laissa un peu
plus de tranquillité à la Duchesse, car la cour était
occupée d'un grand événement. Après bien des efforts infructueux, le gouvernement avait réussi à
découvrir les restes de l'infortuné couple qui, pendant la Révolution, avait payé de sa vie les crimes
de ses prédécesseurs plutôt que les siens. En suivant les indications de ceux qui, sous le règne

de la Terreur, avaient été témoins oculaires des tristes funérailles des deux martyrs, le corps de Louis XVI fut retrouvé dans un coin du cimetière Saint-Roch, et celui de la Reine dans une autre partie de ce même cimetière.

C'était le désir naturel et raisonnable de Louis XVIII que ces corps fussent enterrés sous les voûtes de Saint-Denis, parmi les tombeaux des anciens rois, et il faut dire à la louange de sa modération, qu'il résolut de le faire simplement et tranquillement, et sans l'apparat d'usage. Son tact politique exquis lui disait qu'il ne serait pas sage de faire de la translation des restes de ces deux martyrs une démonstration politique.

Mais la cour du Roi, sa famille, et ses ministres, en faisant de pompeuses funérailles au Roi décapité et à la Reine, voulaient plutôt punir et humilier leurs ennemis politiques que satisfaire un sentiment de piété religieuse, et ils insistèrent pour qu'on fît des funérailles splendides et publiques ; et celui qui, de son propre aveu, était « le Roi et non le maître, » fut obligé de céder.

Bientôt après, on commença à faire les préparatifs d'un enterrement pompeux et solennel qui devait avoir lieu le 21 Janvier 1815. Ce jour-là était un jour plein de tristes souvenirs pour la famille des Bourbons, car c'était l'anniversaire de la mort de Louis XVI.

M. de Châteaubriand, panégyriste plein de talent et tout dévoué aux Bourbons, fit un article pour le

Journal des Débats, dans lequel il annonçait, en termes enthousiastes, la solennité qui allait avoir lieu. Cet article causa une telle sensation parmi les Parisiens, qu'on dut le réimprimer, et il s'en vendit trente mille exemplaires en un seul jour.

Le 20 Janvier, on ouvrit les tombes des royaux martyrs, et tous les membres de la famille régnante suivirent le triste cortége, et s'agenouillèrent pour prier avec les milliers de spectateurs qui les accompagnaient.

Mais le Roi avait eu raison; la solennité qui, aux yeux d'un parti, n'était qu'un acte de justice, fut considérée par l'autre comme une insulte délibérée, faite pour rappeler les jours d'aveuglement et de fanatisme pendant lesquels, comme la plupart des autres Français, ils s'étaient laissé emporter par le mouvement de l'époque.

Un grand nombre de membres de la Convention, qui avaient voté la mort du Roi, vivaient encore à Paris, ou même (comme Fouché) à la cour de Louis XVIII; à ceux-ci, la solennité qui approchait semblait une profonde humiliation.

— Avez-vous appris, — dit Descourtis en se précipitant dans le salon de Cambacérès, — la solennité qui se prépare? Savez-vous qu'elle doit avoir lieu demain? Oui, demain sera un grand jour, demain on nous désignera au poignard des fanatiques! Est-ce là l'amnistie qu'on nous a promise?

— Mais, — disait le Comte de La Père, qui était alors chez Cambacérès, et qui appartenait au parti royaliste, — j'ignorais que la Constitution contînt un paragraphe qui empêchât de transporter les restes de l'infortuné Roi, et je crois que la cour ne fait rien d'illégal.

— On veut exciter le peuple, — répondit Descourtis, pâle de terreur, — on veut raviver les souvenirs des choses passées et répandre de muettes accusations contre nous. Mais le jour peut venir où le pouvoir nous appartiendra, et alors nous nous en souviendrons !

Cambacérès avait écouté ce dialogue sans dire une syllabe. Il s'approcha de l'ex-membre de la Convention, et lui prenant doucement la main, il lui dit d'un ton solennel : —

— Mon cher ami, je voudrais qu'on nous permît de paraître en deuil demain, et de suivre le char funèbre un cierge à la main. Je crois que nous devons à la France ainsi qu'à nous-mêmes ce témoignage de repentir.

Le lendemain, la cérémonie eut lieu, tout Paris sortit pour la voir : Royalistes, Bonapartistes, sans excepter les vieux Républicains, tous suivirent le cortége funèbre, et témoignèrent qu'ils reconnaissaient les fautes du passé et se repentaient de leurs crimes.

Le cortége s'avançait lentement au milieu du carillon des cloches de toutes les églises, du grondement de l'artillerie, et des chants sacrés du clergé qui marchait à sa tête.

Sur le drap qui recouvrait le char funèbre, on

voyait une couronne étincelante. Le grand emblème de la royauté était tombé du front du vivant,
mais il avait été replacé sur le cercueil du mort.

Le cortége défilait lentement et solennellement,
et il était arrivé sur le boulevard qui sépare les deux
rues qui portent le nom de Montmartre.

Que signifie ce cri soudain et presque universel
qui témoigne de la surprise et de la terreur ?...

La couronne placée au sommet du char était
tombée sur la neige, après avoir lourdement roulé
sur le cercueil.

Ceci arrivait le 21 Janvier. Deux mois après, à la
même heure, la couronne de Louis XVIII tombait
de son front et ornait encore une fois celui de
Napoléon.

CHAPITRE XXXI.

RETOUR DE L'ILE D'ELBE

Une immense nouvelle éclata tout à coup à Paris dans les premiers jours de Mars 1815, et toute la France, toute l'Europe la répéta : « Napoléon a quitté l'île d'Elbe ! Napoléon s'est embarqué et va bientôt revenir en France !... »

Les Royalistes l'entendirent avec crainte, les Bonapartistes avec une joie telle qu'ils n'essayèrent pas de la dissimuler.

La Reine se rendait en visite dans le Faubourg Saint-Germain, quand Lord Kinnaird vint la trouver pour lui dire que Napoléon était débarqué de l'Ile d'Elbe. Elle devint pâle comme une morte et dit au cocher d'arrêter.

— Est-ce possible ! — dit la Reine à Sa Seigneurie, — qui vous a dit qu'il courait de semblables bruits ?

— C'est positif, — répondit Lord Kinnaird, — je viens de quitter à l'instant même le Duc d'Orléans qui est sur le point de courir sur les traces du Comte d'Artois, parti depuis hier.

— Ah! ciel! — s'écria la Reine, — quels malheurs cela va amener sur l'Empereur, sur nous, et sur la France! Je n'ose pas y penser.

— Les mesures sont bien prises, on envoie toutes les troupes de ce côté-là, l'Empereur n'a que très-peu de monde avec lui, et ce sera bientôt fini.

— Mourir ainsi sous des balles françaises! Lui!... L'Empereur!... C'est terrible, — continua la Reine très-émue. — Il ne peut avoir commis une telle imprudence, ce n'est pas vrai. La nouvelle doit être fausse.

— Soyez certaine, Madame, de ce que je vous dis. Je tiens cette nouvelle de source certaine, on est dans une agitation terrible à la cour, et les mesures des plus rigoureuses seront prises contre les partisans avoués de Napoléon.

— Croyez-vous que mes enfants courent quelque danger?

— Je ne répondrais pas qu'on ne les prît en ôtage, ce serait une mesure toute naturelle.

— Grand Dieu! dans quelle position les ai-je placés?

Les yeux de la Reine se remplirent de larmes, mais surmontant son émotion, elle ajouta : —

— Non! le peuple Français ne permettrait pas qu'on leur fît le moindre mal.

— Le peuple, — dit Lord Kinnaird, — sera terrible, et surtout pour nous, Anglais, car il est inutile d'essayer de nous tromper plus longtemps. Il est resté attaché à l'Empereur, et pourrait facilement se débarrasser de nous en masse.

— Oh ! non, ne croyez pas cela ! Ce n'est plus le même peuple qu'en 93. Mais si vous avez la moindre inquiétude pour votre femme et vos enfants, moi qui n'ai rien à craindre du peuple, je vous offre un asile dans ma maison. Je rentre chez moi de suite, pour veiller à la sûreté de mes enfants.

La Reine décida, avec Mademoiselle Cochelet, que les deux enfants seraient envoyés à la maison de campagne d'un vieil ami, jusqu'à ce que la crise fût passée.

A la nuit, sa fidèle compagne entra dans la chambre des Princes et leur fit traverser à pied le jardin. La nourrice du plus jeune, qui était constamment avec lui, les suivait avec un paquet. Le valet de chambre avait été chercher un fiacre, qui attendait à quelque distance de la maison.

— Où nous conduisez-vous ? — demanda le Prince Napoléon à Mademoiselle Cochelet, — pourquoi nous cacher ?... y a-t-il donc du danger, et maman y reste-t-elle exposée ?

— Non, Prince, vous seuls êtes exposés. Elle n'a rien à craindre.

— Très-bien, — répondit le jeune Prince, qui était si avancé pour son âge, que Mademoiselle Cochelet se surprenait souvent à lui parler comme à une grande personne.

La Reine avait recommandé qu'on n'apprît pas aux jeunes gens le débarquement de leur oncle. Ils se laissèrent donc conduire, ne sachant ni où ni pourquoi. Mais le mystère et la nouveauté de se

trouver dehors la nuit étaient pour eux un plaisir
qu'ils goûtaient en silence, tout en comprenant
qu'on les cachait et qu'on devait éviter le bruit.

Quand cette grande affaire fut accomplie, la Reine
se résigna à son sort, mais son cœur était plein
d'inquiétudes et de funestes présages.

— Je déplore grandement la résolution de l'Empereur, — dit-elle, — je donnerais tout ce que je possède pour empêcher son retour en France, parce que
je suis convaincue qu'il n'y a pas d'espoir de succès
pour lui. Beaucoup se déclareront en sa faveur,
beaucoup aussi contre lui, et nous aurons une guerre
civile déplorable, et l'Empereur peut se trouver au
nombre des victimes.

Pendant ce temps, l'agitation faisait des progrès;
chacun se trouvait emporté par les événements, et
personne à cette époque n'aurait été capable de
donner un conseil sage et raisonnable.

Les vieux partisans de l'Empereur vinrent en
masse chez la Duchesse de Saint-Leu, et lui demandèrent des conseils, des secours, et des encouragements. Ils l'accusèrent d'indifférence et d'ingratitude, parce qu'elle ne partageait pas leurs vives
espérances, et laissait voir de la tristesse pendant
que les autres se réjouissaient.

Les espions du gouvernement, cependant, qui
entouraient la maison, ignoraient les sentiments
d'Hortense. Ils voyaient les généraux et les anciens
conseillers de Napoléon entrer chaque jour dans
l'hôtel de la Duchesse, et ils en concluaient qu'elle

devait être le chef de la conspiration qui ramenait l'Empereur en France.

La Reine vit le danger de sa position ; mais que pouvait-elle faire pour y échapper?

— Je ne suis entourée que de doutes et de confusion, — l'entendit-on dire un jour, — et je ne trouve aucun moyen d'en sortir. Je dois donc m'armer de courage, et c'est ce que je fais.

Le gouvernement du Roi espérait encore éviter la tempête menaçante ; il espérait pouvoir détourner le courant de la Révolution, et que ceux qui étaient à sa tête seraient submergés sous les vagues.

Ils traitaient ce grand et décisif événement de petit complot, découvert à temps et conséquemment peu dangereux. Ils crurent que pour s'y opposer, ils n'avaient qu'à s'assurer des personnes des conspirateurs, comprenant sous ce nom tous ceux qu'ils savaient être restés fidèles à l'Empereur.

Ils devaient tous être mis en prison. La police commença à persécuter vigoureusement les Bonapartistes. De nombreux espions erraient continuellement autour des maisons des Princes, des Ducs, et des grands officiers de l'armée qui passaient pour favoriser les intérêts de l'Empereur, et ce n'est souvent qu'à l'aide de déguisements et de toutes sortes de stratagèmes qu'ils parvinrent à échapper aux agents de police.

La Duchesse se vit à la fin forcée de céder aux instances de ses amis qui la suppliaient de chercher un refuge sûr pendant ce temps de dangers et d'incertitudes.

Il fut décidé que la Reine se rendrait chez la vieille nourrice de son frère, femme née à la Martinique, qui avait accompagné l'Impératrice Joséphine quand elle avait été amenée en France à l'âge de quinze ans, par son père, pour épouser le Vicomte de Beauharnais.

Cette bonne Mimi, comme l'appelaient toujours la Reine et le Prince Eugène, avait épousé un nommé Lefebvre, qui occupait une place peu importante dans un bureau du gouvernement, tandis qu'une pension, que les enfants de Joséphine faisaient à Mimi, assurait à ces dignes gens une existence convenable.

On décida que la Reine irait chez eux attendre le dénoûment du terrible drame dans lequel on la faisait jouer un rôle si actif, et dont elle devait être la première et innocente victime. La chose la plus difficile pour elle était de quitter sa maison sans être reconnue. Elle proposa de prendre le bras de M. Deveaux ; mais on repoussa cette idée parce qu'un officier de sa maison pourrait être remarqué et suivi. Mademoiselle Cochelet proposa son frère Adrien, qui venait souvent la chercher pour la conduire chez sa mère. Mais la Reine s'écria qu'elle n'oserait pas sortir en compagnie d'un jeune homme ; cela lui paraissant la chose la plus extraordinaire du monde, son embarras serait si grand que les espions ne manqueraient pas de la remarquer. Que faire ?

Mademoiselle Cochelet suggéra que la Reine pouvait mettre ses vêtements et se faire passer pour elle, ce à quoi la Reine consentit. Jusqu'à ce moment personne n'avait songé aux vêtements, et il arriva que la Reine portait ce jour-là une robe du matin extrêmement élégante, et garnie de riches dentelles; tout cela pouvait se dissimuler sous un châle ou un manteau de couleur foncée à sa dame de compagnie. Quand la Reine ainsi affublée donna le bras au jeune Cochelet, elle fut prise d'un fou rire inextinguible. Elle ne voulait plus sortir, elle oublia sa position, les espions, et ne pensa qu'au ridicule et à ce qu'on pourrait dire : —

— Si quelqu'un me reconnaît seule avec un jeune homme, que dira-t-on de moi ?

Et dans son embarras elle se mit à rire de nouveau.

A la fin, l'étrange couple se mit en route, et Mademoiselle Cochelet attendit avec inquiétude le retour de son frère. Voici le récit qu'il fit de cette course : —

— Pourquoi avez-vous laissé la Reine sortir avec cette robe de dentelles qui l'a embarrassée durant toute la route? quand nous sommes passés au coin du boulevard, six hommes nous ont examinés de très-près, et je n'étais pas du tout à mon aise, j'ai certainement baissé l'ombrelle du côté de la Reine, mais comme elle n'est pas aussi grande que vous, on ne pouvait s'y tromper, et je tremblais qu'on ne nous suivît. Pour augmenter mon

embarras, la Reine ne cessait de rire. C'est en vain
que je lui disais : « Madame, on voit vos dentelles,
les dames ne sortent pas à pied vêtues avec tant
d'élégance, et de plus, vous avez des pantoufles de
satin. » A chaque observation ses éclats de rire re-
doublaient, et elle me répliqua : « Je n'ai pas eu le
temps de penser à tout cela, et je ne puis marcher
avec tous ces vêtements les uns sur les autres. »

La Reine cependant arriva à sa destination saine
et sauve, et fut obligée de se cacher dans un gre-
nier du cinquième étage, à peine meublé.

— J'ai mal aux jambes, — dit-elle à ses amis, —
de rester ainsi enfermée, et si je prends l'air à ma
fenêtre, vous poussez les hauts cris pour m'en empêcher. Ah ! combien je plains les pauvres prisonniers ! Si jamais je remonte au pouvoir, je me souviendrai de cette torture !

Une autre remarque de la Reine est digne d'être
rapportée.

Mademoiselle Cochelet lui avait appris que Lord
Kinnaird avait conduit Madame Lallemand demander au Roi d'épargner son mari qui avait été arrêté,
mais qu'elle n'avait pu rien obtenir.

— Ces Anglais osent être des hommes : je comprends qu'on envie leur liberté et que chacun s'ef-
force de l'obtenir. Un Français ne se serait jamais
aventuré jusqu'à se présenter avec la femme d'un
homme condamné. Il est vrai de dire qu'en agissant
ainsi il se perdrait. Donc les institutions sont mauvaises, puisqu'elles forcent un homme à consulter

ses intérêts personnels au lieu de lui laisser la liberté de développer ses qualités les plus nobles.

Le Duc d'Otrante, lui-même, qu'on soupçonnait (et ce n'était pas injustement) d'être redevenu Impérialiste, devait être arrêté. Il s'arrangea cependant de manière à échapper à la police et prit la fuite. Le Général Lavallette, qui savait que la maison d'Hortense n'était plus surveillée depuis que les espions avaient découvert qu'elle avait fui, profita de cette circonstance pour s'y cacher. M. de Dandré, chef de la police, qui dirigeait les arrestations, fut très-mortifié, et on l'entendit dire : —

— Je ne trouve plus aucun de ces conspirateurs. On a trop parlé de la prochaine arrestation des Bonapartistes, et ils ont tous pu s'échapper.

Tout à coup arriva dans la capitale, agitée et turbulente, la nouvelle que l'Empereur avait débarqué à Cannes, et qu'à Grenoble il avait été reçu avec enthousiasme par le peuple et l'armée. Les troupes qui, sous le commandement de Charles de Labédoyère, avaient été envoyées pour l'arrêter, s'étaient toutes sans exception jointes à lui, et Grenoble avait ouvert ses portes à l'Empereur. Partout il avait été reçu à bras ouverts. Napoléon ne se trouvait donc plus seulement à la tête d'une petite troupe, mais bien à la tête d'une armée, dont les rangs grossissaient d'heure en heure. Le gouvernement, malgré tout, essaya encore une fois de tromper, à l'aide de proclamations, les habitants de Paris,

et de leur faire croire que ces nouvelles étaient
fausses.

Déjà le cri de : « Vive l'Empereur! » retentissait partout; Marengo, Arcole, Iéna, Austerlitz n'étaient pas
encore oubliés. Napoléon était toujours le héros
victorieux qui forçait encore une fois le Destin à
lui sourire.

Une panique générale saisit les Royalistes. Ils
prirent les résolutions les plus extrêmes; mais quand
ils apprirent que Napoléon était déjà à Lyon, où il
avait été reçu avec enthousiasme, autant par la po-
pulation que par la garnison, ils commencèrent à
désespérer.

Les chefs du parti Royaliste s'assemblèrent chez
le Comte de La Père, pour délibérer sur les mesures
qu'il fallait adopter. Des personnes, autrefois hostiles et appartenant à différents partis politiques,
se réunirent dans leur haine contre Napoléon, et
se rencontrèrent dans le même salon pour soutenir
la dynastie des Bourbons et unir leurs efforts pour
la défense de leurs droits.

Il y avait Madame de Staël, Benjamin Constant,
le Comte Lainé et Chateaubriand, ainsi que le Comte
de La Père; autour d'eux se groupaient une foule
de Royalistes effrayés, dans l'espoir d'entendre des
lèvres de ces illustres personnages des paroles d'encouragement et des conseils qui pussent rendre la
confiance au parti désespéré.

Benjamin Constant fut le premier à parler.

— La force, — dit-il, — doit être combattue par

la force. Bonaparte est puissant par la force de ses soldats, il ne peut être vaincu que par la haine des citoyens. Ses traits sont imposants comme ceux de César ; nous devons donc envoyer contre lui un homme doué des mêmes avantages. Le général Lafayette serait bien l'homme qui conviendrait pour le commandement suprême de l'armée Française.

M. de Chateaubriand dit que la première chose à faire était, pour le gouvernement, de punir sévèrement les Ministres négligents et imprévoyants qui n'avaient rien fait pour empêcher la catastrophe ; tandis que Lainé, avec des larmes dans les yeux et une voix tremblante d'émotion, déclarait que, selon lui, tout était perdu.

— Il n'y a qu'une chance, — dit-il, — pour effrayer et arrêter l'usurpateur. Nous devons lui préparer un spectacle navrant de désespoir et de douleur à son retour en France. Quand il approchera de la capitale, les habitants de Paris, hommes, femmes, enfants, la garde nationale et toutes les corporations devront quitter la ville pour assister à l'entrée de Napoléon et garder un lugubre silence. Cette masse désespérée, misérable à cause de lui seulement, ne manquera pas de l'affecter profondément, et il sera terrifié à l'idée de toute une nation fuyant devant un seul individu.

Madame de Staël prononça un éloquent anathème contre l'usurpateur qui, en allumant la torche de la guerre civile, préparait une misère indicible à la France encore saignante.

Chacun se sentait ému et enthousiasmé, mais on
ne fit rien. Toutes les belles paroles et les beaux
discours qui coulaient des lèvres de ces écrivains
célèbres et de ces hommes d'État n'étaient que le
rapport d'un médecin qui considère son malade
comme perdu. Le malade, cette fois, c'était la
France, et les Royalistes qui s'étaient assemblés
dans la maison du Comte de La Père commencèrent
à sentir que rien ne pouvait la sauver, et que tout
ce qu'ils pouvaient faire, c'était de s'exiler et de
pleurer sur son sort.

Pendant que les Royalistes délibéraient encore ou
pleuraient en se désespérant, le Roi Louis XVIII
avait conservé son calme et son sang-froid habituels. On doit se souvenir qu'on lui avait caché depuis longtemps l'état réel des choses. Sans doute, il
savait que Napoléon était en France, mais ses courtisans lui avaient dit que le peuple le recevait partout avec un silence glacial, et que l'armée, fidèle
à ses serments au Roi, n'avait pas entendu son
appel.

Il arriva cependant que les cris de joie qui s'élevaient partout au passage de l'Empereur retentirent
jusqu'aux Tuileries. Le Roi était le jouet d'une illusion grossière, fruit naturel des faux rapports de
ceux qui l'entouraient.

Quand, le 16 Mars, il se rendit à la Chambre des
Députés pour adresser aux Représentants pleins
d'espoir, un discours d'encouragement, il fut entouré
par une foule qui le reçut avec enthousiasme; mais

cette foule n'était pas le vrai peuple, c'était une démonstration artificielle préparée par les Royalistes. Les fiers gentilshommes et les dames de la vieille noblesse avaient daigné, comme le jour de l'entrée de Louis XVIII dans Paris, jouer le rôle que le peuple ne semblait pas vouloir accepter, et faire croire au Roi au dévouement de la nation.

Le Roi se laissait tromper. M. de Blacas continuait à lui annoncer de nouvelles victoires, tandis qu'en réalité Napoléon s'avançait sans combattre. Les Royalistes avaient été jusqu'à affirmer que Lyon avait fermé ses portes à l'Empereur, et que Ney, qu'on avait envoyé contre lui, avait juré de l'amener à Paris dans une cage de fer, ce qui, entre parenthèse, était un pitoyable mensonge.

Le Roi était donc calme et tranquille au milieu du danger, quand tout à coup le Comte d'Artois et le Duc d'Orléans, qu'il pensait victorieux à Lyon, arrivèrent comme des fugitifs à Paris. Ils avaient été abandonnés de leurs soldats et de leur suite, et ils apprirent au Roi que Lyon avait reçu l'Empereur avec chaleur et acclamations, et qu'ils avaient été forcés de prendre la fuite.

Une nouvelle plus terrible encore suivit celle-ci. Ney, le dernier espoir du Roi, le seul soutien de son trône chancelant, n'avait pu se décider à combattre ses anciens compagnons d'armes et était passé à l'Empereur; toute l'armée avait suivi son exemple.

Alors, enfin, le bandeau tombait des yeux du

Roi. Il vit clairement alors l'état réel des choses,
et combien il avait été cruellement trompé.

— Bonaparte, — s'écria-t-il, — est tombé parce
qu'il n'a pas voulu entendre la vérité, et moi je
tomberai parce qu'on ne m'a pas permis de l'entendre.

A ce moment, et pendant que le Roi suppliait ses
frères et d'autres personnes de sa cour de ne pas le
tromper plus longtemps et de lui dire toute la vérité, la porte s'ouvrit et Blacas parut. Lui qui
n'avait pas encore cessé d'être plein d'espoir et de
confiance, il était maintenant pâle et tremblant.

Ses traits trahirent au Roi ce que le ministre avait
longtemps cherché à lui cacher. Le Roi avait demandé à sa cour de lui dire la vérité, elle était là,
devant lui, sous la forme de son ministre attéré.

Il y eut un silence de mort. Tous les yeux étaient
fixés sur le Comte qui, pliant sous le poids de son
émotion, dit au Roi : —

— Tout est perdu !... l'armée comme le peuple
trahit Votre Majesté. Il faut quitter Paris.

Le Roi recula de quelques pas, puis il promena
un regard inquisiteur sur le groupe qui l'entourait.
Il n'y avait pas un œil qui osât rencontrer le sien,
pas un qui pût le réchauffer d'un rayon d'espoir.
Tous les courtisans tenaient les yeux fixés à terre...

Le Roi comprit cette réponse muette. Un profond
soupir s'échappa de sa poitrine.

— C'est bien, — s'écria-t-il enfin, — tout arbre
porte ses fruits. Vous avez voulu que je ne gouver-

nasse que pour vous, maintenant je ne règnerai plus sur personne; mais, écoutez-moi, si jamais je reviens sur le trône de mes pères, je me souviendrai de l'expérience que vous m'avez fait acheter si chèrement.

Quelques heures plus tard, quand la nuit commença à étendre sur Paris son sombre manteau, le Roi, accompagné de son premier Ministre et de quelques serviteurs seulement, quitta les Tuileries et gagna la Hollande.

Vingt-quatre heures après, dans la soirée du 20 Mars, Napoléon entrait dans la capitale au milieu des cris enthousiastes de : « Vive l'Empereur ! » Il s'installa de suite aux Tuileries, et l'on vit encore une fois flotter le victorieux étendard de l'Empire, où, la veille, se déployait le drapeau blanc.

Aux Tuileries, l'Empereur trouva réunis la plupart de ses anciens Ministres, Généraux, et courtisans. Ils étaient tous avides de revoir leur ancien maître. Il y avait une foule immense au pied de l'escalier et dans les corridors de la résidence Impériale.

L'Empereur fut soulevé de terre et porté audessus des têtes de ces milliers d'individus jusqu'à ses anciens appartements. C'étaient de tous côtés des vivats assourdissants, et l'air résonnait du cri incessant de : « Vive l'Empereur ! »

En arrivant dans ses appartements, l'Empereur fut reçu par la Reine Julie, femme de Joseph Bonaparte, et par Hortense, qui avait enfin quitté sa cachette pour se rendre aux Tuileries et y recevoir Napoléon.

L'Empereur accueillit Hortense avec une froide salutation, il ne s'informa qu'avec une certaine négligence de la santé de ses fils, puis il ajouta d'un ton presque colère : —

— Vous avez placé mes neveux dans une fausse position en les laissant au milieu de mes ennemis.

Hortense pâlit, ses yeux se remplirent de larmes, mais l'Empereur ne parut pas les remarquer.

— Vous avez accepté les bontés de mes ennemis, — continua Napoléon, — et vous avez des obligations aux Bourbons. Mais je compte sur Eugène, j'espère qu'il sera bientôt ici, je lui ai déjà écrit de Lyon.

Telle fut la réception faite à Hortense par l'Empereur à son retour. Il était fâché contre elle parce qu'elle était restée en France, et cependant les Bourbons, sur la route de Hollande, disaient : —

— Tout cela est la faute de la Duchesse de Saint-Leu, ses intrigues seules ont mis Napoléon en état de rentrer en France.

La première chose que fit la Reine, après son entrevue avec l'Empereur, fut d'écrire à son frère Eugène. Cette lettre est très-importante, parce qu'elle donna naissance aux intrigues les plus coupables contre elle, la voici : —

« Mon cher Eugène, un enthousiasme dont tu » ne peux pas te faire une idée ramène l'Empereur

» en France. Je viens de le voir. Il m'a reçue
» très-froidement, je crois qu'il désapprouve mon
» séjour ici. Il m'a dit qu'il comptait sur toi et qu'il
» t'avait écrit de Lyon. Grand Dieu !... j'espère
» que nous n'aurons pas la guerre ! Elle ne vien-
» dra pas, je pense, de l'Empereur de Russie, car
» il l'a grandement déplorée ; je l'implore pour
» qu'il nous laisse la paix : uses de ton influence sur
» lui, c'est rendre service à l'humanité. J'espère te
» revoir bientôt. J'ai été obligée de me cacher
» pendant douze jours, on faisait circuler de mi-
» sérables calomnies sur mon compte. Adieu, je
» suis morte de fatigue. »

Telle fut la lettre dont se saisit le Congrès de
Vienne, et qu'on regarda comme une preuve de la
participation active de la Reine dans les affaires de
la France. Cette lettre fit envoyer le Vice-Roi dans
une forteresse de la Moravie, et fâcha la Reine Hortense avec l'Empereur de Russie.

CHAPITRE XXXII.

LES CENT-JOURS.

Les Cent-Jours qui suivirent le retour de l'Empereur semblent un mythe dans l'histoire de Napoléon, semblable au héros d'Homère, qui ébranlait le monde et faisait lever des armées en frappant la terre de son pied, et dont le souffle seul paraissait capable de disperser les nations ou d'en faire surgir d'autres.

Ces Cent-Jours sont un poëme épique gigantesque écrit sur le burin de l'histoire. Tout ce que le monde a de grandeur, de splendeur, de magnificence, de victoires et de succès; tout ce que l'humanité renferme d'humiliation, de honte et de misères, sont contenues dans les Cent-Jours qui furent témoins de la restauration de l'Empire et de sa chute.

Ils furent d'abord grands et remplis de promesses. Toute la France semblait se réjouir du retour de l'Empereur. Chacun s'empressa de l'assurer de sa fidélité inébranlable et de lui jurer une obéissance qu'on disait n'avoir accordée aux Bourbons que par une dure nécessité.

L'ancienne splendeur de la Maison Impériale fut

rétablie aux Tuileries. L'Empereur recomposa sa cour, qui fut presque la même que précédemment, avec cette différence, qu'à la place de Marie-Louise, qui n'était pas rentrée avec son mari, Hortense présidait les salons. Ses deux fils furent appelés à remplacer le Roi de Rome dans la démonstration qui fut faite pour ranimer l'enthousiasme populaire.

Napoléon essaya de détourner le courroux de l'Empereur Alexandre au sujet de sa rentrée en France, en lui envoyant un document trouvé aux Tuileries parmi les papiers du Duc de Blacas, que la précipitation de son départ avait empêché le Ministre de détruire : c'était une alliance conclue entre l'Angleterre, la France et l'Autriche contre la Russie, résultat des discussions sans fin du Congrès de Vienne. Mais Alexandre ne devait pas être détourné de son but, même par la connaissance de cette trahison. La seule vengeance qu'il tira fut d'envoyer chercher Metternich et de lui montrer le traité en présence de Stein, le Ministre de Prusse; puis il le jeta dans le feu, en disant : —

— N'en parlons plus, nous avons quelque chose de mieux à faire.

La colère de Napoléon contre Hortense n'avait pas tardé à être suivie d'une parfaite réconciliation; il ne put s'empêcher d'écouter les explications satisfaisantes de la Reine, qui lui démontra que son seul motif pour être restée en France avait été son désir d'assurer l'avenir de ses fils. Napoléon lui tendit la main comme gage de pardon, et pria

Hortense de lui demander une faveur par laquelle
il pût témoigner ses sentiments d'amitié à la Reine.

Hortense, qui avait été calomniée si cruellement
et avec tant de persévérance par les Royalistes, et
que les Bourbons, alors en fuite, maudissaient comme
étant l'auteur de tous leurs malheurs, Hortense pria
l'Empereur de permettre à la Duchesse d'Orléans,
que la fracture d'une jambe avait retenue à Paris,
de rester dans la capitale, et de lui accorder, en
outre, une pension. La Reine dit à Napoléon qu'elle
avait reçu une lettre de la Duchesse, dans laquelle
elle sollicitait son intervention pour lui obtenir cette
faveur dans la situation extrêmement désastreuse
où elle se trouvait.

L'Empereur se rendit au désir de sa belle-fille ;
ce fut grâce à son intervention , seulement, que la
Duchesse d'Orléans, mère de Louis-Philippe, qui,
plus tard devint Roi des Français, obtint une pension de quarante mille francs. Quelques jours après,
on accordait une pension de deux cent mille francs
à une autre dame de la famille des Bourbons. Cette
fois c'était la Duchesse de Bourbon qui avait des
obligations à Hortense. Ces deux dames s'empressèrent d'assurer à Hortense, par une lettre des plus
flatteuses, de leur reconnaissance éternelle.

Hortense éprouva une satisfaction énorme à voir
ses désirs réalisés ; elle rayonnait de joie, elle était
fière comme si elle avait gagné une grande victoire.

— C'était pour moi un devoir sacré,—dit-elle dans
la suite, — de venir au secours de ces dames ; elles

étaient sans appui et seules comme j'avais été moi-même quelques jours auparavant, et je sais par expérience combien cela est cruel.

Mais Hortense n'était plus seule et sans appui ; elle n'était plus alors la Duchesse de Saint-Leu, mais la Reine, le centre et le soleil de la cour Impériale devant lesquels chacun s'inclinait. Les grandes dames, qui l'avaient entièrement oubliée pendant l'année qui venaient de s'écouler, s'empressaient alors de lui rendre hommage.

— Votre Majesté s'est trouvée malheureusement toujours à la campagne quand je suis allée lui rendre mes hommages, — dit une de ces personnes pour excuser sa négligence.

La Reine se contenta de répondre en souriant : —

— Oui, Madame.

Un des premiers actes de l'Empereur avait été d'ordonner que le bien de tous ceux qui avaient vendu la France à l'ennemi fussent sequestrés.

— Je pardonne à ceux qui m'ont abandonné, — dit-il, — mais je suis inflexible pour tous ceux qui ont trahi leur pays.

La première fois que l'Empereur revit le maréchal Soult, qui était Ministre de la guerre à l'époque où il avait débarqué à Cannes, et qui l'avait si maltraité dans sa proclamation à l'armée, il lui dit : —

— Duc de Dalmatie, savez-vous que vous avez tiré à mitraille sur moi ?

— C'est vrai, Sire, mais c'était un coup qui ne pouvait vous atteindre.

L'Empereur le nomma Chef d'État-Major, place occupée jusque-là par Berthier. A propos de ce dernier officier, l'Empereur dit : —

— Pourquoi le Prince de Neufchâtel a-t-il quitté la France ? Pourquoi ne s'est-il pas présenté aux Tuileries ? Je ne lui aurais infligé qu'une seule punition : j'aurais voulu que la première fois il se présentât devant moi en grand uniforme de Capitaine des Gardes du Corps de Louis XVIII.

Hortense était redevenue toute-puissante ; on la recherchait beaucoup. Les autorités, sur l'ordre de l'Empereur, s'empressèrent de se présenter chez les membres de la famille Impériale, et ils supplièrent humblement Hortense de leur accorder une audience. Ce furent des fêtes et des démonstrations publiques sans fin.

La plus significative et la plus imposante de toutes ces solennités fut celle qui eut lieu au Champ de Mars, le 1er Juin, où l'Empereur présenta en personne à son armée les aigles nouvelles qui devaient la guider sur le champ de bataille et remplacer les fleurs de lis.

C'était un spectacle à la fois grand et émouvant de voir cette mer de têtes humaines qui s'agitait en criant : « Vive l'Empereur ! » et de voir les fiers et victorieux vétérans de l'Empire recevoir leurs aigles des mains de l'homme qu'ils idolâtraient. Ces aigles, avant d'être remises aux divers régiments, recevaient la bénédiction des prêtres qui étaient placés sur une estrade en face du trône de l'Empereur. Des milliers

de dames, richement et élégamment vêtues, étaient
assises derrière le fauteuil de Napoléon, tandis
qu'Hortense et ses deux fils se tenaient à côté
de lui.

Le temps était splendide, frais et embaumé; le
soleil regardait en souriant cette foule éclatante; le
canon proclamait, de sa voix de tonnerre, les victoires
Impériales; la musique martiale résonnait, et des
milliers de spectateurs faisaient entendre un immense
hourrah de triomphe. Pendant cette scène émou-
vante, Hortense, assise derrière l'Empereur, prenait
tranquillement un croquis de cette mémorable solennité, elle avait comme un pressentiment que ce
serait la dernière cérémonie de la France Impériale.

Hortense était peut-être la seule qui, dans toute
cette foule, ne se laissât pas tromper et aveugler
par cette scène de triomphe et de joie uiverselle.
Malgré la sérénité du ciel, elle apercevait à l'horizon
de sombres nuages chargés d'orages, et entendait
déjà les grondements du tonnerre qui devait fou-
droyer à jamais le trône de l'Empereur. Elle savait
que le jour viendrait, et n'était pas éloigné, où ces
milliers d'hommes, qui maintenant s'inclinaient devant lui, se tourneraient encore contre lui et le
renieraient comme ils l'avaient déjà fait, et que ce
jour-là, les triomphes de l'heure présente seraient
regardés comme un crime !

Hortense sentait tout cela, mais ces prévisions ne
la faisaient pas trembler.

L'Empereur était de nouveau au pouvoir, il était

SUR LA REINE HORTENSE

son souverain et son père, Marie-Louise l'avait quitté, et elle devait lui obéir et lui être fidèle jusqu'à la mort.

Jusqu'alors il n'y avait pas de signe immédiat de malheur. La fortune semblait encore lui sourire, et dans le salon de la Reine, où les diplomates et les hommes d'État, les artistes et les officiers de l'Empereur s'étaient de nouveau rassemblés, la joie et les plaisirs continuèrent à régner; la littérature et la musique, les arts et les sciences, cette magnifique alliance, en faisaient un séjour de délices, où l'on vidait la coupe du triomphe, jusqu'à la dernière goutte.

Benjamin Constant qui, de Royaliste zélé était devenu Conseiller d'État de l'Empire, vint lire chez Hortense son roman d'*Adolphe*, et Talleyrand semblait n'avoir autre chose à faire et à penser que d'amuser la Reine et sa cour par des anecdotes spirituelles et des nouveaux jeux de Société. Labédoyère mit à la mode un grand nombre de petits *riens* politiques et élégants qui devinrent un sujet d'amusement et de coquetterie parmi les dames de la cour. Il leur enseigna le langage poétique des fleurs, et en fit un moyen de communication dans le cercle qu'il fréquentait. Il inventa aussi l'alphabet des pierres précieuses, où chaque pierre différente représentait une certaine lettre; on formait ainsi des devises et des emblèmes qu'on montait en bracelets, en colliers ou en bagues.

C'est dans ces passe-temps frivoles et innocents

que la cour des Tuileries occupait ses loisirs pendant
les Cent-Jours.

Un soir, le Général Bertrand vint annoncer à la
Reine que l'Empereur se proposait de déjeuner avec
elle le lendemain matin à la Malmaison. Il était dix
heures du soir, et il fallait hâter les préparatifs,
mais le chef de cuisine de la Reine était à la hauteur de la circonstance. Il n'en était pas de même
de sa maîtresse, qui craignait de revoir un lieu
qu'elle n'avait pas vu depuis la mort de sa mère.

— Je ne pourrais m'empêcher de pleurer, — dit-
elle, — quand je me retrouverai à l'endroit que mon
frère m'a forcée de quitter le cœur brisé. L'Empereur,
qui travaille tout le jour, veut prendre un moment
de distraction, et pour lui la Malmaison n'a que d'a-
gréables souvenirs. Ce serait mal à moi de mêler
de l'amertune à son plaisir par le spectacle de ma
douleur, et cependant je ne sais si j'aurai jamais le
courage et assez de force pour surmonter mon émotion.

Après un moment de réflexion, la Reine ajouta :

—Il n'y a qu'un moyen. Qu'on attèle de suite,
j'irai passer la nuit à la Malmaison. En arrivant le
soir, je pourrai céder à mes émotions sans craindre
de troubler personne, et demain tout sera pour le
mieux.

Le lendemain, l'Empereur arriva, et pendant tout
le déjeuner il causa avec Denon des peintures du
Louvre.

— Je voudrais voir la chambre à coucher de l'Im-

pératrice Joséphine, — dit-il bientôt en se levant,
et d'une voix qui trahissait une profonde émotion.

La Reine se leva à son tour pour le suivre.

— Non, Hortense, reste, ma fille, j'irai seul, car
cela t'affecterait profondément.

Un moment après il revint, et malgré tous ses
efforts pour paraître calme, on pouvait voir facilement qu'il était oppressé, et qu'un souvenir triste et
doux à la fois s'était réveillé dans son cœur. Ses yeux
étaient humides, mais il semblait vouloir prendre
un air froid et sérieux, afin d'échapper à une faiblesse qu'il aurait désiré ni éprouver, ni laisser voir.

CHAPITRE XXXIII.

DERNIERS ADIEUX.

L'orage que depuis longtemps la Reine Hortense sentait approcher, devait bientôt éclater. Tous les potentats de l'Europe, qui avaient été jadis les alliés de Napoléon, se déclarèrent contre lui. Il n'y en eut pas un qui voulût le reconnaître, pas même un seul qui consentît à traiter avec lui comme avec un souverain.

— Dorénavant ni paix, ni négociation, ni réconciliation ne sont possibles avec cet homme, — écrivait Alexandre à Pozzo di Borgo, — l'Europe entière partage mon opinion sur ce point. Nous ne désirons rien de plus que sa chute. La France prendra qui elle voudra pour la gouverner, nous ne voulons lui imposer aucun souverain, et la guerre cessera le jour où Napoléon ne sera plus là.

Mais afin d'éloigner l'Empereur, la guerre était nécessaire.

Les armées des puissances alliées s'approchèrent en même temps des frontières Françaises. On déclara la guerre à la France ou plutôt à l'Empereur Napo-

léon, et le malheureux pays qui avait soif de paix
et qui n'avait consenti au retour des Bourbons que
dans le but d'en goûter les douceurs, se trouvait,
une fois encore, replongé dans les horreurs de la
guerre.

Le 12 Juin, l'Empereur, à la tête de son armée,
quitta Paris pour aller au devant de ses ennemis.
Napoléon qui, autrefois, s'était toujours montré
joyeux et confiant, semblait en cette occasion triste
et accablé de sinistres pressentiments.

Il savait bien qu'il allait tout risquer, et que sa
destinée et celle de la France dépendaient de cette
seule armée. Cette fois, il n'était pas question de
conquêtes, c'était pour l'indépendance nationale,
pour la protection du sol Français que la trompette
guerrière appelait la nation aux armes.

Paris, qui avait goûté quelques semaines d'une
joie non interrompue, fut comme saisi d'un spasme
de terreur; musique et danses cessèrent. Tout le
monde écoutait si l'on n'entendait déjà pas gronder
le canon des champs de batailles.

Mais les jours de victoire étaient passés. Le canon
gronda, la bataille fut livrée, mais elle amena la
défaite au lieu de la victoire.

Les aigles qui, le 1er Juin, avaient été bénies et
distribuées au Champ de Mai, expirèrent dans la
poussière de Waterloo. Fugitif et sans armée, l'Empereur revint à Paris, tandis que les alliés, victorieux, s'approchaient rapidement de la capitale.

A la première nouvelle du retour de Napoléon,

Hortense s'empressa de se rendre à l'Élysée, où l'Empereur s'était réfugié.

Elle avait été triste et abattue pendant les quelques derniers jours : un pressentiment sinistre l'avait poursuivie ; mais maintenant que le malheur était venu, maintenant que tout le monde désespérait, elle était calme et prête à rester auprès de l'Empereur jusqu'à la fin.

Napoléon était perdu, Hortense le savait ; mais il avait en ce moment plus que jamais besoin d'amis, et elle lui restait fidèle quand la plupart de ses amis et de ses parents l'abandonnaient.

Le 22 Juin, l'Empereur envoya aux Chambres son abdication en faveur de son fils le Roi de Rome, et, le lendemain, le Prince fut proclamé Empereur sous le nom de Napoléon II.

Mais le nouvel Empereur était un enfant âgé de quatre ans, qui n'était pas même en France, mais auprès de son grand-père, l'Empereur d'Autriche, dont les armées approchaient en ennemies de la capitale.

Napoléon venait de perdre la couronne Impériale pour la seconde et pour la dernière fois ; il était forcé de quitter Paris pour attendre le sort que ses ennemis lui préparaient.

Cette fois il n'alla pas à Fontainebleau, mais à la Malmaison, où Joséphine avait vécu après sa séparation et où la mort était venue la surprendre. Le palais était devenu la propriété d'Hortense, et Napoléon qui, hier encore, commandait à un vaste Empire, n'avait plus aujourd'hui rien qu'il pût dire à lui; Napoléon demanda à sa belle-fille la permission d'aller à la Malmaison.

Hortense, bien entendu, le reçut à bras ouverts. Quand ses amis, en l'apprenant, lui exprimèrent leurs regrets de la voir allier son sort et celui de ses enfants à la destinée de l'Empereur, elle répondit : —

— C'est le danger même de la démarche qui m'a décidée à la tenter. Je considère comme mon devoir de rester jusqu'à la fin auprès de l'Empereur. Plus il sera malheureux, plus je serai heureuse d'avoir occasion de lui prouver mon dévouement et mon attachement.

Une des amies les plus dévouées et la plus intime de la Reine s'aventura, dans ce moment critique, à rappeler à Hortense quels bruits infâmes et honteux avaient autrefois circulé, au sujet de ses relations avec Napoléon, et que ces rumeurs n'ayant pas entièrement cessées, elle suppliait sa Royale amie de ne pas donner à la calomnie une nouvelle occasion de l'attaquer en recevant l'Empereur à la Malmaison; mais Hortense, trop généreuse pour se laisser influencer jamais par des motifs personnels, répondit : —

— Je ne m'inquiète pas de ces calomnies, et je ne permettrai pas qu'elles m'empêchent de faire mon devoir. L'Empereur m'a toujours traitée comme son enfant, et je ne cesserai jamais d'être pour lui une fille affectueuse et dévouée. Tout ce que je veux, c'est d'être en paix avec moi-même.

Hortense alla donc rejoindre l'Empereur à la Mal-

22

maison, où les quelques personnes qui lui étaient restées fidèles se réunirent pour le protéger, et donner une fois encore à sa résidence une apparence de grandeur et de splendeur. Il y avait autour de lui des Maréchaux, des Généraux, des Princes, et des Ducs pour lui prodiguer des consolations et essayer de protéger sa vie contre la témérité du fanatisme, ou contre le poignard mercenaire d'un assassin.

Mais le sort de Napoléon était déjà décidé, et rien ne pouvait le changer. Quand arriva la nouvelle que les alliés approchaient de plus en plus de la capitale, il vit que la résistance n'était plus possible; que tout était perdu, que tout était brisé: sa couronne et son trône,—et jusqu'à l'amour qu'il croyait avoir allumé dans le cœur de la nation Française par ses victoires et ses conquêtes. Il résolut de fuir... où?... cela l'inquiétait peu; son seul désir était de quitter le pays qui l'avait abandonné.

L'Empereur résolut de gagner Rochefort et de là s'embarquer pour l'Ile d'Elbe. Le gouvernement provisoire qui s'était formé à Paris, avait envoyé un de ses représentants à la Malmaison pour prier l'Empereur de partir immédiatement, et avait donné ordre à cet ambassadeur d'accompagner Napoléon, et de ne pas le quitter jusqu'à ce que l'embarquement eût eu lieu.

Un des exemples d'ingratitude le plus éclatant fut donné, à cette époque, par le Maréchal Davoust, alors Ministre de la Guerre et Commandant en Chef de l'armée, un des Généraux auxquels l'Empereur avait prodigué ses bontés, car ses revenus montaient à deux millions environ. Napoléon lui envoya son aide de camp, le Général de Flahault, pour qu'il obtînt du gouvernement provisoire un délai de vingt-quatre heures ; mais il répondit : —

— Dites à votre Bonaparte que s'il ne part pas immédiatement, j'irai moi-même l'y forcer.

Le Général de Flahault éprouva une telle indignation en entendant cette réponse, qu'il brisa son sabre, et donna sa démission au Maréchal ; puis il s'éloigna, en ajoutant qu'il se considérerait comme déshonoré s'il continuait à servir sous un pareil homme. Il faut espérer que l'Empereur ignora toujours l'insulte qui lui fut faite par un de ses lieutenants, auquel il avait été le plus sincèrement attaché.

Napoléon était prêt à partir. Il devait se mettre en route dans l'après-midi du 30 Juin. Il ne lui restait plus qu'à prendre congé de ses amis et de sa famille. Il le fit sans verser de larmes ; ses traits étaient froids et calmes jusqu'à la dureté.

Ce n'est que lorsque Hortense entra, lorsque pour la dernière fois il serra ses enfants dans ses bras, qu'une expression de douleur passa sur son visage, que ses lèvres tremblèrent, et qu'il se détourna, peut-être pour cacher une larme.

Quand, un moment après, il revint à Hortense pour lui dire adieu, ses traits étaient aussi froids et aussi impassibles qu'auparavant.

Hortense savait cependant quelle tempête d'émotion éclatait dans son sein.

La Reine lui demanda de lui accorder une dernière faveur.

Un sourire sarcastique interrompit un moment la sévérité des traits de l'Empereur... Il pouvait donc encore accorder quelque chose ! Il était donc encore maître de faire une faveur ! Il fit un signe d'assentiment.

Hortense lui remit une large ceinture noire.

— Sire, — dit-elle, — portez cette ceinture autour de votre corps, cachez-la avec soin, mais au jour du besoin vous l'ouvrirez.

L'Empereur prit la ceinture, il fut étonné de son poids.

— Que contient-elle ? — demanda-t-il, — je désire le savoir.

— Sire, — répondit Hortense, en rougissant et d'une voix tremblante, — c'est mon grand collier de diamants. Je l'ai démonté et j'en ai rassemblé les pierres. Votre Majesté peut un jour avoir besoin d'un peu d'argent. J'espère que vous ne me refuserez pas la satisfaction de vous voir accepter cette dernière offrande.

L'Empereur commença par refuser, mais Hortense mit tant de persistance dans ses prières qu'il consentit enfin à accepter le présent de sa belle-fille.

Ils échangèrent ensuite quelques paroles d'adieu, et Hortense, afin de cacher les larmes qui remplissaient ses yeux, se hâta de quitter l'appartement avec ses enfants.

Napoléon sonna et donna ordre que personne ne fût admis près de lui, mais au moment même où il donnait cet ordre, la porte s'ouvrit, et un garde national entra.

— Talma! — s'écria l'Empereur, d'un ton presque joyeux. — Vous ici!

Et il tendit la main à l'homme qui venait d'entrer.

— Oui, c'est Talma, Sire, — répondit le visiteur, en portant à ses lèvres la main de l'Empereur, — je suis venu ici sous ce déguisement pour dire adieu à Votre Majesté.

— C'est un adieu éternel, Talma, — répondit Napoléon, — je ne serai plus là pour vous admirer dans vos grands rôles. Je suis sur le point de partir pour un voyage dont je ne reviendrai pas. Pendant bien des soirs encore, vous serez Empereur; pour moi, c'est différent! Mon rôle est terminé, Talma!

— Non! Sire, vous ne cesserez jamais d'être Empereur! — répondit Talma avec feu — bien que sans couronne et sans pourpre.

— Et sans peuple, — ajouta l'Empereur.

— Sire, vous avez un peuple et vous en aurez toujours un : vous êtes assis sur un trône qui ne s'écroulera jamais. C'est le pavois que vous avez élevé vous-même sur le champ de bataille, et dont on se souviendra dans les annales de l'histoire. Celui qui lira votre vie, à quelque nation qu'il appartienne, s'inclinera devant l'Empereur.

— Je n'ai pas de peuple, Talma, ils m'ont tous
abandonné, ils m'ont tous trahi.

— Sire, un jour viendra où ils vous regretteront,
et Alexandre de Russie, lui-même, déplorera d'a-
voir oublié le grand homme auquel il a donné un
jour le nom de frère.

Talma éprouvait le généreux désir de rappeler à
l'Empereur, à cette heure d'humiliation, ses premières victoires, pour que ce souvenir lui donnât
de la force, et il continua : —

— Votre Majesté se souvient-elle de cette soirée à
Erfurt, où l'Empereur de Russie, en présence de
tout le monde, et à la grande admiration de tous
les spectateurs, vous fit une déclaration d'amitié si
chaleureuse!... Oh! vous l'aurez oubliée, Sire!
Pour vous c'était un événement peu important;
mais moi, je ne l'oublierai jamais. C'était au théâtre, — nous jouions *Œdipe*, — je levai les yeux
sur la loge où vous étiez assis entre le Roi de
Wurtemberg et l'Empereur de Russie. Je n'avais
d'yeux que pour vous, le second Alexandre de
Macédoine, le second César, et je tendis les bras
vers vous quand dans mon rôle j'eus à dire : —

L'amitié d'un grand homme est un bienfait des dieux,

et pendant que je prononçais ces paroles, l'Empereur Alexandre se leva et vous embrassa. Je le vis,
et les larmes m'empêchèrent de continuer. La salle
entière fit entendre des applaudissements enthou-

siastes ; mais ce n'était pas pour moi, c'était en
l'honneur de l'Empereur Alexandre.

Pendant que Talma parlait ainsi, l'œil étincelant
et les joues animées, un doux sourire passa sur
les traits pâles de l'Empereur. Talma avait atteint
son but : il avait réussi à consoler l'Empereur hu-
milié, par le souvenir de son ancienne grandeur.

Napoléon le remercia d'un regard plein de bonté,
et étendit sa main en signe de dernier adieu.

Talma allait sortir quand une voiture s'arrêta à la
porte, c'était la voiture qui devait emmener l'Empereur.

A cet instant, la porte s'ouvrit, et une femme
grande, à l'air majestueux, entra ; ses traits presque
classiques étaient à demi cachés par ses boucles de
cheveux argentés.

C'était Madame Lœtitia, la mère de l'Empereur qui
venait une dernière fois voir son fils. Talma, oppressé
par l'émotion, restait immobile, et se félicitait de
pouvoir être témoin d'une scène aussi touchante.

La mère de Napoléon passa devant Talma sans le
remarquer. Elle ne voyait que son fils qui, debout
au milieu de la chambre, fixait sur sa mère un regard d'une expression indicible.

Ils se tinrent l'un en face de l'autre, la mère et le
fils ; les traits de l'Empereur restèrent immobiles ; on
eût dit que le sort l'avait changé en statue de marbre.

Pendant un moment, ils se regardèrent sans pouvoir dire un mot. Deux grosses larmes roulèrent
sur les joues de Madame Lœtitia. Talma, qui se te-

nait à distance, pleurait amèrement ; mais Napo-
léonne donnait aucun signe d'émotion.

A la fin, Madame Lœtitia leva ses deux mains,
et les étendant vers l'Empereur elle s'écria d'une
voix claire et sonore : —

— Adieu, mon fils !

Napoléon pressa sa main dans la sienne et la considéra longtemps et avec affection ; puis, d'une
voix aussi ferme que l'avait été celle de sa mère, il
s'écria : —

— Adieu, ma mère !

Une fois encore ils se regardèrent. L'Empereur
laissa tomber la main de sa mère ; Madame Lœtitia
se préparait à sortir, quand le Général Bertrand entra
pour annoncer que tout était prêt pour quitter la
Malmaison.

On nous permettra de placer ici quelques mots
sur Madame Lœtitia et de citer quelques traits qui
honorent son sexe et son caractère. Après l'abandon
de Murat, qui fit tant de mal à l'armée Française et
qui fut la principale cause de ses malheurs, Madame Mère cessa toute relation avec sa fille, la Reine
de Naples. Les tentatives de réconciliation que fit
cette dernière furent inutiles ; mais elle finit par arriver en présence de Madame Lœtitia avec l'affection et la tendresse d'une fille qui vient demander
à sa mère ce qu'elle a fait pour mériter sa colère.

La Reine Caroline reçut la réponse suivante : —

— Ce que vous avez fait, grand Dieu ! vous avez
trahi votre frère, votre bienfaiteur.

La Reine de Naples fit observer, avec quelque justice, que son mari était seul maître de sa politique; que des circonstances impérieuses et les intérêts de son royaume avaient nécessité une rupture avec la France, et que personne, encore moins sa mère, pouvait la trouver coupable.

— Vous avez trahi votre bienfaiteur, — répéta Madame Lœtitia; — vous auriez dû employer toute votre influence sur votre mari pour le détourner de sa fatale résolution. Murat aurait dû passer sur votre cadavre avant de commettre un pareil acte de félonie. L'Empereur n'a pas été moins son bienfaiteur que le vôtre. Retirez-vous, Caroline.

Et elle lui tourna le dos.

Ce n'est qu'après la mort de l'Empereur que Madame Lœtitia se réconcilia avec sa fille.

En 1820, quand une conspiration Bonapartiste fut dénoncée aux Chambres de Paris; quand l'Espagne se souleva à l'instigation de l'illustre et malheureux Riégo; quand Naples se révolta et que toute l'Italie fut couverte de Carbonari, le gouvernement des Bourbons s'alarma sérieusement. Trompé par de faux rapports, il appela au Pape de la conduite de Madame Lœtitia, qui résidait alors à Rome. Elle avait, disait-on, des agents en Corse pour fomenter une insurrection en faveur de Napoléon, et ses ramifications s'étendaient jusqu'à l'intérieur de la France pour gagner des partisans à son fils, et le Roi, assurait-on, savait le nombre de millions employés par Madame Lœtitia. Aux yeux de tout

homme de sens commun, ces accusations stupides
tombaient d'elles-mêmes, et il était plus qu'absurde
de soupçonner une femme de l'âge de Madame Mère,
qui approchait de quatre-vingts ans, qui ne sortait
jamais, ne recevait personne, et qui n'était visitée
que par les membres de sa famille qui résidaient à
Rome, et chaque jour par son frère, le Cardinal Fesch.

Il était réellement atroce d'imputer de pareilles
intentions à la mère de l'Empereur, et de la désigner
comme le premier moteur d'une conspiration ; mais
le Duc de Blacas représentait le Roi de France à
Rome, et la haine qu'il portait aux membres de la
famille Impériale ne permettait pas de douter qu'il
fût l'auteur d'une fable aussi ridicule.

Une plainte très-sérieuse fut adressée, à ce sujet,
par M. de Blacas au gouvernement papal. Le Pape,
lorsqu'il l'apprit, ordonna à son secrétaire d'État de
se rendre auprès de Madame Lœtitia, et de prendre
des informations.

Son Éminence se rendit chez Madame Mère, et
lui expliqua les motifs de sa visite avec beaucoup
de détails. Après avoir exprimé le regret qu'il
éprouvait d'être forcé de remplir une aussi pénible
mission, il lui fit connaître les accusations que la
France portait contre elle.

Madame Lœtitia le laissa parler, sans l'interrompre, jusqu'au bout, puis elle répondit avec dignité :—

— Monsieur le Cardinal, je n'ai pas de millions,
mais soyez assez bon pour dire au Pape, afin que
ma réponse puisse être répétée au Roi Louis XVIII,

que si j'étais assez heureuse pour posséder la fortune
qu'on m'attribue si charitablement, je ne l'emploierais pas à fomenter des troubles en Corse, ni à chercher à mon fils des partisans en France, car il en a
assez ; mais je l'emploierais à équiper une flotte,
dans un but tout spécial ; celui d'aller chercher
l'Empereur à Saint-Hélène, où la politique la plus
infâme et la plus honteuse le retient prisonnier.

Puis, saluant le Cardinal, elle rentra dans ses
appartements.

Revenons maintenant à l'Empereur, qui gagnait
rapidement Rochefort, ayant avec lui, dans sa voiture, le Général Beckert, commissaire nommé par
le gouvernement provisoire pour l'accompagner
jusqu'à son embarquement. A son arrivée à Rochefort, l'Empereur trouva son frère Joseph, qui était
sur le point de s'embarquer à bord d'un navire
Américain pour se rendre aux États-Unis, ce qu'il
réussit à faire.

Un capitaine Danois, dont le navire était réputé
excellent voilier, et qui se trouvait justement en
rade de La Rochelle, offrit de conduire l'Empereur
à New-York, en répondant sur sa tête du succès de
l'entreprise, mais il insista sur une condition spéciale : c'est que l'Empereur s'embarquerait seul et se
cacherait dans une cabine secrète, ce qu'il refusa
de faire.

Si l'Empereur y eût consenti, il y avait un
moyen de le sauver des croiseurs Anglais, et l'attachement que son frère Joseph lui portait en garan-

tissait le succès; il s'agissait simplement pour Joseph de mettre la redingotte grise et le chapeau de son frère, et entouré des amis de l'Empereur, de se faire prendre par les Anglais. Certainement, la ressemblance était frappante, et il n'y avait pas une assez grande différence de taille entre les deux frères pour qu'on pût découvrir le stratagème. Après s'être emparé de Joseph, les Anglais auraient gagné Portsmouth, et l'Empereur aurait fait voile pour l'Amérique avec la plus grande facilité, puisque l'escadre Anglaise n'aurait pas été là.

Mademoiselle Cochelet s'entretenait fréquemment avec la Reine de ce projet, et on était parfaitement d'accord sur sa possibilité.

— Si l'Empereur et Joseph s'étaient entendus à ce sujet, — disait la Reine, — ç'eût été une page brillante dans la vie de Joseph, et d'après la connaissance que j'ai de son caractère, je ne pense pas qu'il eût laissé échapper l'occasion de faire un pareil acte de dévouement.

CHAPITRE XXXIV.

EXIL DE LA REINE.

Quand l'Empereur fut définitivement parti, chacun commença à se demander — Quel Roi allons-nous avoir? Assurément ce ne peut être un Bourbon; après avoir été chassés comme il l'ont été, comment pourraient-ils revenir?

Le Prince Eugène était le favori du peuple et tous étaient d'accord pour crier : « Plus de Bourbons! »

Fouché lui-même écrivait aux ministres étrangers qu'il ne fallait pas songer à ramener les Bourbons; que la victoire de 89 ne pouvait être effacée, et qu'essayer de sortir de ses principes ce serait le moyen de la faire recommencer. Sans la nouvelle dynastie, il ne fallait pas espérer de stabilité, et la régence était ce qui convenait le mieux à la France, parce qu'elle représentait les idées de la Révolution, et donnait aux institutions le temps de s'établir sur la base solide que réclamaient les besoins du pays.

Le 1er Juillet, un grand nombre d'officiers de l'armée passèrent la soirée chez la Reine après avoir quitté leurs quartiers sans permission. Le

Général Excelmans, les colonels Lascours et Lawœstine ne dissimulèrent pas le chagrin que leur causait le départ de l'Empereur, et firent à la Reine une proposition qui ne pouvait émaner que de gens au désespoir.

— Venez avec nous, Madame, — lui dirent-ils, — retirez-vous au milieu de cette armée où vous comptez des amis sincèrement dévoués. Nous serons trop heureux de veiller sur vous et sur vos enfants, et de vous escorter jusqu'à ce que vous soyez en lieu sûr; chaque régiment vous servira de garde à son tour, et sera fier de ce privilége.

La Reine fut profondément touchée de cette offre; mais elle n'hésita pas à la refuser.

— Je ne suis pas dans une position qui me permette de prendre un parti semblable. — leur dit-elle avec sa douceur ordinaire; — je dois subir mon sort; je ne suis plus rien; je n'ai pas le droit de rallier les troupes autour de moi, ni de changer leur destination pour me protéger moi-même. Souveraine de la France, j'eusse fait tout pour me défendre, j'ai donné ce conseil à ma sœur l'Impératrice Marie-Louise, en 1814; je n'eusse pas quitté la capitale qu'il ne me fût devenu tout à fait impossible de la sauver. Alors et alors seulement je me serais retirée au milieu de vous; mais ce n'est pas à moi qu'il appartient de mêler ma destinée à d'aussi puissants intérêts que ceux de la France, et je dois me résigner à l'isolement, aux persécutions peut-être, que je n'ai certainement pas méritées.

— Mais quelles sont vos intentions, Madame, — demanda le Général Excelmans.

— Quitter Paris et la France pour toujours, l'Europe, si cela est nécessaire, dès que j'aurai mes passeports, que les routes seront libres et me permettront de voyager avec sûreté.

— Réfléchissez-bien, Madame, vous êtes seule, et vos enfants sont bien jeunes; c'est réellement bien pénible.

— Je le sais, Général, mais que faire à cela? je veux gagner un pays où je puisse vivre en paix: la Suisse, l'Amérique, n'importe où, pourvu que je sois loin des agitations du monde, et à l'abri des événements qui vont bouleverser tant de destinées.

Telles furent les marques de dévouement offertes à la Reine, et dont son bon cœur et sa résignation ne lui permirent pas de profiter, car elle ne voulait associer personne à ses malheurs, ou prolonger, pour ses intérêts personnels, une lutte déjà trop prolongée pour le pays.

L'espoir de défendre Paris, qu'on avait longtemps conservé, s'était évanoui. On avait cru que le Maréchal Davoust, qui s'était si souvent distingué, et en dernier lieu au siége de Hambourg, donnerait à Paris une nouvelle preuve de son courage et de son habileté; mais il avait vieilli et avait besoin de repos. C'est pour cette raison qu'il n'avait pas commandé de corps d'armée pendant la dernière campagne. Napoléon avait employé son talent au ministère de la guerre, et, en outre, Davoust avait des chagrins dans sa vie privée, car sa femme souffrait beaucoup. Ces circonstances semblaient avoir exercé une certaine influence sur lui, et, bien qu'il fût commandant en chef de l'armée sous les murs de Paris, il était subordonné au gouvernement provisoire.

La Reine était à chaque instant insultée par les agents payés du Faubourg Saint-Germain, et elle résolut de se retirer en lieu de sûreté; mais un incident retarda son départ. Les habitants de Saint-Leu avaient résisté aux troupes alliées, et un des gardes-chasse fut pris par les Prussiens et condamné à mort. Le premier mouvement de la Reine fut de sauver cet homme, et elle s'adressa au Prince Guillaume de Prusse, qui intervint et le sauva.

Le 14 Juillet, la convention qui exilait l'armée Française au delà de la Loire fut signée, et la capitale se rendit aux alliés sans résistance. Le gouvernement provisoire donna sa démission en masse, alléguant que les alliés n'avaient pas tenu leur promesse de laisser la nation Française choisir elle-même son souverain. En apprenant ceci, la Reine dit à Mademoiselle Cochelet : —

— Grands Dieux! est-il possible qu'une assemblée d'hommes sensés, dont les intentions sont bonnes, puisse se méprendre si grossièrement sur la position de la France? Faire des discours, envoyer des ambassadeurs à un ennemi qui ne les reçoit pas! s'imaginer que des forces incroyables ont marché sur la France dans le seul but de voir ce que la nation déciderait, adopterait! C'est incroyable! L'Empereur avait bien raison de dire, il y a quelques jours, à la Malmaison, avec une ineffable expression de tristesse : « Nous sommes retombés dans le Bas-Empire, et on s'amuse à discourir froidement quand l'ennemi est à nos portes. »

Le 3 Juillet, Louis XVIII fit son entrée triomphale à Paris. Elle fut d'autant plus brillante que la foule était composée de Ducs, de Marquis et de Comtes : la qualité remplaçait la quantité. L'exaltation était délirante, les cris et les gestes convulsifs, tant débordait la joie du parti vainqueur. De magnifiques équipages remplis de dames élégantes encombraient le passage du souverain surnommé le Désiré. Elles passaient sans cesse, agitant leurs mouchoirs blancs. On se donnait des poignées de main par la portière des voitures, et, pour mettre le comble à tout cela, une grande dame, dont la voiture était arrêtée sur le boulevard de Gand, dans l'ivresse de sa joie, sauta au cou de son cocher et l'embrassa.

Pour la seconde fois, les Bourbons entraient dans Paris avec le secours des baïonnettes étrangères. Louis XVIII était de nouveau Roi de France. Mais cette fois il ne venait pas avec des intentions douces et conciliantes. Il venait punir et récompenser; mais la clémence ne faisait pas partie de sa suite.

Les vieux Généraux et les Maréchaux de l'Empire, qui n'avaient pu résister à l'appel de leur ancien maître, furent alors privés de leur rang, exilés ou fusillés. Ney et Labédoyère durent payer de leur existence leur généreux attachement pour l'Empereur, et tous ceux qui avaient eu des rapports avec la famille de Napoléon furent traités avec une sévérité et une dureté extrêmes.

Les calomnies, qu'en 1814 on avait répandues contre Hortense, allaient maintenant porter leurs tristes fruits. *Elles ressemblaient aux dents du dragon qui se changeaient en guerriers ennemis*, et ces guerriers, cette fois, attaquaient une femme sans défense.

Louis XVIII était remonté sur le trône de ses pères, mais il n'avait pas encore oublié ce qu'on lui avait dit sur la route de Hollande : que tout cela avait été le fait de la Duchesse de Saint-Leu, et que ses intrigues seules avaient ramené l'Empereur.

Maintenant que Louis était redevenu Roi, il se souvint de cela et voulut se venger. Il demanda comme une faveur à l'Empereur Alexandre de ne pas aller voir la Duchesse de Saint-Leu cette fois.

L'Empereur fut surpris des étranges rumeurs qui circulaient sur le compte d'Hortense. Il avait déjà commencé à subir l'influence mystérieuse de Madame Krudener, qui le détournait du monde. Il fit ce que les Bourbons demandaient, et ne vit pas la Reine.

Ce fut pour les Royalistes le signal d'abandonner toute contrainte et de satisfaire leur haine jalouse contre Hortense. Ils avaient alors toute liberté de la railler et de la calomnier de la manière la plus lâche. Ils voulaient prendre leur revanche d'avoir été forcés de s'incliner devant Hortense comme devant une Reine. Ils poussèrent fort loin leurs attaques. La femme qu'ils insultaient n'était-elle pas la belle-fille de Napoléon ? Leur lâcheté devenait un mérite aux yeux de la famille royale : car calomnier et persécuter la famille de Napoléon, n'était-ce pas flatter les Bourbons?

Les Royalistes n'abandonnaient pas un seul instant leur victime. Hortense était un odieux souvenir de l'Empire; il fallait l'éloigner en même temps que l'on ferait tomber la statue de l'Empereur de la place Vendôme.

Pendant que la pauvre Reine restait triste et isolée dans la partie la plus retirée de son hôtel, les Royalistes firent courir le bruit qu'elle complotait de nouveau et que le soir elle sortait pour haranguer le peuple et l'exciter à la révolte. C'était un fait positif, — disait-on, — qu'elle lui conseillait, sinon de redemander l'Empereur, du moins d'insister pour que le petit Roi de Rome montât sur le trône à la place d'un Bourbon.

Lorsque Mademoiselle Cochelet, la compagne et l'amie fidèle de la Reine, rapporta ces bruits à sa maîtresse, la Reine n'y prêta que peu d'attention.

. — Mais, Madame, — s'écria Mademoiselle Cochelet, — vous m'écoutez comme si je vous racontais une histoire du siècle dernier.

— C'est pour moi la même chose, — répondit tranquillement Hortense ; — tout est perdu pour nous, et je contemple le pire qui puisse m'arriver avec l'indifférence d'un spectateur. Je considère comme une chose parfaitement naturelle qu'on tienne à me calomnier, car je porte un nom qui a fait trembler le monde, et qui continuera à être un grand nom quoi qu'on fasse. Mais je dois prendre des mesures pour protéger mes enfants et moi-même contre cette haine; j'ai l'intention de quitter la France et de me retirer en Suisse, où j'ai une petite propriété sur les bords du lac de Genève.

Mais la Reine ne put même pas faire les préparatifs nécessaires à son voyage. Les Royalistes avaient réussi à monter l'esprit du Roi contre Hortense, et comme le gouvernement avait peur de cette femme abandonnée et de ses deux jeunes enfants, on se dépêcha de s'en débarrasser le plus vite possible.

De grand matin, le 1er Juillet, un aide de camp du Général Prussien, Muffling, alors commandant militaire de Paris, se présente chez la Duchesse de Saint-Leu, et dit à son valet de chambre que dans deux heures elle devait avoir quitté la capitale. Ce n'est pas sans difficultés que M. Devaux obtint, pour sa maîtresse, la permission de rester six heures de plus. Hortense fut obligée de se soumettre aux ordres reçus. Elle fut forcée de quitter Paris sans avoir eu le temps d'arranger ses affaires et de faire les préparatifs nécessaires à son départ. Elle n'avait, en ce moment, d'autre valeur que ses bijoux; elle avait donc résolu de les emporter avec elle; mais un avis officieux lui apprit qu'une bande de Royalistes fanatiques avait eu connaissance de son départ, et avait quitté Paris pour la précéder et lui dérober les valeurs qu'elle voulait emporter.

On conseilla à la Duchesse de ne pas tenter, dans les circonstances actuelles, de prendre avec elle beaucoup d'argent ou d'autres valeurs; mais de n'emporter que ce qui était absolument nécessaire.

En même temps, le Général Muffling lui offrit une escorte de soldats Prussiens qu'elle refusa. Hortense demanda seulement qu'on permît à un officier Autrichien de l'accompagner pour la protéger pendant le voyage. On le lui accorda, et le Comte de Voyna, aide de camp du Prince de Schwarzemberg, fut chargé de cette mission délicate.

On se mit en route le soir du 17 Juillet 1815. La fidèle compagne d'Hortense, Mademoiselle Cochelet, resta à Paris pour arranger ses affaires et s'assurer de ses diamants. La Reine partit pour l'exil accompagnée seulement de son écuyer, M. de Marmold, du Comte de Voyna, de ses enfants, d'une femme de chambre, et d'un valet de pied.

Le voyage d'Hortense à travers sa France bien-aimée, à laquelle elle avait cessé d'appartenir, fut triste et mélancolique. Le pays qui avait toujours adoré l'Empereur et sa famille, semblait maintenant animé d'une haine furieuse contre eux tous.

Tous les Bonapartistes, pendant ces jours d'agitation, restèrent cachés ou du moins cachèrent leur véritable douleur politique; on ne vit donc auprès d'Hortense que des Royalistes, et ceux-ci s'imaginaient ne pouvoir mieux témoigner leur zèle et leur fidélité, qu'en assaillant une pauvre femme et en l'accablant de moqueries, d'insultes, et de malédictions; simplement parce qu'elle portait le nom qu'avait autrefois idolâtré la France, bien que les Légitimistes n'eussent jamais cessé de le haïr.

Plus d'une fois, son protecteur Autrichien fut forcé de défendre elle et ses enfants contre les attaques furieuses des bandes royalistes. A Dijon, le Comte de Voyna fut même obligé d'avoir recours à la garnison Autrichienne pour protéger la Duchesse contre une foule fanatique, conduite et excitée par des gardes royaux et de nobles dames ornées de lys blancs.

L'esprit accablé parce qu'elle avait été forcée de voir et d'éprouver, abattue et désespérée, Hortense atteignit enfin Genève. Mais la pensée qu'elle finirait par y trouver la solitude et la tranquillité, la consolait. Elle se retira de suite dans sa petite propriété sur les bords du lac, qui porte le nom de Pregny.

Hortense n'eut pas le droit cependant de jouir longtemps de ce lieu de refuge. L'ambassadeur de France en Suisse, qui résidait à Genève, signifia aux autorités municipales, que son gouvernement ne souffrirait pas que la Reine s'établît aussi près des frontières Françaises, et demanda son expulsion immédiate. Les autorités de Genève obéirent, et enjoignirent à Hortense de quitter immédiatement la ville.

SUR LA REINE HORTENSE

Quand le Comte de Voyna vint annoncer cette
mauvaise nouvelle à la Duchesse et lui demanda
où elle désirait aller, elle s'écria d'un ton désespéré : —

— Hélas! je ne sais où aller! Jetez-moi dans le
lac, alors nous serons tous tranquilles.

Mais elle recouvra bientôt sa présence d'esprit accoutumée et se soumit patiemment au nouvel exil
qui la privait de son dernier bien, le charmant petit
domaine de Pregny, son rêve de bonheur.

On lui permit enfin de vivre en paix pendant
quelques semaines à Aix, en Savoie, la même petite
ville où elle avait remporté jadis de superbes
triomphes, et où maintenant on lui permettait tout
au plus de vivre avec ses enfants et quelques serviteurs.

Mais c'est à Aix qu'elle reçut le coup le plus
violent que lui eût encore porté le destin.

En 1814, et un peu après le retour de l'Empereur,
elle avait perdu son procès contre son mari, et avait
été condamnée à lui rendre l'aîné de ses fils, Napoléon-Louis. Maintenant que le déplaisir de Napoléon
n'était plus à craindre, Louis demanda que ce ver-
dict reçût son exécution, et envoya un certain Baron
de Zuyten pour chercher l'enfant, et le ramener à
Florence, où son père résidait alors.

Il n'était plus au pouvoir de la malheureuse mère
de résister aux prétentions de son mari. Elle fut
forcée de se soumettre, et de laisser conduire l'enfant
à un père qui était un étranger pour lui, et pour

lequel son cœur ne pouvait conséquemment ressentir aucune affection.

La scène d'adieu entre la mère et le fils fut déchirante, et le petit Louis, qui n'avait jamais été séparé de son frère, pleura amèrement, et en jetant les bras autour de son cou, il le supplia de ne pas partir.

Mais la séparation était devenue inévitable. Hortense elle-même sépara les deux enfants, et serra le petit Louis-Napoléon sur son sein, tandis que Napoléon, baigné de larmes, suivait son tuteur à la voiture. Quand Hortense l'entendit partir, elle tomba sans connaissance sur le sol. Une longue et sérieuse maladie suivit cette séparation.

CHAPITRE XXXV.

LA SAINTE ALLIANCE.

Nous avons vu que Mademoiselle Cochelet était restée à Paris après le départ de la Reine pour surveiller les affaires particulières de sa maison et sauver du naufrage le peu qu'elle pourrait. Tout en s'occupant de ces affaires, elle apprit l'arrivée à Paris de Madame de Krudener, et s'empressa de s'assurer le concours de cette amie auprès de la cour.

Madame de Krudener habitait Altorf quand la guerre éclata, et les armées ennemies passèrent successivement par cette ville. Elle y était encore quand les troupes Russes arrivèrent et se livrèrent aux excès les plus révoltants. Une pauvre famille à laquelle Madame de Krudener s'intéressait fut honteusement maltraitée, et Madame de Krudener, dans sa douleur, résolut de s'adresser directement à Alexandre. Elle se rendit donc à son quartier général, et lui demanda d'arrêter les excès de ses troupes, en prédisant que s'il ne maintenait pas l'ordre et la discipline dans son armée, Dieu ne seconderait pas son entreprise.

Sans lettre d'introduction ou de recommandation, elle se présenta à l'Empereur Alexandre et fut
très-surprise de se voir reçue immédiatement en
disant son nom.

Madame de Krudener trouva l'Empereur seul, et
il lui témoigna le plus grand respect et les attentions les plus bienveillantes.

— C'est la main de Dieu qui vous envoie ici,
Madame, en un moment où je désirais ardemment
votre présence, et où je demandais au Ciel de m'é-
clairer au sujet de ses desseins sur moi.

Il lui dit alors que sa femme, qui l'avait vue l'année précédente à Baden-Baden, lui avait beaucoup
parlé d'elle; qu'il savait tout ce que Madame de Krudener avait dit à l'Impératrice, ce qui l'avait beaucoup frappé, mais que depuis il avait été très-surpris
de voir que tous les événements qu'elle avait prédits
s'étaient réalisés, qu'il y pensait constamment, et
qu'en ce moment même, où il avait été interrompu
par l'annonce de sa visite, il était en train de
prier pour que la lumière se fît en lui et souhaitait
ardemment que Madame de Krudener vînt le
trouver.

Cette coïncidence extraordinaire ne pouvait man-
quer de paraître miraculeuse à l'Empereur; il fut
dès lors convaincu de la mission céleste de Madame de Krudener, et les conseils qu'elle lui donna
sur les devoirs de sa position et la nécessité de concilier, de protéger, et de pacifier l'Empire, le frap-
pèrent au point qu'à partir de ce moment il ne lui

permit plus de le quitter et ne laissa jamais passer un jour sans la voir.

Madame de Krudener se rendit à Paris avec l'état-major et y arriva le même jour qu'Alexandre; elle s'installa dans une maison peu éloignée de l'Élysée-Bourbon, où résidait l'Empereur. Tous les soirs il traversait les jardins du Faubourg Saint-Honoré et, suivi seulement d'un cosaque, il allait trouver Madame de Krudener par une porte dérobée. Alors il priait avec elle et avivait sa confiance et sa foi par les exhortations de cette dame. Ils passaient plusieurs heures ensemble pendant lesquelles personne n'était admis auprès de Madame de Krudener, et la maison de l'Empereur le supposait renfermé dans son cabinet.

Madame de Krudener parla à Mademoiselle Corchelet de la Reine avec tout l'intérêt et toute l'affection qu'elle ressentait pour elle, et répéta que l'Empereur Alexandre seul pouvait la protéger efficacement.

— Je sais bien, — dit-elle, — qu'il n'est pas aussi bien disposé pour la Reine qu'il l'était précédemment; il croit qu'elle s'est mêlée de politique, et il est fâché contre elle à cause de cela. Mais ce nuage se dissipera, car il est trop bon, trop noble, et trop généreux pour en vouloir longtemps à la Reine, son âme est digne du ciel. Je dois insister pour que vous voyez l'Empereur Alexandre, il vous sera facile d'avoir une explication avec lui. Venez me trouver à l'heure où il me rend sa visite ordinaire, et je vous promets une bonne réception.

D'abord Mademoiselle Cochelet déclina cette offre dans la crainte de compromettre la Reine, mais d'après le conseil du Duc de Vicence, qui lui fit comprendre combien Hortense avait besoin d'un protecteur, elle consentit à voir Alexandre.

Un grand changement s'était opéré en une année. Autrefois, l'Empereur faisait demander lui-même Mademoiselle Cochelet, et, en prenant une tasse de thé, il lui parlait avec abandon de l'avenir de la Reine de Hollande. Maintenant l'Empereur était froid, digne et réservé. Madame de Krudener fut la première à rompre ce silence embarrassant en disant qu'elle croyait qu'il ne serait pas fâché de voir une ancienne connaissance contre laquelle il avait été injustement prévenu.

Mademoiselle Cochelet dit alors que si l'opinion défavorable de l'Empereur n'eût atteint qu'elle seule, elle ne se serait pas crue digne d'essayer de la changer; mais que, comme elle atteignait la Reine, elle pensait qu'il était de son devoir de faire son possible pour amener l'Empereur à rendre à sa maîtresse la justice qu'elle méritait.

— J'ai toujours mon ancienne amitié pour la Reine Hortense, — répondit-il, — mais j'avoue franchement que je n'aime pas que les femmes s'occupent de politique, et, sur ce chapitre, la Reine a été toute autre que je l'avais espéré.

— Mais, Sire, qu'a-t-elle fait qui ne soit pas en rapport avec les qualités et le caractère qu'il avait plu à Votre Majesté de lui reconnaître? Il est des situations où les femmes sont forcées de prendre part aux événements politiques.

— Assurément, mais après avoir reçu de la bonté du Roi de France la permission de rester à Paris, la Reine aurait dû ne pas prendre une part aussi active qu'elle l'a fait à la politique.

— Dites de votre bonté, Sire, car vous ne pouvez avoir oublié que la Reine ne voulut rien recevoir des Bourbons, et qu'elle a seulement cédé à vos désirs en acceptant ce que vous lui offriez.

— Il importe peu de savoir de qui elle a accepté cette faveur. Elle n'aurait pas dû rester à Paris au retour de l'Empereur Napoléon.

— Je ne sais pas ce qu'elle aurait dû faire au point de vue politique et dans son intérêt particulier. Mais, comme fille et sœur de l'Empereur, son devoir était supérieur à toute autre considération, et si la Reine l'a rempli, ce n'a pas été au moment du triomphe, mais quand le malheur est arrivé, en allant à la Malmaison partager les dangers d'un homme auquel elle devait tout, en veillant à sa sûreté, et en adoucissant les humiliations des derniers jours.

— C'est bien digne du beau caractère de la Reine Hortense, — dit l'Empereur en quittant le ton sec dont il s'était servi jusqu'alors, — et si je pouvais lui être utile en quoi que ce fût, je le ferais volontiers.

Malheureusement pour la Reine, son amie fut forcée de montrer une certaine réserve, et elle répondit simplement : —

— Il sera assurément très-agréable à la Reine

d'apprendre l'intérêt que Votre Majesté veut bien encore lui témoigner, mais quant à recevoir un service de quelqu'un ou à accepter la protection d'aucun homme, quel qu'il soit, elle a prouvé formellement que telle n'était pas son intention en quittant Paris comme elle l'a fait. Elle a eu à peine le temps de se procurer les choses nécessaires, et il lui a été impossible d'emporter avec elle ses bijoux, qui aujourd'hui constituent sa seule fortune.

— Je suis fâché que dans ces circonstances elle n'ait pas songé à s'adresser à moi, et si vous désirez lui envoyer ses bijoux, je les lui ferai remettre par une main sûre.

— Je remercie Votre Majesté, mais j'ai mis en sûreté les objets précieux qui appartiennent à la Reine; pour le moment elle n'en a pas besoin, une parure de rubis et de diamants, qu'elle m'a chargée de vendre, lui fournira, pendant quelque temps, les moyens de vivre.

L'Empereur continua à presser Mademoiselle Cochelet, mais elle n'accepta pas la moindre faveur au nom de sa maîtresse. La parure de rubis et de diamants fut vendue le quart de sa valeur, comme presque tous les objets appartenant à la Reine, mais la personne avec laquelle Mademoiselle Cochelet avait conclu l'affaire fit faillite, et elle n'en toucha pas le prix.

L'Empereur eut bientôt après l'occasion d'obliger Hortense et Eugène. Plusieurs tableaux de prix, laissés à la Malmaison et donnés à Joséphine par

Napoléon, faisaient partie du butin abandonné aux alliés. L'Electeur de Hesse-Cassel les demanda, et pour empêcher qu'il les prît, Alexandre les fit apporter à son palais et en paya la valeur au frère et à la sœur.

Madame de Krudener, c'est étrange à dire, n'usa pas de l'influence incontestée qu'elle avait sur Alexandre pour sauver les victimes de la réaction qui était survenue. Elle aurait facilement pu le faire, mais elle attachait sans doute peu de valeur à leurs enveloppes mortelles et se contentait de prier pour leurs âmes.

C'est à elle qu'on dut l'idée de la Sainte-Alliance. Un soir, quand Mademoiselle Cochelet vint la voir, elle dit à son amie combien elle avait exhorté l'Empereur Alexandre à relever la bannière du Christ.

—Le règne du Sauveur viendra, Sire,—avait-elle dit, — bonheur et gloire pour ceux qui auront combattu pour lui. Malheur et malédiction à ceux qui auront combattu contre lui! Formez une Sainte-Alliance de tous ceux qui appartiennent à la vraie foi, et qu'ils jurent de combattre les innovateurs qui veulent renverser la religion, et avec elle vous triompherez éternellement.

Il se peut que l'Empereur Alexandre ait écouté ce conseil, mais il est certain que lorsqu'il passa la revue de son armée, en Champagne, il insista pour que Madame de Krudener l'accompagnât et inspectât les bataillons... Comme personne au monde ne craignait le ridicule davantage que l'Empereur de

Russie, il fallait qu'il eût une bien ferme conviction pour le braver ainsi, en affichant ses relations avec Madame de Krudener, car l'âge, le visage de la prophétesse inspirée, et ses cheveux gris, ne permettaient aucune fausse interprétation des motifs qui le faisaient agir.

Cette femme extraordinaire eut une triste fin; elle commit la fatale erreur de se rendre ridicule, et en même temps d'attirer les soupçons de la police. Elle mourut subitement en Crimée, en 1824. Sa dernière compagne d'exil fut la Comtesse de Lamothe, qui avait été fouettée et marquée publiquement en place de Grève, comme instigatrice du vol célèbre du collier de la Reine Marie-Antoinette.

CHAPITRE XXXVI.

L'ENFANCE DE LOUIS NAPOLÉON

En arrivant à Aix, la Reine loua la première maison vacante qu'elle trouva. Elle était mal située, triste et laide. Elle n'offrait qu'un avantage : c'était une cour assez vaste dans laquelle les enfants pouvaient jouer à leur aise. Deux ou trois jeunes enfants, appartenant à des familles du voisinage, se joignirent à eux. Ils jouaient aux soldats, et le plus jeune Prince, fier d'être à leur tête, s'emparait du tambour, qui faisait partie des jouets de Louis, en battait avec fureur, et faisait le plus de bruit possible; mais malgré tous ses efforts on ne pouvait l'entendre de bien loin.

Le Prince Napoléon, comme le plus âgé et le plus intelligent, commandait la troupe en brandissant son petit sabre. Il disciplinait ses soldats et enflait sa voix le plus qu'il pouvait en les commandant. Le Prince Louis, lorsqu'il était las de battre le tambour, suivait, armé d'un bâton comme les autres, tous les mouvements de son frère, qui était son modèle et son idole.

Assises à la fenêtre, la Reine et Mademoiselle Cochelet suivaient des yeux leurs jeux innocents, soupçonnant peu qu'ils deviendraient bientôt un sujet de plaintes de la part de la police, — car, qui aurait pu soupçonner une semblable aberration de l'esprit humain.

A Aix même, l'infortunée Reine ne devait pas goûter longtemps le calme de la retraite. Les Bourbons continuaient à persécuter Hortense, tant ils étaient effrayés du nom qu'elle portait; bien que son plus grand représentant fût exilé dans une île lointaine, ils trouvaient dangereux que la belle-fille de l'Empereur et son fils, Louis-Napoléon, restassent si près de la frontière de France. On envoya donc une protestation au gouvernement de Savoie contre le séjour de la Reine dans ce pays, et la malheureuse femme se vit encore une fois forcée de s'éloigner et de parcourir le monde à la recherche d'un abri. Tous les malheurs l'accablaient à la fois, car c'est à cette époque qu'elle fut forcée de rendre son fils au Roi Louis.

Elle alla d'abord à Bade. La Grande-Duchesse Stéphanie étant une de ses proches parentes, elle pouvait espérer une réception amicale de son mari.

Mais le Grand-Duc ne répondit pas à la confiance de sa cousine. Il n'eut pas le courage de braver les lâches appréhensions de la France. Ce n'est que sur les instances réitérées de sa femme, qu'il consentit à permettre à Hortense de s'établir dans le coin le plus éloigné de son pays, sur les rives du lac de Constance. Mais la Duchesse de Saint-Leu dut prendre l'engagement que son fils ni elle ne viendraient à Karlsruhe, et la Duchesse Stéphanie fut forcée de promettre qu'elle n'irait jamais à Constance voir sa cousine.

Hortense se soumit à ces conditions. Elle fut bien aise d'avoir trouvé enfin un lieu où elle put reposer sa tête fatiguée. Elle était lasse d'errer au hasard, il lui tardait de cicatriser les blessures de son cœur dans le silence et la tranquilité d'une localité douce et charmante.

A Constance, Hortense passa quelques années heureuses, ne désirant rien et ne demandant rien qu'un peu de calme et de solitude. Son fils était sa consolation et lui faisait oublier tous ses malheurs, elle voulait en faire un homme fort et énergique. L'univers sait aujourd'hui comment elle a réussi.

Elle donna tous les soins possibles à l'éducation son fils, elle fit venir un homme distingué, le professeur Lebas, de Paris, pour servir de précepteur au jeune Prince, tandis qu'elle-même elle lui enseignait le dessin, la musique, la danse. Elle lisait et chantait avec lui, et redevenait enfant pour occuper auprès de l'enfant isolé la place du compagnon qu'il avait perdu.

Quand, dans les longs soirs d'hiver, elle était étendue sur un fauteuil près du feu, l'enfant sur un tabouret à ses pieds, elle lui parlait de son oncle, de ses hauts faits, de la France, leur chère patrie, fermée pour eux maintenant, mais qu'elle conservait toujours l'espoir de revoir un jour.

Le cœur de l'enfant se gonflait d'enthousiasme en entendant raconter les grandes batailles que son oncle avait gagnées en Italie et en Égypte, sur les bords du Rhin et sur ceux du Danube; l'enfant, pâle et tranquille, avec ses yeux bleus expressifs, écoutait, haletant, et son corps délicat tremblait d'émotion en entendant dire quel amour l'Empereur avait voué à la France, et combien de grandes et nobles actions avaient été accomplies en son honneur et pour sa gloire.

Un jour que l'enfant était ainsi assis aux pieds de sa mère, l'écoutant parler du passé, Hortense lui indiqua du doigt ce magnifique tableau, peint par David, qui représente Napoléon au sommet des Alpes, idée conçue par l'Empereur lui-même.

— Peignez-moi calme sur un cheval fougueux, — avait dit Napoléon à David.

Et David avait suivi son conseil. Il avait représenté l'Empereur sur son cheval de bataille, gravissant le sommet d'un roc sur lequel on lit cette inscription :

ANNIBAL. — CÉSAR.

L'expression du visage de Napoléon est calme, mais ses yeux ont un éclat extraordinaire. La brise

joue avec ses cheveux; il ne semble pas s'inquiéter
si son cheval se cabre, et il tient les rênes d'une
main ferme.

Il y avait une copie de ce tableau célèbre dans
le salon de la Duchesse de Saint-Leu. Elle l'indi-
quait du doigt au jeune homme, en lui racontant le
passage des Alpes par l'Empereur, et lui disant
qu'Annibal et César l'avaient seuls tenté, et que
personne peut-être ne le tenterait jamais après
lui. Le visage de l'enfant était radieux d'enthousiasme. Il écoutait avec une émotion ardente les paroles de sa mère. Il se leva, et se tenant fièrement
debout, il s'écria : —

— Moi aussi, ma mère, je franchirai les Alpes
comme l'Empereur.

En parlant ainsi, ses joues étaient pourpres, ses
lèvres tremblaient, et l'on pouvait entendre les bat-
tements de son cœur.

Hortense fut alarmée. Elle se tourna vers Mademoiselle Cochelet et la pria de changer les idées du
jeune homme, en lui racontant quelque chose d'a-
musant. Cette jeune femme cherchait quelle histoire
elle pourrait conter, quand ses yeux tombèrent sur
une tasse à thé posée sur la cheminée. Elle se leva,
prit la tasse et s'approcha, en la tenant, du petit
Louis-Napoléon.

— Votre maman vous a expliqué un tableau sérieux, Louis,—commença Mademoiselle Cochelet,—
moi, je vais vous faire voir une peinture amusante.
Tenez, n'est-ce pas gentil?

374　　　　　　MÉMOIRES

Le petit Prince jeta un regard rapide sur la tasse,
Mademoiselle Cochelet riait.

— Tenez, Louis, ceci est exactement le contraire
du tableau qui représente l'Empereur Napoléon fran-
chissant les Alpes et rencontrant les grandes ombres
d'Annibal et de César. Cette porcelaine représente
un jeune Napoléon qui, au lieu de franchir les Alpes,
descend de son lit et rencontre un fantôme noir,
sous la forme d'un ramoneur. C'est l'histoire du
jeune Napoléon. Le grand Napoléon rencontre Annibal et le jeune rencontre un ramoneur.

— Suis-je le jeune Napoléon? — demanda l'enfant.

— Oui, Louis, — répondit Mademoiselle Cochelet,
— et maintenant je vais vous dire l'histoire de la
tasse. Un jour, nous habitions encore Paris, et dans ce
temps-là votre oncle était Empereur des Français;
vous rencontrâtes, dans votre chambre, un pauvre
petit ramoneur qui, avec ses vêtements tout noircis,
venait de sortir de la cheminée. Vous commenciez à
crier, car vous aviez peur, et vous vouliez vous
sauver, mais je vous retins et je vous racontai que
les parents de ces petits garçons étaient si pauvres
qu'ils ne pouvaient garder leurs enfants chez eux et
qu'ils étaient forcés de les envoyer à Paris où, au
risque de leur vie, ils devaient gagner leur pain
en grimpant dans les cheminées pour les nettoyer.
Ce que je vous dis alors vous toucha, et vous fîtes
la promesse de ne plus avoir peur des ramoneurs.
Quelque temps après, vous fûtes un matin réveillé

par un bruit étrange. Votre frère dormait à côté de vous, et la gouvernante était sortie de la chambre. Le bruit provenait d'un ramoneur qui venait de descendre de la cheminée et qui se trouva bientôt au milieu de la pièce. En le voyant, ce que je vous avais dit vous revint à l'esprit, et, sautant de votre lit, vous courûtes à la chaise sur laquelle vos vêtements étaient placés, vous prîtes votre bourse de la poche de votre habit et la vidâtes dans les mains noircies du ramoneur; après cela, voulant regagner votre lit, vous le trouvâtes malheureusement trop haut pour y remonter seul; en voyant cela, le ramoneur vous prit dans ses bras pour vous recoucher. La gouvernante entra, et votre frère, que le bruit avait réveillé, commença à crier, en voyant son petit Louis dans les bras noirs du ramoneur. Telle est l'histoire du jeune Napoléon et du ramoneur. Votre grand'maman, l'Impératrice Joséphine, s'en amusa si fort que votre maman, pensant lui être agréable, fit peindre cette scène sur une tasse à thé et la lui donna. Et le croiriez-vous, Louis, cette tasse servit un jour à épargner une punition à votre cousin, le petit Roi de Rome, qui est maintenant à Vienne.

— Oh! contez-moi cette histoire, chère Louise, — dit le Prince avec un sourire.

— Eh bien, écoutez-moi donc. Votre mère m'avait chargée de porter cette tasse à la Malmaison, où résidait l'Impératrice. Avant de m'y rendre, je devais prendre des nouvelles du Roi de Rome, que Jo-

séphine aimait comme s'il avait été son propre enfant,
mais qu'elle n'avait pas encore vu. Je me rendis
donc aux Tuileries pour voir le petit Roi de Rome et
sa gouvernante, Madame de Montesquieu, qui était
mon amie intime. En entrant dans la chambre, je
vis le petit Roi debout dans un coin, le visage
tourné du côté du mur. Il avait l'air très-abattu,
et un coup d'œil de Madame de Montesquieu m'apprit qu'il subissait une punition. Après avoir causé
quelque temps avec Madame de Montesquieu, sans
avoir l'air de faire attention à l'enfant, je m'ap-
prochai de lui, son visage était baigné de larmes,
et il se cachait derrière une chaise placée près de
lui. « Sire, » lui dit Madame de Montesquieu,
« ne voulez-vous pas donner la main à Mademoiselle Cochelet? Elle est venue dans le seul but de
vous voir. » « Je suppose que Votre Majesté ne
me reconnaît plus ? » ajoutai-je en prenant sa petite
main. Il la retira vivement, et dit d'une voix
presque étouffée par les soupirs : « Elle ne veut
pas me permettre de regarder les soldats de papa. »
Madame de Montesquieu me dit alors que le
Prince aimait à voir la Garde arriver dans la cour
du Palais, mais que ce jour-là, à cause de sa mauvaise humeur, elle l'avait privé de ce plaisir, et que
lorsqu'il avait entendu les tambours et les fifres, il
était devenu tout à fait insupportable et qu'elle avait
dû avoir recours à des mesures sévères. C'est ainsi
qu'il se trouvait en pénitence dans un coin. Je demandai pardon pour le petit Roi et lui montrai la

tasse avec votre portrait en lui expliquant en même
temps la scène qu'elle représentait. Le Roi de Rome
rit et Madame de Montesquieu leva la punition, en
considération de son cousin Louis-Napoléon qui avait
été bon et charitable. Voilà mon histoire, Louis,
l'aimez-vous?

— Oui, je l'aime beaucoup, — répondit le
jeune enfant, — mais je suis vexé que la gouvernante ait empêché mon cousin de voir les soldats de
son père. Comme ils devaient être beaux les soldats
de l'Empereur! Maman, je voudrais être Empereur aussi, et avoir un grand nombre de soldats.

Hortense mit, avec un triste sourire, sa main sur
la tête de l'enfant, et répondit :—

— Mon fils il ne faut pas envier la couronne,
elle n'est que trop souvent tressée d'épines.

Dès ce jour, on vit souvent le jeune Napoléon
fixer des yeux rêveurs sur le portrait de son oncle;
quand il le quittait, il courait au village, réunis-
sait les enfants du voisinage et venait avec eux,
dans le grand jardin qui entourait la maison de
la Duchesse, jouer à l'*Empereur et aux soldats*.
Un jour, dans la chaleur du jeu, il oublia une
recommandation de sa mère de ne pas s'éloigner du
jardin, et il sortit avec ses soldats. Dès qu'on remarqua son absence, on envoya un vieux domestique
courir sur ses traces, et la Duchesse elle-même sortit
avec ses dames à la recherche de son fils, malgré
les rigueurs de la saison et la boue qui couvrait les
chemins.

Tout à coup, à travers les champs détrempés, on vit accourir Louis, les pieds nus et sans habit. Il parut un peu surpris et confus de cette rencontre subite ; puis il avoua sans tarder que pendant qu'il jouait dans le jardin, il était venu à passer une famille si pauvre et si misérable, qu'il n'avait pu s'empêcher de la plaindre, et que n'ayant pas d'argent sur lui, il avait ôté ses souliers pour les donner à l'un des enfants, tandis que son habit devenait la propriété d'un autre.

La Duchesse n'eut pas le courage de gronder son fils, elle se pencha pour l'embrasser. Quand ses dames commencèrent à louer l'enfant de la générosité de son action, elle les arrêta en disant que son fils n'avait rien fait que de très-naturel.

Donner aux autres et les rendre heureux était une des qualités caractéristiques du jeune Napoléon. Un jour, Hortense lui donna trois magnifiques boutons, et le prince les donna à un de ses amis qui les avait beaucoup admirés.

Quand Hortense blâma son fils d'avoir agi de la sorte, et le menaça de ne plus rien lui donner, Louis répondit : —

— Mais, maman, n'est-ce pas jouir deux fois des présents qu'on me fait que de les donner ? J'ai d'abord le plaisir de les recevoir de vous, et ensuite celui de faire plaisir à d'autres.

Bien que ce ne soit peut-être pas la place qui convienne, comme nous croyons ne devoir omettre aucune des anecdotes relatives à la jeunesse de

Louis-Napoléon, nous plaçons ici le fait suivant tiré des intéressants *Mémoires* de Mademoiselle Cochelet.

Un jour Louis-Napoléon, alors âgé de six ans, avait un violent mal de tête.

— Envoyez chercher le dentiste, — dit-il à Mademoiselle Cochelet, — pour qu'il m'arrache cette grosse dent qui me fait tant de mal, mais vous ne le direz pas à maman, car cela l'effrayerait.

— Comment pourrez-vous cacher cela à votre mère? Son boudoir est voisin de votre chambre, elle vous entendra crier, et sera bien plus alarmée que si elle savait ce qui doit se passer.

— Je ne crierai pas, je vous le promets, je suis un homme, et je dois avoir du courage!

Mademoiselle Cochelet promit le secret, qu'elle ne garda pas, car la Reine se fût fâchée très-sérieusement si on lui avait caché quelque chose de ce qui concernait ses enfants. Cependant elle fit semblant de ne rien savoir pour faire plaisir à son fils.

Bousquet, le dentiste, fut appelé et arracha la grosse dent. L'enfant ne poussa pas un cri. Il courut triomphant la montrer à sa mère qui attendait dans la chambre voisine avec une grande inquiétude et affecta la surprise, bien que réellement elle fût plus émue que lui. Personne ne fut jamais plus courageuse que la Reine pour supporter avec une patience angélique les misères de la vie; mais quand ses enfants souffraient, elle n'était plus la même femme;

elle se tourmentait à propos de rien, et devenait tout à fait déraisonnable.

Deux jours après l'extraction de la dent, le jeune Prince eut une hémorragie, et il ne fut pas possible de le cacher à sa mère, qui supposant ses deux enfants endormis, et voyant le médecin entrer dans la chambre, se figura le danger plus grand qu'il ne l'était réellement. C'était, du reste, un spectacle pénible que la vue de ce pauvre enfant, pâle, à demi défaillant, et perdant du sang par la gencive d'où la dent avait été extraite. Pendant les dangers que couraient ses enfants, la Reine ne disait jamais un mot. Elle laissait tranquillement essayer tous les remèdes proposés; mais on pouvait facilement voir la crainte qui la torturait à travers sa pâleur et l'immobilité de ses traits. Après de nombreux essais, plus inutiles les uns que les autres, on arrêta l'effusion du sang en appliquant de l'amadou sur la gencive. Le pauvre enfant, entièrement épuisé, s'endormit dans les bras de sa mère. On le mit au lit, la Reine se retira, mais elle ne put dormir. Le lendemain elle dit aux personnes de sa suite : —

— Je connais ma faiblesse, et j'étais fâchée contre moi-même au sujet de cette inquiétude que je trouvais déraisonnable, et, ne voulant pas y céder, j'ai essayé de penser à autre chose afin de dormir; mais ce fut en vain; je voyais devant moi le visage de mon fils, pâle et ensanglanté; un instant ma douleur devint si vive qu'il me sembla que ce pouvait être un pressentiment. J'eus d'abord honte de céder à cette idée, et puis je me dis : mais si cette idée est folle, je passerai la nuit entière dans l'inquiétude; donc, je ferais bien mieux de me rassurer en allant voir mon fils et dormir.

Elle se leva sans éveiller ses femmes, prit sa lampe, et entra doucement dans la chambre de son fils, où tout était parfaitement calme et silencieux. La gouvernante était endormie comme l'enfant. Elle s'avança sans bruit, ne voulant pas réveiller la gouvernante fatiguée, et vit son fils dans l'état où ses craintes le lui avaient représenté, pâle et saignant.

Elle prit Louis-Napoléon dans ses bras, mais ses membres pendaient inertes et sans mouvement. Il ne s'éveilla pas, et le sang coulait encore de ses lèvres. Par une inspiration soudaine, Hortense mit son doigt sur la blessure qui refusait de se fermer, et vit qu'une forte pression arrêtait le sang.

La pauvre mère pouvait à peine respirer, mais elle avait réussi, et elle remerciait Dieu de lui avoir inspiré l'idée de venir trouver son fils. Quant à lui, fatigué et affaibli, il continuait à dormir, mais elle vit à sa respiration qu'il vivait. Elle passa ainsi la nuit, au même endroit, sans ressentir la fatigue de sa position, sans bouger, et sans appeler les domestiques. Quand le jour parut, l'accident, qui aurait pu avoir des suites si fatales, était tout à fait maîtrisé.

Heureuse mère ! mais fils plus heureux encore

d'avoir une mère aussi dévouée. Nous ne saurons jamais ce que fut Hortense pour Louis-Napoléon, mais de telles anecdotes méritent qu'on les recueille comme exemples d'affection maternelle dont peu de princes peuvent se vanter.

CHAPITRE XXXVII.

LA RÉVOLUTION DE 1830

Le sort semblait enfin se lasser de persécuter la malheureuse Duchesse de Saint-Leu. Il accorda à Hortense quelques années paisibles, et comparativement calmes, pendant lesquelles elle put se reposer d'un passé plein d'orages, et se consoler dans l'étude des arts et des sciences.

Le canton de Thurgovie avait eu le courage de braver le mécontentement de presque toutes les puissances de l'Europe. Quand le Grand-Duc de Bade, pressé en même temps par la France et l'Allemagne, bannit la Duchesse de Saint-Leu de ses États, ce canton lui offrit un asile.

Hortense accepta avec reconnaissance l'offre généreuse du canton de Thurgovie, et acheta une propriété sur le côté Suisse du lac de Constance, délicieusement située sur le sommet d'une montagne, d'où l'on avait une vue magnifique qui s'étendait sur les environs pittoresques et les hautes montagnes de la Suisse couronnées de leurs glaciers étincelants. Cette propriété, qu'on appelait Arenemberg,

était charmante sous tous les rapports; Hortense résolut de s'y établir définitivement, et fit venir tout
son mobilier de Paris.

Elle vendit la maison qu'elle possédait dans la capitale de la France. Plus d'une scène des jours passés
se présenta à son esprit, quand elle revit les différents meubles qui lui arrivaient de Paris. C'étaient
les chaises et les sophas, les tapis et les tableaux, les
glaces qui avaient autrefois orné les salons dans lesquels elle avait reçu tant de Rois et d'Empereurs.
C'était pour elle comme des amis, et elle désirait
en jouir dans la solitude de sa villa Suisse.

Hortense était douée d'un goût remarquable;
elle savait arranger et placer chaque objet de façon
à le faire valoir et lui donner de l'élégance. Sa
maison était donc excessivement confortable et
agréable, et elle prenait un grand plaisir à l'em-
bellir continuellement.

Quand elle eut fini de meubler sa nouvelle demeure, elle visita avec son fils toutes les pièces
de la villa. En les traversant et en voyant tous les
souvenirs de sa grandeur passée, un sentiment d'ex-
trème infortune et de triste isolement s'empara
d'elle... Où donc étaient les visages souriants qu'a-
vaient reflétés ces miroirs?... Où étaient les amis
qui s'étaient assis dans ces fauteuils?...

Hortense pleura amèrement.

Et cependant il y avait une certaine consolation
à se voir entourée de ces meubles des anciens jours.
C'étaient autant d'amis lui rappelant, avec une

muette éloquence, un passé glorieux. Arenemberg était un véritable reliquaire ; chaque chaise, chaque table avait son histoire, — histoire étroitement liée à celle de Napoléon, de Joséphine, et des grands jours de l'Empire.

A Arenemberg, l'ex-Reine trouva donc enfin une demeure tranquille ; elle y vivait la plus grande partie de l'année, mais quand venait l'hiver avec ses neiges et ses rigueurs, quand le froid pénétrait dans sa villa légèrement bâtie, elle allait passer quelques mois à Rome, pendant que son fils étudiait à l'École d'artillerie de Thun.

Ainsi s'écoulait le temps. L'existence d'Hortense était comparativement paisible, quoique, de temps à autre, interrompue par de tristes événements.

En 1821, l'Empereur mourut à Sainte-Hélène ; en 1824, elle perdit son frère Eugène, qui, après la chute de Napoléon, avait pris le nom de Duc de Leuchtenberg.

Hortense n'avait plus à aimer maintenant que ses deux fils qui devenaient grands et forts, et dont elle était justement fière.

Mais ils devinrent bientôt l'objet des soupçons de la France et de la plupart des souverains de l'Europe, et ils furent dès lors surveillés par de nombreux espions.

Ces fils, avec leurs traits Napoléoniens et leur nom redouté, étaient un souvenir trop dangereux de l'Empire, pour qu'on les perdît de vue. Tant qu'il existerait un seul prince de la famille Bonaparte, il n'y aurait pas de sécurité pour les Bourbons.

Et pourtant ils vivaient et grandissaient — exilés, il est vrai, et pour le présent condamnés à l'inaction; mais, néanmoins, c'étaient des hommes que les événements pourraient encore ramener dans leur patrie.

Il y eut un moment où leur rentrée triomphale en France ne parut nullement improbable, où il semblait même qu'ils seraient bientôt appelés à jouer un rôle important dans l'histoire.

Ce fut à la révolution de 1830, quand l'Europe fut ébranlée jusques en ses fondements. La France, qui avait été forcée par les alliés de recevoir les Bourbons, se souleva alors comme un seul homme, renversa le trône de cette malheureuse famille, et s'affranchit elle-même des Jésuites qui avaient trouvé un abri derrière lui, et donné à Charles X le fatal conseil de révoquer la Charte, d'abolir la liberté de la presse, et de ressusciter les auto-da-fé et les dragonnades des anciens temps.

La France qui, en 1815, avait été mise en tutelle, se considérant alors comme majeure, voulait rompre entièrement avec le passé, et était résolue à régler elle-même son avenir sans le secours et les conseils de l'étranger.

Les lis des Bourbons étaient flétris pour toujours. Quelques années d'une tyrannie fanatique et jésuitique leur avait enlevé leur dernière vitalité. La France rejeta une fleur morte, et voulut lui substituer une plante vivace et vigoureuse.

Le trône de France était donc encore une fois mis
en pièces, mais en se souvenant des horreurs de la
première révolution, la nation voulut éviter une
République. La France avait besoin d'un roi. Elle
choisit naturellement celui qui était à sa portée, et
qui, depuis plusieurs années, avait gagné ses sympathies. Elle appela au trône le Duc d'Orléans, le
fils de Philippe-Égalité.

Louis-Philippe, le républicain enthousiaste de
1790, qui, à cette époque, fit graver les trois mots,
Liberté, Égalité, Fraternité, sur ses armes, pour
prouver qu'il était vraiment républicain, qui plus
tard avait été exilé, qui avait erré à travers l'Europe,
et qui avait été obligé, à une certaine époque, de
donner des leçons d'écriture et d'arithmétique pour
gagner son pain, Louis-Philippe était maintenant
Roi des Français.

Le peuple avait détrôné les Bourbons : il avait
fait tomber le drapeau blanc du dôme des Tuileries,
et il n'avait pas cru pouvoir mieux le remplacer que
par le drapeau tricolore de l'Empire.

A l'ombre de cette bannière, Louis-Philippe
monta sur le trône. Quand le peuple la vit glorieusement flotter dans l'air, il se souvint des héroïques
jours de la France Impériale, et pour témoigner la
sympathie qu'il ressentait encore pour Napoléon, il
demanda, non pas son fils, mais les cendres du grand
Empereur Napoléon, et qu'on replaça sa statue sur la
Place Vendôme.

Louis-Philippe céda plus tard à ces deux désirs,

et, en agissant ainsi, il pensait avoir rendu ample justice aux vieilles sympathies de la France. Il avait adopté les couleurs de l'Empire, il avait promis de laisser Napoléon veiller sur Paris du sommet de la colonne Vendôme et de rendre ses cendres à la France. —n'étaient-ce pas là des preuves suffisantes de son admiration pour l'Empereur ?

Il y avait peu de dangers à se concilier par ces mesures les cœurs des Français. On pouvait rendre des honneurs à Napoléon mort, mais il n'eût pas été prudent de traiter de la même manière les Napoléons vivants. Une telle conduite aurait pu ébranler le trône nouvellement élevé, et ramener une fois de plus les alliés dans la capitale de la France.

La haine que les souverains légitimes de l'Europe ressentaient contre la famille de Napoléon n'était pas éteinte, c'était pour eux une question de principe de ne souffrir aucun Bonaparte sur le trône de France.

C'est pour cette raison que les grandes puissances envoyèrent presque toutes, par leurs ambassadeurs, leur adhésion à la reconnaissance du nouveau Roi, à la condition qu'il renouvellerait la sentence d'exil que les Bourbons avaient rendue contre la famille de Napoléon.

Louis-Philippe accepta cette condition. Les Napoléon, dont le seul crime était d'être frères et parents du grand Empereur, devant lequel les souverains de l'Europe s'étaient autrefois prosternés, se virent une fois de plus bannis de leur pays et privés de leurs droits naturels.

CHAPITRE XXXVII.

LA RÉVOLUTION A ROME

Ce fut un rude coup pour les Napoléon de se voir une fois encore exilés, — un coup qui détruisait leurs plus chères espérances et qui semblait rendre à jamais impossible leur retour en France. Ils s'étaient réjouis de la révolution de Juillet, parce qu'ils la considéraient comme une garantie de liberté, il n'en furent que plus tristement désappointés.

Maintenant il ne leur restait plus qu'à continuer leur vie paisible. Ils retournèrent à la science et à l'art, et cherchèrent des consolations dans l'étude.

Vers la fin d'octobre 1830, Hortense quitta comme de coutume Arenemberg pour se rendre à Rome avec son fils.

Mais cette fois, elle visita d'abord Florence, où son fils aîné, Napoléon-Louis, venait d'épouser une de ses cousines, la seconde fille du Roi Joseph, et où il demeurait tranquillement avec sa jeune femme. Le cœur de la mère était plein d'appréhensions et d'inquiétudes. Elle sentait que l'exemple de la France serait contagieux, et que l'Italie surtout ne pouvait échapper à une révolution. L'Italie était atteinte jusqu'au cœur, et il n'était que trop probable que dans son désespoir, elle voulût avoir recours à des remèdes désespérés et qu'elle tenterait les hasards d'une révolution.

Hortense le prévoyait et elle tremblait pour ses fils. Elle appréhendait justement qu'eux, qui étaient bannis et sans patrie, prêteraient leurs bras à ceux qui étaient malheureux et souffrants comme eux. Elle redoutait l'enthousiasme, le courage, et l'énergie de ses fils, car elle savait bien que s'il y avait une révolution en Italie, cette révolution se servirait avec joie du nom de Napoléon.

Hortense supplia ses fils de se tenir éloignés de toutes entreprises dangereuses, et de ne pas suivre les exaltés qui pourraient tenter de les entraîner par le mot séduisant de liberté, qui, malgré le sang et les larmes qu'il a déjà coûtés au genre humain, ne cessera jamais d'exercer son enivrante influence.

Ses fils promirent de suivre ses conseils, et la rassurèrent ainsi sur leur avenir immédiat. Hortense quitta Florence et vint à Rome avec son plus jeune fils, Louis-Napoléon.

La ville éternelle, qui avait toujours conservé un caractère aristocratique et solennel, prit tout à coup pendant l'hiver un caractère étrange. La conversation dans les salons ne roulait plus sur l'art et la poésie, ou sur les beautés de Saint-Pierre ou du Colisée; le plaisir avait cessé d'être la seule occupation de la ville. On parlait politique, on commentait la révolution qui venait d'éclater en France, et on attendait le signal qui devait en amener une en Italie.

Le peuple de Rome lui-même, habitué comme il l'était à la paresse et à l'inactivité, commençait à se remuer, et la police dut entendre bien des mots étranges et des noms oubliés en passant à côté des groupes qui se formaient dans les rues.

Le gouvernement Papal n'osait pas arrêter les Républicains, il savait que le peuple ne demandait qu'un prétexte pour se soulever ouvertement, et il évitait avec soin de fournir ce prétexte.

Le but des autorités Romaines était de rendre une révolution impossible en empêchant le parti républicain de se procurer les éléments nécessaires à un soulèvement.

Le fils d'Hortense, le jeune Louis-Napoléon, passait alors pour donner l'impulsion. C'était un drapeau et un nom — on résolut de l'éloigner.

Son seul nom, les ornements tricolores de la selle de son cheval pendant ses promenades dans les rues de Rome excitaient le peuple, dans les veines duquel la fièvre de la révolution était déjà passée. Bannir le Prince Louis-Napoléon de Rome, semblait donc au gouvernement Papal une nécessité absolue.

Le gouverneur de Rome en parla d'abord à l'oncle du Prince, le Cardinal Fesch, et lui demanda de recommander à la Duchesse de Saint-Leu d'éloigner pour quelques semaines son fils de la capitale.

Mais le Cardinal refusa avec indignation de se

rendre à ce désir. Il dit que son neveu n'avait rien fait qui méritât le bannissement, et qu'il ne consentirait jamais à conseiller son éloignement simplement à cause de son nom et des harnais de son cheval.

Le commandant en chef résolut alors d'adopter des mesures plus énergiques; il fit cerner la maison de la Duchesse par des soldats, et envoya un officier du Pape à la Duchesse de Saint-Leu ; cet officier se présenta en lui disant qu'il avait ordre de faire quitter immédiatement Rome à son fils, et de l'accompagner jusqu'à la frontière des États Pontificaux.

La crainte d'un prochain soulèvement populaire fit oublier alors au Saint-Siége le respect dû au malheur. Le neveu du grand Napoléon se vit chassé de Rome comme un criminel.

Hortense se réjouit de l'éloignement de son fils, car, en quittant cette ville, il semblait moins exposé au danger de prendre part à une révolution dont l'imminence n'était plus douteuse. Elle consentit avec joie à ce que Louis-Napoléon partit pour Florence, où résidait son père, et où elle le croyait à l'abri de la contagion politique et des calomnies qui le menaçaient dans la ville éternelle.

Elle consentit donc à ce départ (que, du reste, elle n'aurait pu empêcher, quand même elle eût essayé de s'y opposer). Elle, pauvre femme isolée, n'avait aucun protecteur qui pût intercéder en sa faveur. L'Ambassadeur de France, lui-même, ne lui aurait pas prêté son concours, et personne ne

protesta contre la tyrannie brutale excercée contre
le Prince Napoléon, si ce n'est l'Empereur de
Russie.

Le Czar était, de tous les souverains de l'Europe,
le seul qui se sentît assez fort pour ne pas craindre
le nom de Napoléon, et qui n'oubliait pas les égards
qu'on devait à la famille d'un héros et d'un Empereur.

L'Empereur de Russie ne refusa donc jamais sa
protection aux Napoléons, et son envoyé fut le seul
qui protesta contre la conduite arbitraire du gouvernement Papal.

Ce qu'on avait longtemps appréhendé eut enfin
lieu. L'Italie se souleva comme l'avait fait la
France ; comme sa voisine, elle secoua son joug,
et voulut être libre. C'est à Modène que l'orage
éclata. Le Duc fut forcé de fuir précipitamment,
et un Gouvernement provisoire, à la tète duquel se
trouvait le Général Menotti, prit sa place.

Pendant que ceci se passait à Modène, le peuple
de Rome célébrait l'avénement du nouveau Pape,
sur le trône de Saint Pierre, Grégoire XVI, qui
succéda à Pie VIII, comme vicaire du Christ.
Le peuple Romain ne semblait prendre intérêt
qu'aux fêtes du moment et aux amusements du carnaval.

Mais sous le masque souriant des réjouissances
populaires, la révolution se cachait, et avait résolu
de ne se montrer que le jour du mardi gras.

De temps immémorial, le peuple était accoutumé

à se jeter des dragées et des fleurs ce jour-là. Cette fois, les pierres et les balles devaient remplacer ces innocents projectiles : le peuple Romain devait jeter son masque et se montrer tel qu'il était, grand et imposant, sûr de lui et de son but.

L'autorité cependant avait été prévenue que les conspirateurs avaient choisi le moment de la course au Corso pour le soulèvement général, et la fête fut contremandée une heure seulement avant celle où elle devait avoir lieu.

Le peuple se montra mécontent de ce contre-ordre, et la révolution, que le Gouvernement s'était efforcé d'étouffer, n'en éclata pas moins. Le grondement de l'artillerie et le bruit de la mousqueterie résonna bientôt dans les rues de Rome, et le peuple fit partout une résistance obstinée aux troupes Papales.

Le Saint-Père tremblait au Vatican, et la plupart des Cardinaux perdaient la tête, et reculaient pas à pas à mesure que les insurgés avançaient. Grégoire sentit que le trône sur lequel il venait de monter chancelait déjà sous ses pas, et que la tiare allait lui glisser du front. Il résolut d'appeler l'étranger à son secours, et supplia l'Autriche de le soutenir.

La jeune Italie était enivrée d'enthousiasme et de liberté, et elle tourna ses yeux vers la France. La vieille Italie avait invoqué le secours de la vieille Autriche. La jeune Italie espérait du secours de la France nouvelle, où les libéraux venaient de rem-

porter un glorieux triomphe. Mais la France renia
sa sœur Italienne, elle renia sa propre origine. La
révolution s'était à peine assise sur un nouveau
trône, elle s'était à peine recouverte de la pourpre
de la royauté, qu'elle trembla pour sa propre sûreté. Elle devint réactionnaire et se renia elle-
même.

Rome, comme tout le reste de l'Italie, voulait re-
jeter le joug odieux qui avait si longtemps pesé sur
elle. Le peuple entier s'enthousiasmait à l'idée de la
liberté, et les rues de Rome, dans lesquelles on n'é-
tait habitué à voir que des processions et des four-
milières de moines et de prêtres, entendaient
maintenant des refrains révolutionnaires. La jeunesse Romaine portait fièrement la tête, et montrait
du courage et de la confiance.

Les visiteurs et les étrangers se rendant à Rome,
alarmés de ce changement subit survenu dans la
ville éternelle, la quittaient en grand nombre et
rentraient dans leurs patries respectives; mais Hortense résolut de rester ; elle savait n'avoir rien à
craindre du peuple, tous ses malheurs et toutes ses
persécutions lui étaient venues des Princes.

Hortense avait déjà décidé qu'elle resterait à Rome,
quand elle reçut des lettres de ses fils dans lesquelles
ceux-ci la suppliaient de ne point s'exposer aux dangers d'une révolution, et de quitter la ville sans
retard. Ils lui annonçaient en même temps qu'ils
partaient aussitôt, et qu'ils espéraient la rencontrer
sur la route.

Hortense fut saisie de crainte et d'appréhension quand elle eut lu ces lettres. Elle qui ne connaissait et ne désirait d'autre bonheur sur terre que celui de ses fils, qui priait sans cesse pour leur félicité, et pour que Dieu lui permît de mourir avant eux, sentit que ses enfants allaient courir un danger imminent, et qu'ils seraient saisis et emportés par les vagues furieuses de la révolution.

N'avaient-ils pas déjà quitté Florence et leur père ? N'étaient-ils pas en route pour Rome, et conséquemment sur la route de la révolution ? Et pouvait-on douter un seul instant que cette révolution appelant à son secours, ne les mît à sa tête ?

Mais peut-être était-il encore temps de les sauver. Si leur mère pouvait les voir, son désespoir, ses prières pourraient peut-être encore les arracher à l'abîme dans lequel ils étaient sur le point de se précipiter; Hortense sentit son courage et son énergie revenir.

Le jour même où elle reçut cette lettre alarmante, elle quitta Rome pour aller au-devant de ses fils. Elle espérait réussir à les sauver. Dans chaque voiture qu'elle voyait venir vers elle, elle se figurait voir leurs visages; hélas ! ce n'étaient que des illusions.

N'avaient-ils pas écrit qu'ils viendraient au-devant de leur mère ? Où donc étaient-ils ?

Peut-être avaient-ils écouté les représentations de leur père, et étaient-ils restés à Florence pour y attendre Hortense?

Ainsi tourmentée par l'inquiétude et le doute

Hortense arriva à Florence, elle se fit conduire à la maison qu'habitait son fils Louis-Napoléon; ses jambes tremblaient quand elle quitta la voiture, elle osait à peine demander son fils, personne ne l'avait vu... Il n'était pas là !...

Mais il était peut-être avec son père ? Hortense envoya à l'hôtel de son mari pour obtenir des renseignements sur ses fils. Le messager revint seul, le visage empreint de tristesse. Ses fils avaient quitté Florence.

Ils avaient tous deux obéi à la révolution qui les appelait. Le Général Menotti leur avait demandé de prêter leur nom et leurs bras à la cause de la justice et de la liberté, ils n'avaient pas pu, ou ils n'avaient pas voulu résister à cet appel.

Un serviteur, que son plus jeune fils avait laissé derrière lui, remit à la Duchesse une lettre de Louis-Napoléon; cette lettre contenait ses adieux :

« Votre amour maternel, écrivait le Prince, saura
» bientôt apprécier nos motifs. Nous nous sommes
» tracé de grands devoirs et nous avons assumé sur
» nous une grande responsabilité; nous sommes
» trop avancés pour reculer. Le nom que nous por-
» tons nous oblige à venir en aide à tous ceux qui
» sont opprimés et qui réclament notre secours.
» Veuillez dire à ma belle-sœur que c'est moi qui
» ai entraîné son mari, et qui lui ai persuadé de
» m'accompagner, car Napoléon ne peut se faire à
» l'idée de lui avoir caché une de ses actions, et de
» lui faire de la peine. »

CHAPITRE XXXIX.

LA MORT DU PRINCE NAPOLÉON

. Ce que la Reine redoutait tant était arrivé. L'enthousiasme de la jeunesse l'avait emporté sur toutes les autres considérations. Les deux fils d'Hortense, les deux neveux de Napoléon, étaient à la tête d'une révolution.

Ils organisèrent un système de défense depuis Foligno jusqu'à Civita-Castellana. La jeunesse de ces deux pays s'était rapidement rangée sous leur drapeau et leur obéissait comme à ses généraux. Les insurgés commandés par les Princes, bien que mal armés et encore plus mal organisés, ne manquaient pas de courage. Ils commençaient à marcher sur Civita-Castellana dans le but de délivrer les prisonniers d'État qui depuis huit années languissaient dans les prisons de cette ville.

Telles étaient les nouvelles que rapportèrent à Hortense les messagers qu'elle avait envoyés auprès de ses fils pour les exhorter à ne point persister dans leurs desseins. Mais il était trop tard, ils ne pouvaient et ils ne voulaient pas revenir.

SUR LA REINE HORTENSE

Leur père était au désespoir d'être hors d'état de les suivre, car il était alors cloué sur son fauteuil par la maladie et la goutte. Il supplia sa femme de faire tout ce qui serait en son pouvoir pour détourner ses fils des dangers qui les entouraient. La révolution était déjà perdue sans espoir, et un observateur sans préventions ne pouvait s'empêcher de le voir.

Mais la jeunesse Italienne avait la tête trop montée pour juger cet état des choses. Elle continuait à se grouper autour de l'étendard de l'insurrection. Elle acclamait encore la révolution avec des cris de joie, et se laissait entraîner par le mot magique de Liberté.

Des jeunes gens que leurs parents voulaient empêcher de se joindre aux patriotes quittaient souvent leurs maisons en secret et malgré toutes les précautions.

Un des fils de la Princesse de Canino, femme de Lucien Bonaparte, s'échappa du château de son père pour se joindre aux insurgés. Il fut arrêté cependant, et reconduit de force à la résidence paternelle. La famille avait de grandes obligations au Saint-Siége, car le Pape avait créé le Duché de Canino et de Musignano en faveur de Lucien Bonaparte et de son fils aîné. On prit donc la résolution d'aller jusqu'aux mesures les plus sévères pour empêcher le jeune Prince de se battre contre les troupes du Saint-Père.

La Duchesse de Canino pria le Grand-Duc de Toscane de lui prêter une cellule dans une des prisons de son pays, et d'y faire enfermer son fils. Le Duc accéda à cette prière, et le jeune réfractaire fut gardé en prison jusqu'à ce que la révolution fût terminée.

On proposa à la Duchesse de Saint-Leu d'adopter les mêmes mesures. Malgré l'inquiétude qu'elle éprouvait au sujet de ses fils, malgré le désespoir où la réduisait l'obstination des Princes, elle refusa. Elle ne voulut pas qu'on les soumît à l'humiliation d'une violence quelle qu'elle fût, si leur raison et les prières de leur mère ne réussissaient pas à les ramener près d'elle.

En même temps, toute la famille s'efforçait d'arracher les deux Princes à la révolution, etempêchait ainsi leur nom de devenir, une fois de plus, suspect aux souverains légitimes de l'Europe.

Le Cardinal Fesch et le Roi Jérôme les supplièrent, dans des lettres extrêmement affectueuses, de revenir, et ils usèrent de menaces quand ils virent que la douceur n'obtenait rien.

Avec le consentement du père des Princes, ils écrivirent au Gouvernement provisoire de Bologne de dire au Général Armandi, ministre de la guerre des provinces rebelles, que le nom des Princes ne pouvait que faire du tort à la cause Italienne, et que conséquemment il ferait bien de les rappeler. Amis et ennemis s'unirent pour refroidir le zèle et contrecarrer les efforts des deux Princes, et pour tâcher de les convaincre qu'ils servaient mal la cause qu'ils voulaient soutenir.—Les puissances étrangères s'abstiennent peut-être d'intervenir dans les affaires d'Italie tant que la révolution dans la Péninsule conserve un caractère local, — leur disait-on'; — mais assurément elles ne manqueront pas de prendre une attitude hostile si elles voyaient le nom de Napoléon à la tête du mouvement qui pouvait encore une fois ébranler les bases de leurs trônes.

Les deux Princes cédèrent enfin à la pression de l'opinion publique. Ils résignèrent leurs commandements, et abandonnèrent le rang qu'ils avaient occupé dans l'armée insurgée.

Mais, bien qu'il ne leur fût plus permis de servir la révolution de leurs noms et de leurs cœurs, ils résolurent de continuer à prêter leurs bras à la cause de l'Italie; ils résignèrent leur commandement, mais ils restèrent dans l'armée en qualité de simples soldats et de volontaires. Quand leur père et leurs oncles, mécontents de cela, insistèrent pour qu'ils rentrassent dans leur famille, les deux Princes déclarèrent que si on les pressait davantage, ils iraient servir la révolution en Pologne.

Hortense avait conservé une certaine neutralité dans tout cela, car elle sentait que ses démarches eussent été vaines; elle connaissait trop bien le caractère de ses fils pour douter un instant de leur persévérance dans la voie qu'ils avaient une fois adoptée; mais elle savait aussi que la révolution n'avait aucune chance de succès, et que ses fils seraient perdus s'ils étaient pris les armes à la main, ou au moins forcés de quitter le pays.

Hortense faisait donc d'actifs préparatifs pour les aider à l'heure du danger, s'armant de courage et d'énergie afin de pouvoir tenir tête à l'orage lorsqu'il éclaterait.

Pendant que toute la famille s'abandonnait à de vaines lamentations, pendant que son mari déplorait le malheureux entêtement de ses fils, Hortense s'apprêtait à faire face au danger.

Enfin, ce que tous les amis de l'Italie avaient longtemps appréhendé, arriva. Une escadre Autrichienne parut dans l'Adriatique. Une armée Autrichienne envahit les provinces insurgées, reprit Modène, dispersa l'armée révolutionnaire, et priva la jeune Italie de ses plus chères espérances.

L'heure du danger avait sonné. C'était le moment de se lever et d'agir. Hortense était pleine de courage et d'énergie, elle se sentait capable de tous les sacrifices pour sauver ses fils.

Pendant longtemps elle s'était demandé où elle devait aller avec eux.

D'abord elle avait eu l'intention de gagner la Turquie, et de s'établir dans les environs de Smyrne, mais la présence d'une flotte Autrichienne dans l'Adriatique rendait ce plan impraticable ; tout à coup une idée lumineuse lui traversa l'esprit, et elle vit le moyen de les sauver.

— Je les emmènerai d'une manière à laquelle on ne s'attend pas, — se dit-elle, — je les ferai passer par un pays où personne ne nous cherchera, je les conduirai en Angleterre en traversant la France ; des humiliations et des menaces nous attendent à Paris, mais qu'ai-je à craindre ? L'honneur, la justice, et l'humanité n'ont pas dû tout à fait disparaître de la France, on ne nous y fera aucune injure sérieuse; il faut que je sauve mes fils, la route à travers la France est celle du salut, et c'est celle que je choisis.

Hortense se mit aussitôt en mesure d'exécuter son projet, elle pria un Anglais, résidant alors à Florence, à la famille duquel elle avait autrefois rendu d'importants services, de venir la trouver. Quand il vint, elle lui demanda s'il voulait se charger de lui procurer un passe-port pour une dame Anglaise et ses deux fils, qui voulaient aller de France en Angleterre.

L'Anglais la comprit et lui assura qu'elle et les Princes pouvaient compter sur lui.

Le lendemain, il lui apporta le passe-port désiré, et Hortense, qui savait bien que pour garder un secret il ne faut pas avoir de confidents, dit à son mari et à ses amis qu'elle allait chercher ses fils, et s'embarquer avec eux pour Corfou.

Ses fils étaient encore à Bologne, mais dans peu de jours cette ville devait inévitablement tomber dans les mains des Autrichiens, et tout était perdu si elle ne réussissait pas à y arriver avant l'ennemi. Elle envoya par un vieux et fidèle serviteur un message à ses fils pour leur annoncer son arrivée, et quand il fit nuit, elle se mit elle-même en route, accompagnée d'une de ses dames. Elle se sentait forte et courageuse, car elle avait à sauver ses fils, le seul bien qui lui restât.

La voiture, traînée par de bons chevaux, eut
bientôt passé la frontière Romaine, et elle se trouva
dans les contrées où la révolution était encore victorieuse, et où le peuple continuait à espérer et à
avoir confiance.

Les habitants portaient des cocardes nationales et
des rubans tricolores. Ils paraissaient heureux et
contents, et ne voulaient pas croire qu'un danger
immédiat les menaçait.

Partout on célébrait des fêtes en l'honneur de la
révolution et de la liberté conquise; on riait de
ceux qui parlaient du danger prochain des baïonnettes Autrichiennes, et on les traitait de poltrons.
Au lieu de faire des préparatifs de défense, les insurgés restaient inactifs, et ne pensaient qu'à jouir
du temps présent.

L'armée rebelle, pendant ce temps, était à Bologne, et occupait, en outre, les villes de Terni et So-
leta, qu'elle avait défendues avec succès contre les
troupes Papales. Chacun attendait une bataille décisive, et peu de personnes doutaient que les Italiens
ne fussent victorieux.

Hortense était loin de partager cette confiance universelle. A Foligno, où elle s'arrêta pour attendre ses
fils, elle passa quelques jours dans la plus cruelle appréhension. Le plus léger bruit, le roulement d'une
voiture l'effrayait, car elle s'attendait à tout instant
à voir arriver ses fils fugitifs, peut-être blessés et
même mourants, pour lui dire que tout était perdu.

A la fin, elle ne put attendre plus longtemps à

Foligno, elle voulut se rapprocher de ses fils, afin d'être à même d'apprécier les dangers qui les entouraient, et les partager si cela était possible. Hortense quitta donc Foligno pour se rendre à Ancône.

En arrivant au premier relai, elle vit un monsieur quitter sa voiture et s'approcher d'elle. Il lui était étranger et pourtant elle trembla en le voyant s'avancer. Un pressentiment étrange la saisit ; le cœur de la mère ressentait déjà le coup qui allait la frapper.

Ce personnage était un envoyé de ses fils.

— Le Prince Napoléon est malade, — dit-il à la Duchesse.

Hortense se souvint qu'on lui avait dit qu'une fièvre pernicieuse régnait dans les environs.

— Il a la fièvre ! — s'écria-t-elle.

— Oui, Madame, — répondit le messager, — il a la fièvre, et il désire vous voir.

— Il désire me voir?... Alors, en route, il doit être bien mal ! Cocher, allez aussi vite que vous le permettront vos chevaux, il faut que je voie mon fils.

Et ils partirent avec la rapidité de l'éclair.

Hortense était à moitié morte de crainte, pâle, respirant à peine, mais elle ne versait pas une larme. Elle se tenait enfoncée dans sa voiture, de temps en temps on aurait pu l'entendre dire à voix basse : —

— Non, c'est impossible !... J'ai déjà trop souffert... Le Ciel est juste... Dieu ne me prendra pas mon fils, il l'épargnera.

Les villages se succédaient sur la route, le voyage touchait à sa fin, mais, plus on approchait du but, plus ceux qu'on rencontrait paraissaient misérables; à chaque relais où on était obligé de s'arrêter, les paysans s'empressaient autour de la voiture de la Duchesse, et semblaient exprimer leur compassion pour la mère infortunée : —

— Napoléon est mort... il est mort... — répéta-t-on plus d'une fois aux relais.

Hortense l'entendit, mais elle ne voulut pas y croire.

— Ces gens ne savent pas ce qu'ils disent, ce sont des rumeurs exagérées, mon fils n'est pas mort... Napoléon vit... Oui, il vit!...

Et les paysans murmuraient de nouveau autour de la voiture : —

— Napoléon est mort!

Hortense s'assit, pâle et immobile. Ses sens l'abandonnaient, son cœur cessait presque de battre.

Enfin, elle arriva à Pesaro, et la voiture s'arrêta devant l'hôtel où étaient ses fils.

Tout à coup, un jeune homme, pâle et baigné de larmes s'avance vers la voiture. Hortense le reconnaît, et lui tend les bras : c'est son fils Louis. Mais, quand elle le regarde en face, quand elle voit ses joues pâles, ses yeux creux et son air abattu, elle comprend tout.

Les braves gens de la route, et non son cœur, avaient eu raison... Son fils Napoléon était mort!...

Hortense s'évanouit en poussant un cri déchirant.

CHAPITRE XL.

FUITE D'ITALIE.

Hortense, cependant, n'eut pas le temps de pleurer la perte de ce fils qu'elle avait si tendrement aimé. N'avait-elle pas à sauver celui qui lui restait? Un enfant qu'elle n'aimait pas moins tendrement, et sur qui toute son affection maternelle était maintenant concentrée. Oui, elle possédait encore un fils! Elle avait encore son Louis-Napoléon en ce moment auprès d'elle, pâle et désespéré, accusant le sort de ce qu'il ne lui avait pas été permis de mourir avec son frère.

Elle doit le sauver, lui! Cette pensée lui inspire du courage, et lui donne de la force.

On lui avait dit que les autorités de Bologne avaient déjà fait leur soumission aux Autrichiens, que l'armée rebelle était défaite et taillée en pièces, et qu'on apercevait déjà des vaisseaux ennemis qui, à un moment donné, pouvaient débarquer des troupes près de Sinigaglia, et rendre ainsi toute fuite impossible.

Cette nouvelle réveilla Hortense de sa douleur inerte, et lui rendit son énergie accoutumée.

Elle donne ordre qu'on prépare sa voiture de suite, et part ouvertement pour Ancône, afin de faire croire à sa fuite dans la direction de Corfou.

Près d'Ancône, près des bords de la mer, un neveu d'Hortense possède une villa, c'est là qu'elle se rendait.

Quelquefois, la marée montante, l'écume de l'Adriatique, venaient baigner les fenêtres de la chambre qu'elle occupait, et elle pouvait voir clairement la jetée et la foule des fugitifs assemblés sur le rivage, cherchant à fuir à bord des misérables esquifs réunis dans le port.

Il était grandement temps de partir, car les Autrichiens approchaient rapidement. Quand l'armée d'invasion passa la frontière Romaine, le Général en chef proclama une amnistie de laquelle furent exclus le Prince Louis-Napoléon, le Général Zucchi, et les rebelles de Modène. Les étrangers qui avaient pris part à l'insurrection devaient être traités avec toute la sévérité de la loi martiale.

En conséquence, tous les jeunes gens qui étaient venus de Modène, de Milan, et d'autres parties de l'Italie, pour prendre une part active à l'insurrection Romaine, se virent forcés de fuir précipitamment afin d'échapper aux Autrichiens vainqueurs.

Louis-Napoléon n'avait pas de temps à perdre. La fuite pouvait à tout instant devenir impossible. Hortense était malade et entièrement épuisée ; elle ne pouvait penser à elle, il fallait avant tout sauver son fils.

Elle paraissait tranquille et calme comme de coutume, et très-occupée à préparer son départ prétendu et son départ réel.

Elle avait l'intention de s'embarquer publiquement avec son fils pour Corfou et de gagner secrètement l'Angleterre en traversant la France. Mais le passe-port anglais qu'on lui avait donné mentionnait deux fils, et Hortense n'en avait plus qu'un. Elle fut obligée de chercher un jeune homme qui pût le remplacer.

Le jeune Marquis de Lappi était bien celui qui lui convenait, et étant plus coupable aux yeux des Autrichiens que la plupart de ses compagnons, il accepta avec joie l'offre que lui fit Hortense. Il promit de n'intervenir en aucune façon dans ses projets, mais de lui obéir comme un fils.

Quand cet arrangement fut pris, la Duchesse procura aux deux jeunes gens tout ce qu'il fallait pour les déguiser en laquais, et fit préparer sa voiture.

Pendant que tout cela se faisait secrètement, elle parlait ouvertement de son voyage à Corfou, elle envoya son passe-port aux autorités pour le faire viser, selon l'usage, et on chargea ses malles.

Louis voyait tous ces préparatifs avec une froide et muette indifférence. Il allait et venait, pâle et abattu, et bien qu'aucune plainte ne s'échappât de ses lèvres, il devint bientôt évident qu'il était malade. Hortense envoya chercher un médecin, qui, après avoir examiné le Prince, déclara qu'il avait une fièvre qui pouvait devenir dangereuse si elle n'était soignée avec la plus grande attention.

Louis fut obligé de se mettre au lit, et le départ fut retardé d'un jour. Hortense passa une nuit triste et sans repos auprès de son fils souffrant.

Enfin parut le jour où elle espérait pouvoir s'échapper. La consolante lumière du soleil dispersait graduellement les dernières ombres de la nuit, quand Hortense remarqua tout à coup que le visage de son fils était fortement enflé et tout couvert de plaques rouges.

Louis-Napoléon avait la fièvre scarlatine.

Un moment Hortense se sentit comme frappée par la foudre, elle crut que tout était perdu; puis l'éminence du danger lui fit reprendre courage, et elle se sentit animée d'une énergie qu'elle n'avait jamais éprouvée; elle envoya aussitôt chercher un médecin, et, confiante dans son humanité, elle lui raconta ses perplexités.

Elle ne s'était pas trompée sur le compte de cet homme, ce qu'il y avait à faire devait être fait sans retard, sinon tout serait perdu.

Hortense pesa toutes les chances avec le plus grand calme et le plus grand soin. D'abord elle envoya un serviteur digne de confiance au magistrat, pour le prier de signer le passe-port de son fils qui désirait s'embarquer ce jour même pour Corfou, puis elle arrêta une place à bord du seul vaisseau en partance pour cette île, ensuite elle pria le médecin d'annoncer aux habitants le prochain départ du Prince et de répandre le bruit qu'elle était elle-même très-malade, et conséquemment incapable d'accompagner son fils.

Le médecin suivit de point en point ses instructions, et apprit à la moitié d'Ancône la grave maladie de la Duchesse de Saint-Leu.

Cela fait, Hortense fit transporter le lit qu'occupait son fils dans une petite chambre attenante à la sienne, et, s'agenouillant à son chevet, elle pria Dieu d'épargner le seul fils qui lui restât.

Le soir de ce jour même le vaisseau quitta Ancône pour Corfou; personne ne douta que le Prince ne fût à bord, et bien des gens plaignirent sincèrement la Duchesse qui, malade d'inquiétude et de chagrin, n'avait pu accompagner son fils.

Pendant ce temps, Hortense veillait au chevet de Louis-Napoléon.

Elle aussi était malade, mais elle ne le sentait pas; elle n'eut aucune faiblesse; la grande et continuelle agitation la soutenait et lui donnait de la force et de la sagacité : deux dangers menaçaient en ce moment son fils, une maladie que la plus légère négligence pouvait rendre fatale, et les Autrichiens, qui l'avaient exclu tout particulièrement de l'amnistie. Elle le protégea contre ces deux dangers.

Deux jours s'étaient à peine écoulés, les deux derniers vaisseaux, chargés de fugitifs, venaient de quitter le port d'Ancône, quand l'avant-garde de l'ennemi entra dans la ville.

Le chef de ces troupes, qui était en même temps le

quartier-maître de l'armée qui suivait, choisit le palais du Prince de Canino, où se trouvait Hortense, pour résidence du commandant en chef et de son état-major. La Duchesse avait prévu qu'il en serait ainsi, et s'était déjà retirée dans quelques chambres isolées, abandonnant le corps principal du logis aux ennemis. Le quartier-maître insista pour que la villa tout entière fût laissée aux Autrichiens ; et la femme de l'intendant, à laquelle Hortense avait confié son secret, fut forcée de dire à l'officier que la personne qui occupait les appartements en question n'était autre que la Duchesse de Saint-Leu, seule, malade, et accablée de chagrin.

Il arriva que le capitaine Autrichien qui remplissait l'emploi de quartier-maître, était un des officiers qui, en 1815, avaient protégé la Reine contre les attaques de la foule furieuse qui avait entouré sa voiture, à son passage à Dijon. Il se montra encore prêt à protéger Hortense, et s'empressa de faire connaître au Général en chef, le Baron Von Geppert, la triste situation dans laquelle se trouvait la Duchesse.

Le Général Autrichien, fermement convaincu que son fils était parti pour Corfou, consentit sans hésitation à ce qu'Hortense restât en possession des appartements qu'elle occupait. A son arrivée au château, il demanda à Hortense la permission de se présenter devant elle ; mais la Duchesse fit répondre qu'elle était encore au lit, très-souffrante, et que, conséquemment, elle ne pouvait se rendre aux désirs du Général.

Les Autrichiens prirent alors possession de tout
le château, à l'exception des quelques chambre occupées par Hortense; le salon du général en chef
n'était séparé que par une porte de la chambre dans
laquelle reposait Louis-Napoléon, malade. Le moindre bruit pouvait le trahir. Quand il toussait, on
était obligé de le couvrir avec des couvertures, et
on ne lui permettait de parler qu'à voix basse, car
ses voisins, les Autrichiens, auraient été grandement surpris d'entendre une voix d'homme dans les
appartements de la Duchesse souffrante.

Enfin, après huit jours d'émotion et d'inquiétudes mortelles, le médecin déclara que le Prince
pouvait, sans danger, entreprendre son voyage, et
la Duchesse parut avoir soudain recouvré la santé.
Elle pria le Baron Von Geppert de venir la voir, car
elle désirait le remercier de la bonté et de la sympathie qu'il lui avait témoignées. Quand le Général
vint, elle lui dit qu'elle était prête à partir et que
son intention était d'aller à Livourne, où elle s'embarquerait pour Malte. Dans cette île, elle retrouve-
rait son fils, avec lequel elle gagnerait l'Angleterre.

Comme pour gagner Livourne elle avait à traverser l'armée Autrichienne tout entière, la Duchesse
pria le Général de lui donner un passe-port signé de
lui, mais elle exprima le désir que son nom et son
titre demeurassent un secret.

Le Général, plein de compassion pour la malheureuse femme qui allait rejoindre son fils exilé, lui
accorda ce qu'elle demandait.

Le lendemain matin, Hortense se mit en route. Avant de partir, elle adressa quelques mots d'adieux au général en chef. Elle l'informait qu'elle avait l'intention de quitter le château de grand matin, désirant entendre la messe à Lorette.

On fit, pendant la nuit, tous les préparatifs nécessaires. Louis-Napoléon dut se déguiser en laquais, et on envoya un costume semblable au jeune Marquis de Zappi, qui était caché dans la maison d'un ami. Dans ce costume, les deux jeunes gens devaient monter sur le siége de la voiture de la Duchesse.

L'heure du départ arriva.

Le postillon sonna du cor; Hortense traversa bravement une rangée de soldats endormis qui occupaient l'antichambre par laquelle il fallait passer; son fils, portant une livrée et chargé de paquets, la suivait. La sentinelle seule les vit sc ir.

Le jour commençait à poindre quand ils se mirent en route. Dans la première voiture se trouvait Hortense avec une de ses dames, Louis était monté sur le siége, à côté du cocher; la seconde voiture était occupée par la femme de chambre de la Duchesse et le Marquis de Zappi.

Quand le soleil parut à l'horizon, annonçant glorieusement le jour solennel de Pâques, ils étaient déjà loin d'Ancône. A Lorette, Hortense entra à l'église où, s'agenouillant avec son fils, elle remercia Dieu de leur délivrance, le suppliant en même temps de continuer à les protéger.

Il restait encore bien des dangers à surmonter; la plus légère négligence, le moindre accident pouvaient les trahir; ils avaient à traverser plusieurs places occupées par les troupes Autrichiennes. Ceci, cependant, n'était pas la partie la plus dangereuse de leur entreprise, car il était certain qu'on respecterait le passe-port signé par le général en chef. Mais ne pouvaient-ils pas être reconnus par des amis? Ne pouvait-il pas arriver que quelqu'un s'étonnât de voir le Prince sous des habits de livrée, et le trahît sans le vouloir?

Pour gagner la France, ils avaient à traverser le Grand-Duché de Toscane. C'est là qu'ils couraient le plus grand risque d'être découverts, car Louis-Napoléon était bien connu dans cette partie de l'Italie, et il pouvait être reconnu à tout moment. Dans ces circonstances, Hortense se décida à ne voyager que de nuit. Elle dépêcha un courrier avec ordre de toujours garder l'avance sur eux, et de préparer les relais. L'inquiétude de la Duchesse fut grande, quand, en arrivant au relais de Camoscia, on ne trouva pas de chevaux frais, et qu'il fallut attendre plusieurs heures.

C'étaient autant d'heures d'inquiétudes pour Hortense.

Elle les passa dans sa voiture dans une agitation extrême, et en écoutant le moindre bruit.

Son fils avait quitté le siége et s'était assis sur un banc de pierre, placé en avant d'une misérable petite auberge devant laquelle ils étaient arrêtés. Épuisé par les fatigues des dernières semaines, et à peine remis de sa récente maladie, il tomba bientôt dans un profond sommeil, malgré le vend froid de la nuit qui effleurait ses joues.

Ils passèrent ainsi le reste de la nuit. Hortense, l'ex-Reine, dans sa voiture, et Napoléon, le futur Empereur, endormi sur un banc de pierre.

CHAPITRE XLI.

UN PÉLERINAGE

Le ciel eut pitié de la pauvre Duchesse ; Dieu entendit la prière d'une mère malheureuse, et lui permit, ainsi qu'à son fils, d'échapper sains et saufs à tous les dangers qui les entouraient sur le sol Italien.

Près d'Antibes, ils passèrent la frontière de France sans être découverts ou même soupçonnés. Ils se retrouvaient donc dans leur patrie, pour laquelle ils avaient si longtemps soupiré en vain. Ce pays les avait bannis, et une sentence de mort menaçait les Napoléon s'ils osaient remettre le pied sur le territoire Français ; et cependant, un sentiment de joie inexprimable fit bondir leurs cœurs quand ils traversèrent la frontière. Ni Louis, ni Hortense ne songèrent au danger de leur situation. Ils ne savaient qu'une chose, ne sentaient qu'une chose : c'est qu'ils étaient dans leur patrie. L'air leur paraissait plus pur et plus embaumé qu'ailleurs, tandis que l'accent de leur langue résonnait à leurs oreilles comme une douce musique.

C'est à Cannes qu'ils passèrent leur première nuit sur le sol Français. Le nom de cette ville souleva en eux bien des souvenirs. C'est à Cannes que l'Empereur avait débarqué à son retour de l'Ile d'Elbe. Il avait quitté cette ville avec une petite troupe et il était arrivé à Paris à la tête d'une armée. Partout le peuple l'avait reçu avec enthousiasme; partout les troupes envoyées contre lui étaient passées de son côté; Charles de Labédoyère, le jeune et hardi partisan de l'Empereur, avait le premier donné l'exemple. On l'avait envoyé de Grenoble avec son régiment pour arrêter la marche de Napoléon; mais, arrivant devant l'Empereur à la tête de ses hommes, il s'était mis à crier: « Vive l'Empereur! » et tous avaient suivi son exemple.

Labédoyère avait payé cher depuis son jeune enthousiasme. A la deuxième rentrée des Bourbons, il avait été fusillé comme le Maréchal Ney. Tous deux avaient payé de leur tête le triomphe des Cent-Jours.

Hortense se souvint de ces noms malheureux et des événements qui s'y rattachaient quand elle arriva à un des hôtels de Cannes, et qu'elle goûta les premières heures de repos après un voyage dangereux et fatigant. Assise dans un fauteuil, elle parlait à son fils de ces jours glorieux. Quelle différence entre alors et maintenant!... Quel contraste entre leur ancienne grandeur et leur humiliation

présente !... N'étaient-ils pas oubliés... oubliés par
la nation qui avait été si fière de les posséder ! Il n'y
avait pas longtemps que le peuple Français s'était
soulevé comme un lion déchaîné, et qu'il avait mis
en pièces un trône détesté, et chassé du pays une
dynastie qui, jusqu'alors, avait regardé la France
comme sa propriété.

Tout cela s'était accompli en trois jours. La nation
avait reconquis ses droits sacrés; elle avait choisi
un Roi selon ses désirs. Mais qui avait été appelé
sur le trône ? Était-ce le fils de Napoléon ? Était-ce
le duc de Reichstadt, qui languissait à Vienne, se
souvenant à peine de son enfance et de la grandeur
de son illustre père ? Non... c'était le Duc d'Orléans,
aux mains duquel on avait confié le sceptre de la
France, et la première chose qu'avait faite le roi
Louis-Philippe, après avoir pris les rênes de l'État,
fut de renouveler la sentence d'exil que les Bourbons avaient décrétée contre les Napoléon, et qui
punissait de mort leur retour en France.

— La nation a agi selon sa volonté, — dit Hortense, avec un triste sourire, quand elle vit combien
son fils pâlissait et quel nuage de mécontentement
passait sur son front. — La nation a agi selon sa
volonté, mon fils, il faut savoir la respecter. Pour
remercier Napoléon des grands services rendus à la
France, la nation l'avait élevé au trône Impérial.
Les peuples qui donnent ont le droit de reprendre.
Les Bourbons, qui ont toujours regardé le pays
comme leur bien, peuvent le considérer comme une

propriété que leur a volée la famille d'Orléans ; mais la famille Bonaparte doit toujours se souvenir que toute sa grandeur lui est venue du peuple. Elle doit donc toujours écouter les désirs de la nation, et toujours s'y soumettre.

Louis-Napoléon baissa les yeux et soupira : il savait qu'il ne lui restait que la soumission, bien que cette nécessité fût pénible. Il devait pénétrer dans son pays sous un nom d'emprunt. En France, sur la terre de ses rêves, il ne lui était pas permis de se dire Français, et sa seule protection, son passe-port Anglais, il le devait à une nation qui avait gardé son oncle enchaîné, comme un second Prométhée, sur un rocher lointain, où il était mort. Mais il était forcé de se soumettre, ne fût-ce que pour sa mère qui, cachée sous un voile épais, voyageait avec lui.

Les récits qu'Hortense avait fait des jours passés avaient encore accru l'attachement que Louis avait toujours eu pour son pays natal. Pouvoir rester en France et la servir eût été son plus grand désir. Dans ce but, il serait volontiers entré dans l'armée comme simple soldat.

Un jour, il entra dans la chambre de sa mère, en tenant à la main une lettre qu'il venait d'écrire. Il la pria de la lire. C'était une pétition adressée à Louis-Philippe, par laquelle il priait le Roi de mettre un terme à son exil, et de lui permettre d'entrer dans l'armée.

Hortense lut la lettre et secoua la tête. Elle était trop fière pour permettre à son fils, le neveu du grand Napoléon, de demander une faveur à un homme qui, tout en professant des principes libéraux, n'osait pas faire justice à la famille de l'Empereur, mais la bannissait de nouveau de son pays. Dans son désir de servir la France, Louis-Napoléon n'avait pas songé à cette humiliation.

« Mes fils, — dit Hortense dans ses Mémoires, —
» bien que persécutés sans cesse, même par ceux qui
» devaient tout à leur oncle, avaient conservé un
» grand attachement pour le pays où ils étaient
» nés. Leurs yeux étaient constamment fixés sur la
» France; ils s'occupaient sans cesse à étudier les ins-
» titutions qu'ils pensaient lui être bonnes et faites
» pour la rendre heureuse. Ils savaient que le peu-
» ple seul les aimait. Après la révolution de 1830,
» ils se résignèrent donc à sa volonté, pensant que
» c'était encore une manière de lui prouver leur
» dévouement. C'est pour cette raison que mon fils
» écrivit au Roi Louis-Philippe. C'est pour cette
» raison qu'il désirait si ardemment entrer dans
» l'armée Française. »

Hortense conseilla à son fils de ne point envoyer sa lettre, et voyant que ce conseil lui causait beaucoup de chagrin, elle le supplia de remettre l'envoi de sa pétition jusqu'au jour de leur arrivée à Paris.

Louis Napoléon céda aux désirs de sa mère. Tristes et seuls, les deux voyageurs continuaient leur route à travers un pays où presque chaque ville leur rappelait leur grandeur passée.

A Fontainebleau, Hortense montra à son fils le

château qui avait été témoin du plus grand triomphe et de la plus grande adversité de son oncle. Le visage couvert d'un voile épais, elle traversa, appuyée sur le bras de son fils, cette suite d'appartements où elle avait autrefois régné en Reine. Quel contraste!

Les officiers et les serviteurs qui les accompagnaient pour visiter le château, étaient les mêmes qu'elle avait connus autrefois. Elle n'osait pas se faire reconnaître, mais elle sentait qu'ils ne l'avaient pas oubliée tout à fait. Elle le vit clairement dans l'expression du visage de l'intendant quand il arriva aux appartements qu'elle avait jadis habités, et elle l'entendit au son de sa voix quand il prononça son nom.

Tout, dans le château, était resté tel qu'elle l'avait connu. Les appartements que la famille Impériale avait occupés après le traité de Tilsitt, avaient encore le même ameublement et les mêmes draperies. C'est là qu'on avait donné tant de grandes fêtes, et où tant de souverains et de princes étaient venus rendre hommage à Napoléon et solliciter son alliance. Il y avait aussi les appartements occupés deux fois par le Pape : une fois volontairement et une seconde fois forcément; et le cabinet où le puissant et redouté Empereur avait signé son abdication et déposé la couronne que la nation Française avait mise sur sa tête. La chapelle aussi était ce qu'elle avait été du temps de Napoléon, quand avait eu lieu le baptême de son neveu Louis-Napoléon. Tout, en un mot, était demeuré comme autrefois; cependant, le jardin tracé par Hortense et sa mère avait poussé considérablement, et dans ces grands arbres, la brise semblait murmurer un chant mélancolique sur la vanité des grandeurs terrestres.

Enfin les deux pèlerins arrivèrent aux barrières de Paris; à ce moment Hortense oublia qu'elle avait été Reine, qu'elle était proscrite, et elle ne fut plus qu'une Française, qu'une Parisienne, qui oubliait ses douleurs et ses soucis dans l'orgueil de montrer à son fils les beautés de la capitale.

Elle donna ordre au cocher de prendre par les boulevards jusqu'à la rue de la Paix, et de s'arrêter à un des principaux hôtels de cette rue. C'était la route qu'Hortense avait suivie seize ans auparavant, escortée par un officier Autrichien. A cette époque, elle avait été obligée de quitter Paris pendant la nuit. Elle en avait été chassée avec ses deux fils par les alliés, qui redoutaient une femme et deux enfants sans appui et sans défense. Seize ans s'étaient écoulés depuis cette nuit, et cependant Hortense, en revenant par le même chemin qu'elle avait pris en partant, était toujours exilée et sans asile, et le fils, assis à ses côtés, était non-seulement banni du pays comme elle, mais aussi menacé de la proscription par les Autrichiens.

Elle était à Paris cependant ! Hortense versait des larmes de joie en revoyant tous les lieux favoris de sa jeunesse, toutes les rues, toutes les places qui lui étaient familières.

Par un hasard étrange, la voiture qui portait Hortense, l'ex-Reine de Hollande, s'arrêta devant l'hôtel de Hollande. Des fenêtres de l'appartement du premier étage, dont la Duchesse prit possession, on avait une vue magnifique des boulevards, de la place Vendôme et de la colonne.

« Dites à la colonne de la place Vendôme que je meurs parce qu'il ne m'est pas permis de l'embrasser, » avait écrit le Duc de Reischtadt, sur l'album d'un noble Français qui, malgré les nombreux espions qui entouraient le fils de l'Empereur, avait réussi à lui raconter la glorieuse histoire de son père et de l'Empire. Le neveu de Napoléon devait goûter cette satisfaction qu'on avait refusée à son fils.

Louis-Napoléon pouvait sortir sans crainte : personne à Paris ne le connaissait; personne ne pouvait donc le trahir. Il alla jusqu'à la place Vendôme, et vit la colonne, — témoignage éclatant de la grandeur de son oncle.

Hortense n'accompagna pas son fils dans cette visite : il lui eût été trop pénible, en passant dans les rues de Paris, de se cacher comme une criminelle. Elle voulait informer le gouvernement Français de sa présence, afin d'éviter l'humiliation de prendre un nom d'emprunt.

Elle avait le courage de la vérité et de la sincérité. Elle voulait dire au Roi qu'elle était venue en France, non pas pour braver sa sentence d'exil, ou pour intriguer contre lui et sa couronne, mais parce qu'elle ne voyait d'autre moyen de sauver son fils,

et parce qu'elle était obligée de traverser la France
pour passer en Angleterre.

La révolution, qui amène des changements si
étranges dans le sort des nations et des individus,
avait replacé à la cour du nouveau Roi une grande
partie des officiers et des amis de l'Empire. La
Duchesse de Saint-Leu en connaissait un grand
nombre; pour n'exposer aucun d'eux à des soupçons, elle s'adressa à une personne qui lui était
inconnue et qui était orléaniste trop dévouée pour
qu'on la soupçonnât de sentiments Impérialistes.
Hortense, ou plutôt Mademoiselle de Massuyer, sa
dame de compagnie, écrivit à M. d'Houdetot
pour lui dire qu'elle venait d'arriver avec une famille Anglaise, et qu'elle était chargée d'un message de la Duchesse de Saint-Leu pour lui.

M. d'Houdetot se rendit à cette invitation, et vint
à l'hôtel voir Mademoiselle de Massuyer. Il fut très-
surpris et profondément ému quand il vit que la
dame Anglaise n'était autre que la Duchesse de
Saint-Leu, qu'il croyait sur la route de Malte. Les
amis d'Hortense, ignorant également son hardi
stratagème et craignant que la fatigue du voyage
n'affectât sa faible santé, avaient déjà pris les mesures nécessaires pour obtenir pour elle la permission
de passer par la France, au lieu de continuer son
voyage par mer.

Hortense raconta au Comte d'Houdetot ses malheurs récents, et exprima son désir de voir le Roi,
afin de lui parler de son fils.

M. d'Houdetot se chargea d'exprimer ce désir à Louis-Philippe, et promit de revenir le lendemain dire à la Duchesse quel succès avait obtenu sa mission. Il tint parole, et par lui Hortense apprit que le Roi blâmait fort l'audace de la Duchesse d'être revenue en France et qu'il ne pouvait consentir à une entrevue avec elle. L'aide de camp ajouta que, le Roi ayant des ministres responsables, il lui avait été impossible de cacher sa présence au chef de son cabinet, et que, conséquemment, le premier ministre, Casimir Périer, viendrait voir la Duchesse dans le courant de la journée.

Quelques heures après, le célèbre ministre de Louis-Philippe arriva. Il avait l'air froid et mécontent comme un homme qui vient prononcer une sentence ; mais la franchise et la dignité de la Duchesse semblèrent le désarmer, et il adopta une conduite plus polie et plus convenable.

— Je sais parfaitement bien, — dit Hortense dans la conversation, — que j'ai violé la loi en venant ici ; je savais le risque que je courais en le faisant. Vous avez le droit de m'arrêter, mais il ne serait pas juste de le faire.

Casimir Périer secoua la tête et dit : —

— Juste, non ! légal, oui...

CHAPITRE XLII.

LOUIS-PHILIPPE ET LA DUCHESSE DE SAINT-LEU.

La conversation entre Casimir Périer et la Duchesse sembla convaincre le ministre que les appréhensions du Roi et de la cour étaient sans fondement, et que la belle-fille de Napoléon n'était pas venue en France pour intriguer contre eux et prétendre au trône pour le duc de Reichstadt ou Louis-Napoléon, mais que sa présence ne devait être attribuée qu'à l'affection maternelle qui lui avait fait choisir la France comme le chemin le plus convenable à la sûreté de son fils.

Cette conviction éloigna tous les obstacles qui s'opposaient à une entrevue entre Louis-Philippe et la Duchesse; le Roi lui fit donc dire qu'il serait heureux de la voir. Peut-être Louis-Philippe se souvint-il en ce moment que c'était Hortense qui, à une autre époque, étant encore reine de Hollande, avait obtenu de l'Empereur une pension de 200,000 francs pour sa mère, la Duchesse d'Orléans, et avait rendu un service semblable à sa tante, la Duchesse de Bourbon. Ces deux dames, dans la joie

causée par cette prospérité subitement reconquise,
avaient écrit à la Reine les lettres les plus affectueuses et les plus aimables.

Nous disons que peut-être Louis-Philippe se souvint de cette circonstance, et qu'il fut bien aise de
rendre à Hortense ce qu'elle avait fait pour assister
sa famille. Dans tous les cas, le second jour de son
arrivée à Paris, la Duchesse fut reçue aux Tuileries,
qu'elle avait si longtemps habitées comme belle-fille
de l'Empereur et comme femme du frère de Napoléon et Reine de Hollande ; aujourd'hui, elle rentrait
dans ce palais en exilée et en fugitive, sans nom et
sans suite, avec l'espoir d'obtenir la protection de
ceux qu'elle avait autrefois protégés.

Louis-Philippe reçut la Duchesse de Saint-Leu
avec cette grâce et cette courtoisie qui le caractéri-
saient et qui ont toujours été une des principales
vertus de sa maison ; mais sous le masque de la sympathie et de l'amitié, il cachait des sentiments
d'égoïsme et des soupçons mal éteints. Sans préam-
bule il commença à parler de ce que la Duchesse
pouvait désirer le plus, de la loi qui l'expulsait.

— Je connais, — dit-il, — toute l'amertume de
l'exil, et ce n'est réellement pas ma faute si le vôtre
dure encore.

Il l'assura que cette loi contre la famille de Napoléon pesait sans cesse sur son esprit, et il alla
même jusqu'à dire que l'exil de la famille Impériale n'était qu'un des nombreux paragraphes de
la loi, rédigée dans le but d'éloigner les conven-

tionnels, et dont le maintien avait été demandé avec instance par la nation.

Ainsi, on avait pu supposer qu'il avait, lui, prononcé une sentence d'exil, quand en réalité, il n'avait fait que maintenir une loi qui avait existé sous le Consulat.

Mais le Roi ajouta, avec le ton d'une conviction pleine de franchise : —

— Le jour n'est pas loin où il n'y aura plus d'exilés ! Je n'en veux pas sous mon règne.

Puis, comme s'il voulait rappeler à la Duchesse que de tous temps il y avait eu des exilés, sous la République aussi bien que sous le Consulat, l'Empire et la Restauration, il lui parla de son propre exil, de son humiliation, et de la position précaire dans laquelle il s'était lui-même trouvé, et comment il avait été forcé de remplir, pour un très-faible salaire, les fonctions de maître d'étude.

La Duchesse l'écouta en souriant, et lui dit qu'elle connaissait ce détail de son exil, et le considérait comme très-méritoire pour lui.

Elle dit alors au Roi avec beaucoup de franchise que son fils l'avait accompagnée en France, et qu'en ce moment il était à Paris.

— Il a écrit une lettre à Votre Majesté, — ajouta-t-elle, — pour la prier de lui permettre d'entrer dans l'armée Française. Il désire servir son pays.

— Donnez-moi cette lettre, — répondit le Roi, — je vais envoyer M. Périer la chercher, et si les circonstances le permettent, je serai heureux de satis-

faire les désirs de votre fils. Je veux que vous com-
preniez qu'en tout je serai heureux de vous servir ;
je sais qu'il vous est dû des sommes considérables et
que l'État a, jusqu'à présent, négligé de vous faire
justice. Envoyez-moi votre compte, Madame, écrivez-
moi tout ce que la France vous doit, mais c'est à moi
qu'il faut l'envoyer, je connais ces sortes de choses,
et je veux être à l'avenir votre chargé d'affaires.
Le Duc de Rovigo, — continua-t-il, — m'a dit
que les autres membres de la famille Impériale se
trouvent dans des positions également mauvaises,
je voudrais les aider tous, et j'essaierai de venir en
aide à la Princesse de Montfort (la femme du Roi
Jérôme) en particulier.

Hortense écoutait avec attention ce que lui disait
le Roi, et en voyant ce visage plein de bonté, en
voyant ce sourire bienveillant, elle sentait tous ses
doutes s'évanouir. Il ne restait pas l'ombre d'un
soupçon dans son cœur. Elle avait une foi sincère
en la sympathie et la générosité du Roi, et le remerciait avec ferveur de ce qu'il promettait de faire
pour elle.

— Oh! Sire, — dit-elle, — la famille Impériale
tout entière réclame des secours. Vous aurez à nous
faire oublier bien des injustices. La France nous
doit beaucoup à tous, et c'est une tâche digne de
vous que de nous faire rentrer dans nos droits.

Cette dette de la France contractée envers les
Napoléon était un fait incontestable. L'Empereur
Napoléon avait racheté tous les diamants de la cou-

ronne et même jusqu'au célèbre *Régent*, que le Directoire avait engagé. Il avait restauré et meublé à neuf tous les châteaux royaux, et payé tout cela non avec les ressources de l'État, mais avec sa liste civile. Il avait aussi augmenté le domaine de la couronne de plusieurs millions de francs, fruit de ses conquêtes. En abdiquant à Fontainebleau, il fixa lui-même son sort et celui de sa famille, en renouvelant le traité du 11 Avril 1814.

Par ce traité, il abandonnait tout ce qu'il possédait et rendait à la France les diamants de la Couronne, à la condition qu'une pension, qu'il fixerait, lui serait payée ainsi qu'à sa famille. Ce traité fut signé par Talleyrand, au nom de Louis XVIII, et garanti par toutes les puissances, mais il ne fut jamais mis à exécution; au contraire, toute la fortune et tous les biens de la famille Impériale furent confisqués, et on ne paya même pas l'arriéré de pension dû par le Trésor, et dont la Chambre des Députés de 1814 avait reconnu la validité et qu'elle avait inscrit comme dette sacrée.

Le Roi déclara encore à la fin de l'entretien toute sa volonté de venir en aide à la famille de Napoléon.

La Duchesse le crut, elle eut confiance en son honnêteté et en son amitié, elle fut enchantée de l'affabilité du Roi, qui la présenta à sa femme; la Reine, ainsi que Madame Adélaïde, furent enchantées de la visite de la Duchesse; une seule fois cependant, pendant la conversation, Madame Adélaïde oublia qu'elle était l'amie d'Hortense, elle lui demanda combien de temps elle comptait rester à Paris, et quand la Duchesse répondit qu'elle resterait probablement trois jours, elle s'écria visiblement alarmée : —

— Si longtemps? Trois jours entiers! Savez-vous qu'il y a ici beaucoup de familles Anglaises qui ont vu votre fils en Italie, et qui pourraient le reconnaître?

Le hasard lui-même semblait disposé à retarder le départ de la Duchesse. Quand elle rentra chez elle après sa visite aux Tuileries, elle trouva que son fils, ayant été repris par la fièvre, fut obligé de se mettre au lit aussitôt, et le docteur qu'on appela déclara qu'il avait une violente inflammation de gorge.

Hortense trembla encore pour la vie du Prince Louis, de ce fils qui était désormais son seul bien, le seul trésor qu'elle eût pu sauver du naufrage de sa fortune et de ses grandeurs.

Elle ne quitta pas son chevet, le veillant nuit et jour et lui prodiguant les soins d'une excellente mère. Son seul désir était de le voir épargné. C'était le sujet de ses prières, le but de toutes ses actions; tout, auprès de cela, était sans importance. Elle ne quittait la chambre du malade que lorsqu'elle était forcée, ainsi que cela arrivait chaque jour, de recevoir Casimir Périer, qui venait régulièrement de la part du Roi prendre des nouvelles de la santé de Napoléon, et pour la décider à rédiger un mémoire de tout ce que le pays lui devait. Le Roi, disait-il, tenait à satisfaire toutes ses demandes.

Mais Hortense n'avait plus qu'un désir, la guérison de son fils. Cependant, elle exprima au ministre le désir de pouvoir se rendre, pendant l'été, dans une ville d'eaux des Pyrénées pour rétablir sa santé délabrée. Le ministre promit d'obtenir le consentement du Roi.

— De cette manière le gouvernement s'habituera peu à peu à votre présence, — dit Périer à la Duchesse ; — quant à vous, personnellement, il ne sera pas difficile de vous rouvrir les portes de votre pays, mais à votre fils c'est bien différent. Son nom lui sera toujours un obstacle. S'il désirait réellement entrer dans l'armée, on lui demanderait tout d'abord de changer de nom. Nous sommes forcés de consulter les désirs des puissances étrangères, la France est divisée en tant de factions, qu'un Napoléon pourrait facilement amener des complications sérieuses; donc, il faut que votre fils change de nom si .....

Mais ici, la Duchesse l'interrompit; ses yeux brillèrent, ses joues devinrent pourpres.

— Quoi!... mon fils se dépouillerait de ce nom glorieux dont la France s'enorgueillit si justement?... Lui, le cacher et le renier comme si c'était une honte de le porter?...

Et, oubliant dans son agitation l'état de souffrance de son fils, elle s'empressa de lui faire part de la proposition que venait de leur faire le ministre.

Le Prince, avec un violent effort, s'assit sur son lit.

28

— Changer mon nom! — s'écria-t-il, — qui ose me proposer cela? Oublions nos désirs, ma mère, retournons à l'étranger. Vous aviez raison, le temps des Napoléon est passé ou il n'est pas encore venu.

CHAPITRE XLIII.

DÉPART DE PARIS.

L'agitation causée par cette scène augmenta la maladie de Napoléon, et la fièvre revint avec plus de violence. Hortense était constamment avec lui, remplissant tous les devoirs d'une garde-malade. De sa propre main elle plaçait la glace sur sa tête, et aidait à mettre les sangsues prescrites par le docteur.

L'anxiété continuelle et l'agitation dans laquelle Hortense avait vécu depuis plusieurs semaines avaient épuisé ses forces. Elle sentait qu'elle tomberait malade elle-même si son fils ne se rétablissait pas promptement, et pour reprendre un peu de force elle suivit le conseil du médecin, qui lui dit qu'un exercice quotidien pouvait seul l'empêcher de succomber à la fatigue.

Chaque soir, dans l'obscurité, elle quittait la chambre du malade, et vêtue tout en noir, le visage recouvert d'un voile épais, elle allait à travers les rues de Paris accompagnée seulement par le Marquis de Zappi. Personne ne la reconnaissait, personne ne la saluait, personne ne pouvait deviner que cette triste figure avait appartenu à une Reine qui avait été habituée à traverser ces mêmes quartiers dans un brillant équipage et acclamée par la foule.

En allant par les rues, Hortense s'abandonnait aux souvenirs des anciens jours. Elle montrait au Marquis le palais qu'elle avait habité autrefois et qui lui était toujours cher, car c'était là qu'étaient nés ses fils. Elle regarda en souriant les fenêtres brillamment éclairées de son ancienne demeure, où quelque banquier ou épicier anobli donnait peut-être en ce moment une fête. Elle leva la main et, montrant la fenêtre, elle dit : —

— Je voulais revoir cette maison afin de pouvoir me reprocher de m'être trouvée malheureuse quand je l'habitais. Alors je me plaignais de mon sort au milieu des splendeurs et de l'abondance. Oh! je songeais peu à la grandeur du malheur qui devait m'accabler un jour.

Elle s'éloigna et passa devant les maisons de plusieurs amis qui, elle le savait, lui étaient restés fidèles. Elle n'osait pas se présenter chez eux, mais cependant elle éprouvait une grande satisfaction à s'en trouver rapprochée.

Après s'être consolée de cette manière, Hortense continuait à passer par les rues de Paris, inconnue de tous, peut-être oubliée par tous! Mais non! pas oubliée... N'est-ce pas son portrait qu'on voyait là-bas à côté de celui de l'Empereur?

Elle s'arrêta, et c'est avec une émotion profonde

qu'elle regarda les gravures. Une foule bruyante et
tumultueuse se pressait pour les voir comme de coutume, mais elle ne remarquait pas la femme qui, des
larmes dans les yeux, se tenait debout devant la
boutique.

— On se souvient de nous, malgré tout! — dit-elle
à voix basse. — Ceux qui portent des couronnes ne
sont pas à envier. On est bien heureux de se sentir
aimé du peuple, et son amour pour nous n'est pas
éteint.

L'indifférence apparente avec laquelle la France
semblait avoir entendu la sentence d'exil prononcée
contre] les Napoléon, avait profondément blessé le
cœur d'Hortense; elle avait souvent désiré pouvoir
rencontrer une marque d'affection de la part de la
nation Française, et elle pensait qu'elle retournerait
en exil le cœur plus léger. Ses désirs étaient accom-
plis, car l'accueil fait à ces portraits prouvait que
la famille de l'Empereur n'était pas entièrement
oubliée.

Hortense entra dans la boutique pour acheter les
gravures; quand on lui dit qu'elles étaient très-de-
mandées, elle put à peine retenir ses larmes.

Elle les prit et les emporta chez elle pour donner
à son fils une preuve de l'affection des Français.

Pendant que le cœur de la Duchesse était ainsi
partagé entre les souvenirs du passé, les soucis et
les chagrins du présent, le temps s'était écoulé, et
il y avait déjà douze jours qu'elle était dans la capitale, ignorée et isolée, et les journaux vantaient

l'héroïsme de la Duchesse qui avait réussi à sauver son fils et qui s'était embarquée avec Louis-Napoléon à Malte, pour l'Angleterre.

Jusque dans le conseil des ministres on s'occupa de ce voyage, et on pensa nécessaire d'en informer Louis-Philippe; le Maréchal Sébastiani lui dit qu'il savait de bonne source que la Duchesse et son fils étaient arrivés à Corfou, il parla avec enthousiasme de la Reine Hortense qui, sans songer à la fatigue, avait entrepris ce voyage, et demanda si on ne lui permettrait pas de passer par la France.

Le Roi parut presque mécontent et répliqua sèchement : —

— Qu'elle continue son voyage.

Casimir Périer pencha la tête sur le papier placé devant lui, et un observateur aurait pu remarquer un sourire sur son visage. M. Barthe, cependant, l'un des ministres, saisit l'occasion de déployer son éloquence en prouvant qu'il existait une loi qui interdisait la présence de la Duchesse en France, et qu'une loi était une chose trop sacrée pour qu'on transigeât avec elle.

La présence d'Hortense à Paris, quelque secrète qu'elle fût, commençait à devenir de plus en plus désagréable au Roi et à son premier ministre. Ce dernier l'avait déjà fait prévenir par M. d'Houdetot que son départ devenait absolument nécessaire, et que l'état maladif du malheureux Prince avait seul pu l'amener à consentir à une prolongation de séjour.

Mais la veille d'un jour solennel et dangereux, la

veille du 5 Mai, anniversaire de la mort de Napoléon, approchait, une grande agitation régnait parmi les habitants de Paris. Dès le point du jour, des milliers de personnes s'étaient rassemblées autour de la colonne de la Place Vendôme. On approchait en silence du monument pour déposer des fleurs et des couronnes.

. Hortense vit cette scène des fenêtres de son appartement, et elle versa des larmes de joie et d'émotion. Tout à coup un coup retentit à la porte et immédiatement après, M. d'Houdetot, pâle et confus, entra.

— Duchesse, — dit-il précipitamment, — il vous faut partir de suite, on ne vous accordera pas une heure de plus, je suis chargé de vous le dire, à moins qu'il n'y ait danger pour la santé de votre fils.

Hortense l'écouta tranquillement. Elle plaignait presque un roi qui avait peur d'une pauvre femme sans appui et d'un jeune homme retenu au lit par la maladie. Combien devait être grande sa terreur pour lui faire oublier les lois de l'hospitalité et de la politesse ! Qu'avait-elle fait pour justifier cette crainte ? En avait-elle appelé à la nation dans sa détresse ? Avait-elle demandé aide et protection pour le neveu de l'Empereur ? Au contraire, elle s'était cachée du peuple, et elle avait tant redouté de créer la moindre agitation en France, qu'elle avait confié le secret de sa présence au Roi lui-même, afin qu'il pût l'aider et la protéger.

Mais le gouvernement se défia d'elle malgré sa

grande franchise, et sa présence, bien qu'ignorée, devint une crainte pour le gouvernement. Hortense ne put s'empêcher de le plaindre, elle ne proféra pas une plainte, pas un regret. Elle envoya aussitôt chercher un médecin, et lui disant que des affaires d'une grande importance la forçaient de partir immédiatement pour Londres, elle lui demanda si le voyage serait dangereux pour son fils. Le médecin répliqua qu'il eût désiré pour son malade quelques jours encore de repos et de calme, mais qu'il pensait qu'en prenant beaucoup de soins, le Prince pouvait quitter Paris le jour suivant.

— Alors je partirai demain, veuillez en prévenir le Roi, — dit Hortense à M. d'Houdetot.

Et pendant que ce personnage allait porter au Roi cette bonne nouvelle, la Duchesse commença à faire les préparatifs du départ, qu'elle effectua le lendemain de très-grand matin.

Quatre jours après ils arrivaient à Calais. Le navire qui devait les transporter en Angleterre était prêt à mettre à la voile. Hortense, exilée une fois de plus, devait quitter encore sa patrie, et se voyait condamnée de nouveau à vivre en pays étranger, parce que la nation ne pouvait oublier l'Empereur. Le Roi des Français redoutait la famille Impériale; les Bourbons lui avaient été ouvertement hostiles, ils l'avaient attaquée et persécutée; mais Louis-Philippe, qui devait sa couronne au peuple, sentait qu'il était sage de flatter tant soit peu la nation et de prétendre partager ses sympathies. Il déclara donc qu'il avait la plus grande admiration et le plus grand amour pour l'Empereur, bien qu'il n'hésitât pas à sanctionner l'exil des membres de sa famille; il ordonna qu'on honorât et qu'on décorât le monument de la Place Vendôme, mais en même temps il éloignait de la capitale la fille et le neveu de Napoléon et les chassait de France.

Hortense obéit et partit; mais elle sentit par la douleur qu'elle éprouva que c'était son pays natal qu'elle quittait, le pays où vivaient encore bien des amis qu'elle n'avait point revus, et où reposaient les cendres de sa mère et de son fils.

En quittant une fois encore le pays de ses chers souvenirs, ses larmes lui dirent combien elle lui était toujours attachée, et que, quoique exilée depuis longtemps de France, elle n'avait jamais cessé d'aimer son pays.

CHAPITRE XLIV.

PÈLERINAGE EN FRANCE

Le séjour de la Duchesse en Angleterre, où elle arriva en sûreté avec son fils, après une traversée orageuse, fut une série de triomphes. Toute la haute aristocratie de Londres avait à cœur de recevoir la Duchesse avec des marques d'affection et d'estime. Chacun semblait désireux de montrer à la belle-fille de Napoléon que les Anglais regrettaient leur sévérité inutile envers l'Empereur.

La Duchesse de Bedford, Lord et Lady Holland, et Lady Grey, en particulier, témoignèrent à Hortense une grande amitié et voulurent la présenter aux familles les plus distinguées du pays; mais Hortense n'accepta aucune des invitations qu'elle reçut. Elle semblait fuir le bruit et le monde. Elle craignait que le gouvernement Français ne la soupçonnât encore de projets ambitieux et, pour cette raison, ne s'opposât à son retour dans sa propriété du lac de Constance, au paisible Arenemberg, où elle avait goûté bien des années de calme, sinon de bonheur.

Il devint bientôt évident que les appréhensions d'Hortense n'étaient pas sans fondement.

L'arrivée d'Hortense et de Louis-Napoléon en Angleterre donnèrent de l'inquiétude à tous les partis politiques. Ils tentèrent les uns après les autres de découvrir les motifs qui avaient amené la Duchesse à Londres, car ils étaient convaincus qu'elle s'occupait secrètement elle-même d'un projet qui pouvait contrecarrer les leurs. La Duchesse de Berry, qui habitait alors Bath, revint aussitôt en ville pour surveiller Hortense. Cette princesse hardie et entreprenante faisait déjà des préparatifs pour une expédition en France, où, à l'aide d'une insurrection, elle espérait reconquérir le trône que sa famille avait perdu, et il était tout naturel qu'elle prêtât à Hortense des intentions semblables aux siennes. Elle pensait que la Duchesse de Saint-Leu voulait détrôner Louis-Philippe et placer son fils ou le Duc de Reichstadt à la tête de la nation Française.

Il y eut même des personnes qui avertirent le Prince Léopold de Cobourg, auquel les grandes puissances de l'Europe avaient offert la couronne de Belgique, d'être sur ses gardes, car la Duchesse n'était venue en Angleterre que pour s'emparer, par un coup de main, de ce royaume qu'elle convoitait pour son fils. Le noble Prince dédaigna d'écouter ces insinuations perfides, il avait connu la Duchesse pendant ses jours de grandeur, et il s'empressa de renouveler connaissance avec elle. Il montra à la pauvre exilée la même amitié et le même respect qu'il avait ressentis pour la Reine de Hollande. Ils causèrent du passé glorieux, des espérances, et des projets à venir. Profondément affecté par la mort de sa bien-aimée femme, Charlotte d'Angleterre, le Prince Léopold voulait chercher des consolations dans une administration qui pût rendre ses sujets heureux, et il était sur le point de partir pour son royaume.

Quand, après une conversation longue et affable, il prit congé de la Duchesse, il lui dit en souriant : —

— Au revoir ! Mais il faut que vous me promettiez de ne pas me dépouiller de ma petite Belgique, quand vous passerez par là.

Pendant que le gouvernement Français et les Bourbons, qui, comme les Napoléon, étaient exilés, soupçonnaient la Duchesse de Saint-Leu de projets hardis et ambitieux, les Impérialistes et les Républicains s'efforçaient d'amener Hortense à se joindre à eux. En France, comme en Angleterre, on pensait généralement que la nouvelle royauté de Louis-Philippe n'aurait pas de vitalité, parce qu'elle ne s'appuyait que sur une classe de la nation. Les Légitimistes, qui souhaitaient voir un Bourbon sur le trône de France, s'imaginaient que le peuple attendait impatiemment son Roi légitime, Henri V. Les partisans de l'Empire annonçaient partout que le gouvernement était à la veille de tomber, et assuraient que tous les Français désiraient voir régner le fils de Napoléon. Les Républicains, cependant, commençaient à se méfier du peuple et de l'armée, et à

sentir que la République n'était pas possible, et que
les institutions libérales seraient encore mieux re
présentées par un Napoléon que par tout autre. Il.
envoyèrent donc des agents auprès du Duc de
Reichstadt et du Prince Louis-Napoléon. Le Duc de
Reichstadt, auquel les envoyés proposèrent de venir
en France et de faire un appel au peuple, répondit : —

— Je ne puis entrer en France comme un aventu-
rier. Que la nation m'appelle, et je trouverai bien le
moyen de m'échapper d'ici.

A ces mêmes propositions, Louis fit une réponse
différente.

— Je servirai la France n'importe comment. Je
l'ai prouvé en demandant la permission d'entrer
dans son armée.

Il ajouta cependant, qu'il éprouvait de la répugnance à user de violence pour rentrer dans un pays
dont les vœux lui seraient toujours sacrés.

Hortense suivait avec inquiétude les moyens mis
en œuvre par les Impérialistes et les Républicains,
pour gagner son fils à leur cause, car elle craignait
qu'il se laissât entraîner dans une entreprise dangereuse. Tout ce qu'elle désirait, c'était qu'on la laissât
vivre dans une retraite paisible. Elle se sentait épuisée et désillusionnée après les quelques démarches
qu'elle avait risquées.

Il lui tardait de revoir son cher Arenemberg et
les montagnes de la Suisse. Elle voulait arracher le
plus tôt possible son fils à toutes ces intrigues politiques. Si seulement Louis-Philippe voulait lui

permettre de passer par la France, elle pourrait gagner en sûreté le canton de Thurgovie, où était située sa petite propriété. Elle s'y était fait naturaliser, et la fille de l'Empereur pouvait vivre en paix sous l'aile de la République.

En conséquence, la Duchesse adressa une lettre à M. d'Houdetot pour le prier de lui obtenir un passeport de son gouvernement qui lui permît de traverser la France sous un nom supposé.

Après bien des hésitations, le passe-port fut promis, à la condition cependant qu'Hortense ne se mettrait en voyage qu'après le premier anniversaire de l'avénement de Louis-Philippe au trône. Elle se déclara prête à accepter cette condition, et reçut, le 1er Août, un passe-port qui autorisait Madame d'Arenemberg et son fils à traverser la France pour gagner la Suisse.

La Duchesse avait d'abord eu l'intention de passer par Paris, malgré l'agitation politique qui régnait dans la capitale, et afin de prouver combien elle était peu mêlée aux machinations des mécontents. Mais quand elle fit part à Louis-Napoléon de son intention, il s'écria : —

— Si nous allons à Paris et qu'il y ait collision entre le pouvoir et le peuple, il me sera impossible de ne pas me ranger du côté de ce dernier.

Hortense embrassa tendrement son fils et répondit : —

— Nous n'irons pas à Paris, mais nous visiterons les lieux qui ont été témoins de notre grandeur.

Le 7 Août, la Duchesse de Saint-Leu et son fils quittèrent l'Angleterre et passèrent à Boulogne.

Boulogne était la première ville qu'Hortense désirait visiter. C'est dans cette ville qu'elle avait joué un rôle dans l'une des plus imposantes solennités dont l'histoire fasse mention; elle avait été avec l'Empereur au camp de Boulogne au moment où se préparait une campagne décisive. Une colonne indique l'endroit où se trouvait le camp. Ce monument avait été élevé du temps de Napoléon, mais plus tard on lui donna le nom de Louis XVIII.

Accompagnée par le Prince, la Duchesse de Saint-Leu alla visiter cette colonne, du haut de laquelle ils purent contempler un immense panorama du pays qui avait autrefois rendu hommage à leur famille. Hortense fit voir à son fils les différents campements qui avaient été choisis pour les manœuvres, l'endroit qu'occupait la tente de l'Empereur, et celui où le trône avait été élevé le jour où, pour la première fois, il avait distribué à son armée les croix de la Légion d'honneur.

Louis-Napoléon écoutait avec un intérêt intense, les yeux brillants et les joues animées, tout ce que sa mère lui disait. Hortense, enfoncée dans les souvenirs du passé, n'avait pas remarqué la présence de deux autres personnes : un monsieur et une dame qui avaient entendu ses paroles. Ils s'approchèrent de la Duchesse et la remercièrent pour l'intéressant tableau qu'elle avait fait d'un des plus mémorables épisodes de l'histoire de France. C'étaient deux nouveaux mariés qui arrivaient de Paris et qui leur dirent beaucoup de choses sur l'état d'agitation de la capitale et l'antagonisme des différents partis politiques.

Et, comme s'ils avaient été désireux de faire quelque chose pour remercier Hortense de son intéressant récit, ils racontèrent à la Duchesse et à son fils une anecdote qui circulait alors dans les salons de Paris : Il avait été proposé par quelque politique habile que, la meilleure chose pour la France serait sa transformation en une république, ayant trois consuls à sa tête : le Duc de Reichstadt, le Duc d'Orléans, et le Duc de Bordeaux. « Mais, — objectait-on, — le premier Consul pourrait être tenté de se faire Empereur et d'écarter ses deux collègues. »

Hortense eut suffisamment de courage pour répondre par un sourire à cette anecdote ; mais elle ne perdit point de temps pour rentrer en ville avec son fils, car ce couple pouvait l'avoir reconnue et lui avoir raconté à dessein cette plaisanterie.

La mère et le fils retournèrent silencieusement à leur hôtel, qui était situé au bord de la mer, et qui offrait une vue superbe sur la Manche.

Ils s'étaient assis sur le balcon ; après être restée silencieuse quelque temps, Hortense se retourna vers son fils et lui dit avec un sourire : —

— Viens, laissons-nous aller au souvenir des jours passés. En face de ce fier monument, je voudrais dévoiler le passé à tes yeux. Le veux-tu ?

Hortense revint bientôt avec un manuscrit relié en velours vert; elles s'assit à côté de son fils, et, ouvrant le manuscrit, elle lut ce qui suit : —

CHAPITRE XLV.

FRAGMENTS DE MÉMOIRES

« L'Empereur était de retour d'Italie. L'imposante solennité de la distribution des croix de la Légion d'honneur avait eu lieu avant son départ et j'y avais assisté. Il se rendit ensuite à Boulogne pour présider à une seconde distribution de décorations. Il avait nommé mon mari général en chef de l'armée de réserve, et lui avait envoyé un messager pour solliciter sa présence ainsi que la mienne et celle de mon fils au camp de Boulogne. Mon mari ne fut pas disposé à quitter Saint-Amant, dont il prenait les eaux à cette époque, mais il désirait que j'allasse à Boulogne passer une semaine en compagnie de l'Empereur.

» Napoléon habitait une petite villa aux portes de la |ville qu'on appelait Pont-de-Brique. Sa sœur Caroline et Murat habitaient une autre maison non loin de la sienne. Je me joignis à eux et nous allions chaque jour dîner avec l'Empereur. Pendant deux ans, nos troupes avaient été concentrées en vue de l'Angleterre, et tout le monde s'attendait à une atta-

que prochaine. Le camp de Boulogne était situé au
bord de la mer et avait presque l'aspect d'une ville.
Chaque hutte avait un petit jardin où les soldats
cultivaient des légumes et des fleurs, et élevaient des
oiseaux ou d'autres animaux. Au centre du camp, sur
une éminence, on voyait la tente de l'Empereur et,
près de là, celle du Maréchal Berthier. Tous nos vaisseaux de guerre étaient rangés sur une seule ligne et
n'attendaient qu'un signal pour mettre à la voile. Au
loin, on pouvait apercevoir les côtes d'Angleterre et
ses magnifiques vaisseaux croisant çà et là, et for-
mant une formidable défense. En les voyant, il était
impossible de ne pas sentir que l'ennemi contre lequel la France se préparait était un ennemi puissant,
et ce sentiment éveillait le doute et l'appréhension.
La mer, dont l'onde bleue s'étendait paisiblement
devant nous, pouvait bientôt devenir un champ de
bataille où l'élite de deux grandes nations allait se
rencontrer. Nos troupes, qui ne connaissaient pas
d'obstacle, avaient cette impatience que donne une
longue inactivité. Pleines d'énergie et de courage,
elles considéraient déjà comme conquise la côte ennemie. Cette confiance de nos soldats, appuyée sur
leur courage bien connu, me faisait croire au succès; mais quand je regardais la forêt de mâts de
l'autre côté du détroit, je ne pouvais m'empêcher
de redouter l'issue de la lutte. Cependant il semblait que l'expédition n'attendait plus qu'une brise
favorable.

» De tous les hommages que peut recevoir une

femme, il n'y en a pas de plus flatteurs que ceux
qui ont un caractère militaire et chevaleresque. Il
est impossible de leur résister. On ne peut rien imaginer de plus grand et de plus imposant que les démonstrations et les fêtes dont je fus la reine au
camp de Boulogne, et elles produisirent sur moi
une impression ineffaçable.

» L'Empereur m'avait donné pour guide son grand
écuyer, le Général Defrance. Dès que j'entrais au
camp, les troupes auprès desquelles je passais me
présentaient les armes. J'avais demandé et obtenu
la grâce de quelques soldats qui avaient encouru des
punitions, et je fus accueillie partout avec enthousiasme. Un brillant état-major entourait ma voiture,
et la musique militaire jouait pour moi partout où
j'allais. Pendant une de ces promenades à travers le
camp, je vis pour la première fois l'urne dans laquelle était conservé le cœur du vaillant Latour-
d'Auvergne. L'Empereur, pour honorer la mémoire
de ce vaillant soldat, avait ordonné que son cœur
fût déposé dans une urne qui serait portée en ban-
doulière par le plus ancien grenadier du régiment
dans lequel Latour-d'Auvergne avait servi. Quand
on faisait l'appel, au nom d'Auvergne, le soldat qui
portait son cœur répondait : « Mort au champ d'honneur (1). »

(1) Latour-d'Auvergne, descendant du célèbre Turenne, était
renommé dans toute l'armée par son courage héroïque et la bravoure qu'il avait montrée en plusieurs occasions. Comme il avait
refusé avec persistance les honneurs et les promotions qui lui

» Un jour, l'état-major me donna un déjeuner au camp d'Ambleteuse. Je voulus m'y rendre par mer, et l'amiral, malgré le vent contraire, insista pour me prendre à bord de son yacht. Je vis plusieurs vaisseaux de ligne Anglais, et nous passâmes si près d'eux qu'ils auraient pu facilement nous faire prisonniers. J'allai aussi visiter l'escadre Hollandaise commandée par l'amiral Verhuell. Les Hollandais me reçurent avec acclamation! Ils ne se doutaient probablement pas à cette époque que je serais un jour leur Reine.

» A un moment donné, l'Empereur commença la guerre sur une petite échelle. Les Anglais, qui depuis longtemps étaient peu rassurés à la vue de cette puissante concentration de troupes autour de Boulogne, s'approchaient de plus en plus des côtes de France et allèrent même jusqu'à tirer sur nous. L'Empereur était devant ses colonnes, et, quand elles répondirent à l'ennemi, il se trouva tout à coup entre deux feux. Nous avions suivi Napoléon et nous fûmes (bien entendu) obligés de rester avec lui. Mon fils ne montra pas le plus léger signe de crainte, ce qui sembla plaire beaucoup à son oncle.

» L'état-major de l'Empereur tremblait pour sa vie, la baguette d'un soldat maladroit pouvait devenir aussi dangereuse qu'un boulet.

» J'ai souvent été frappée du contraste offert par nos

avaient été offerts, Napoléon le nomma le premier Grenadier de France. Il tomba à la bataille de Neuburg, où le Vice-Roi d'Italie lui fit élever un monument.

troupes en face de l'ennemi et dans leurs casernes. Les mêmes hommes qui, sous les armes, bouillaient d'impatience de commencer le combat, semblaient, dans leurs huttes et leurs petits jardins, de véritables enfants. Un oiseau, une fleur les amusaient.

» A une fête que le Maréchal Davoust me donna dans sa tente, quelques grenadiers vinrent, avec une timidité de jeune fille, chanter quelques chansons qu'ils avaient récemment apprises. Ils semblèrent tout à fait embarrassés en chantant quelques vers qui contenaient des menaces contre l'Angleterre et dont le refrain était, si je m'en souviens : « Traverser le détroit n'est pas, songez-y, une tâche si difficile. »

» Des appartements de l'Empereur nous voyions souvent les soldats de la Garde Impériale qui avaient coutume de s'assembler sur la pelouse, devant le quartier général. L'un d'eux prenait un violon et apprenait à ses camarades à danser. Les commençants étudiaient les *jetés* et *assemblés* avec la plus grande attention, tandis que d'autres, plus avancés dans l'art de Terpsichore, exécutaient des quadrilles. Nous nous cachions derrière les jalousies fermées et nous les regardions. Souvent l'Empereur nous surprenait et partageait notre plaisir en voyant les innocents passe-temps de sa garde.

» L'invasion de l'Angleterre était-elle réellement projetée, ou était-ce simplement pour effrayer ses ennemis que l'Empereur avait concentré une aussi puissante armée sur ce point où il ne devait jamais s'en servir? Il m'est impossible de répondre à cette question; je m'en tiens au récit de ce que je vis alors.

» Un jour, la Maréchale Ney m'invita à une fête qu'elle avait préparée à Montreuil, où son mari commandait. Le matin nous allâmes voir les manœuvres des troupes; le soir, il y eut grand bal. Tout à coup on nous apprit que l'Empereur venait de s'embarquer.

» Un grand nombre d'officiers qui avaient été invités à la soirée s'empressèrent de regagner Boulogne, et je fis comme eux. J'avais toujours le Général Defrance à mes côté, mais il tremblait d'impatience de se trouver avec l'Empereur.

» Je me sentis moi-même impressionnée à l'idée d'être présente à un événement si imprévu; je pensais pouvoir être témoin de la bataille en montant sur la tour située près la tente de l'Empereur, et il me semblait déjà voir notre flotte s'avancer contre l'ennemi.

» Enfin nous arrivâmes; je demandai aussitôt où était l'Empereur, j'appris qu'il avait réellement ordonné l'embarquement de ses troupes, mais qu'il venait de rentrer à la villa.

» Je ne revis Napoléon qu'au dîner, où il demanda au Prince Joseph, qui, à cette époque, était colonel, s'il avait cru à ce faux embarquement, et quel effet il avait produit parmi ses soldats.

» Joseph répondit que, comme tous les autres, il avait réellement cru au départ de l'expédition, et que beaucoup de soldats avaient vendu leurs montres dans l'espoir d'un riche butin à faire sur les Anglais.

·» L'Empereur demandait souvent si le télégraphe n'annonçait pas l'approche de l'escadre Française. L'aide de camp de Napoléon, Lauriston, était à bord d'un des vaisseaux, et l'Empereur semblait n'attendre que son arrivée et un vent favorable pour partir avec l'expédition. Les huit jours que mon mari m'avait accordés étaient expirés, et je pris congé de l'Empereur. Je passai par Calais et Dunkerque, et partout je rencontrai des troupes. Ce n'était pas sans regret que je quittai l'armée Impériale, qui, je le croyais, allait être exposée aux plus grands dangers.

» Je m'attendais tous les jours à apprendre l'embarquement de l'Empereur pour l'Angleterre, quand tout à coup son armée passa par Saint-Amand, pour se rendre en Allemagne, et s'approcher du Rhin à marches forcées. L'Autriche venait de déclarer la guerre. Nous nous rendîmes en hâte à Paris, pour revoir l'Empereur avant son départ. »

CHAPITRE XLVI.

PÉLERINAGE

Le lendemain de cette lecture, Hortense continua son pélerinage à travers le pays de sa jeunesse et de ses souvenirs.

C'était un triste voyage que ce passage à travers la France, et pourtant il n'était pas sans charme. Le seul fait d'être sur le sol natal était pour elle une grande consolation. Pendant seize ans elle avait été éxilée et avait vécu dans un pays dont elle ne connaissait pas la langue, et dont les habitants lui avaient été toujours étrangers. Elle était heureuse d'entendre ce qui se disait dans les villes et dans les campagnes. Elle était heureuse de revoir ses compatriotes, et elle ne négligeait jamais l'occasion de causer avec eux ou de les écouter parler.

Toutes les fois qu'elle avait décidé de passer un jour ou deux dans une ville ou dans un village, elle quittait son hôtel et allait avec son fils promener à travers les rues. Parfois elle entrait dans une boutique et causait avec les petits détaillants qui fournissaient sa maison. Une autre fois elle arrêtait

un enfant dans la rue, le caressait, et lui demandait
son nom. Il lui arrivait aussi de causer fréquemment avec les paysans qui travaillaient dans les
champs.

Elle leur demandait ce qu'ils pensaient de la
moisson et s'informait de la nature du sol, de leurs
travaux et de leurs besoins. Hortense était ravie du
grand sens qui caractérisait en général leurs réponses, et éprouvait un certain orgueil maternel à
montrer à son fils cette grande et heureuse famille,
la nation Française, dont ils étaient eux-mêmes
membres.

A Chantilly, Hortense fit visiter à Louis le château du Prince de Condé et les forêts des environs
qui avaient appartenu à la Duchesse, ou plutôt qui
avaient fait partie du domaine réservé par l'Empereur, après l'annexion de la Hollande à la France,
pour son second fils Louis-Napoléon. Hortense n'é-
tait jamais venue dans ce pays, elle pouvait donc
le visiter sans crainte d'être reconnue.

Elle demanda à l'homme qui leur montra les appartements, à qui avait appartenu la forêt de Chantilly.

— A la belle-fille de l'Empereur, à la Reine Hortense, — répondit-il. — On a beaucoup parlé d'elle
dans le pays. On dit qu'elle a visité ce pays incognito. Dans ces derniers temps je n'en ai plus entendu parler, je me demande ce qu'elle est devenue.

— Peut-être la pauvre Reine est-elle morte, — répliqua Hortense, avec un sourire tellement empreint

de tristesse, que son fils put à peine retenir ses larmes.

De Chantilly, les deux exilés allèrent visiter Ermenonville et Mortfontaine. Hortense voulait montrer à son fils tous les lieux que dans les jours de sa grandeur elle avait parcourus avec l'Empereur et sa mère.

La plupart de ces résidences étaient aussi tristes qu'elle-même. Quelle magnificence déploya autrefois Ermenonville, quand l'Empereur le visitait pendant la saison des chasses! Dans les allées du parc, illuminées en ces occasions par des milliers de verres de couleur, poussait une herbe sauvage; un bateau à demi délabré les transporta à la petite île des Peupliers, où sont déposés les restes de Jean-Jacques Rousseau.

Mortfontaine avait l'air plus triste encore. En 1815, il avait été saccagé par les alliés, et depuis, le château n'avait pas été réparé. C'est à Mortfontaine que le traité de paix avec les États-Unis avait été signé au temps du Consulat, et Hortense avait à cette époque assisté à un grand banquet donné par Joseph Bonaparte, qui était alors propriétaire de Mortfontaine, à l'Empereur son frère.

Saint-Denis avait un intérêt tout particulier pour la Duchesse, car c'est dans cette ville que s'élève la maison d'éducation des filles des officiers de la Légion d'honneur qu'elle avait patronnée. Elle ne voulut pas se montrer, puisque sa présence devait

être ignorée, car elle savait bien que là on ne
devait pas l'avoir oubliée.

Elle visita l'église, cependant, et descendit avec
son fils aux caveaux. Louis XVIII seul reposait dans
ces voûtes restaurées par l'Empereur, afin qu'elles
pussent recevoir sa propre dynastie. Celui qui avait
reconstruit ces tombeaux reposait à l'ombre d'un
saule dans une île lointaine, tandis que celui qui
l'avait chassé de France occupait sa place sous les
voûtes de Saint-Denis.

En visitant l'église, Hortense ne put s'empêcher
de se souvenir du jour où elle l'avait visitée pour la
première fois avec l'Empereur, qui y était allé pour
inspecter les travaux. Elle était alors souffrante et
malade, et avait dit à sa mère qu'elle serait la première à aller reposer sous ces voûtes nouvellement
restaurées.

Son pressentiment ne s'était pas réalisé. Après
bien des années, elle se trouvait dans la même
église, et était maintenant la seule de sa famille qui
fût en France. Il y avait une autre tombe que la
Reine Hortense désirait encore plus revoir, c'était
celle de sa mère, enterrée dans l'église de Rueil.

Une foule de souvenirs mélancoliques se pressè-
rent dans son esprit quand elle s'agenouilla devant cette tombe. De tous ceux que Joséphine avait
aimés il ne restait qu'Hortense et son fils, et c'étaient
ces deux exilés qui venaient en secret pleurer sur
sa tombe ! Mais la tombe de l'Impératrice était ornée
de fleurs et de guirlandes, c'était une preuve que

quelques amis lui étaient restés fidèles, et conservaient son souvenir. Hortense éprouvait une grande consolation à la vue de ces preuves d'affection.

De Rueil elle se rendit à la Malmaison. C'était surtout ce château qu'elle voulait montrer à son fils. C'est de la Malmaison que l'Empereur était parti pour l'exil. C'est là qu'Hortense avait goûté le triste privilége de le consoler quand il était tombé du faîte de sa grandeur, et de rester à ses côtés quand la plupart de ses amis l'avaient abandonné. Mais hélas! la Duchesse ne devait pas avoir la satisfaction de montrer à son fils le château qui avait été sa propriété. Le nouveau propriétaire avait donné ordre de n'admettre personne sans la présentation·d'un billet signé de lui-même, et Hortense n'en avait pas.

Elle se vit repoussée des portes qui autrefois avaient été si fières de s'ouvrir devant elles.

Les yeux pleins de larmes et appuyée sur le bras de son fils, elle s'éloigna et revint à l'hôtellerie du village.

Tous deux s'assirent sur un banc de pierre placé devant la maison, et contemplèrent de loin le château. En ce moment, Hortense sentit avec tristesse qu'elle n'avait plus que des tombes à visiter dans son pays natal ; elle restait seule et isolée avec ses souvenirs du passé.

— Il est assez naturel, — dit-elle, — que ceux qui restent oublient ceux qui sont partis, mais l'exilé lui-même cesse de vivre intérieurement. Pour lui, il n'y a ni présent, ni futur, le passé est tout!... En France, tout a changé, mais je suis restée la même avec mes sentiments et mes sympathies. Oh! comme il est triste de se voir oubliée, comme...

Tout à coup ils entendirent les notes d'un piano. Le banc sur lequel Hortense et son fils s'étaient assis était sous la fenêtre du salon du maître de l'auberge, et les fenêtres étant restées ouvertes, on pouvait entendre la voix de ceux qui s'y trouvaient.

— Chantez-nous quelque chose, mon enfant, — disait une voix de femme.

— Que voulez-vous que je chante? — demanda une jeune fille.

— Chantez-nous cette charmante romance que votre frère vous a rapportée de Paris; je veux parler de la romance de Delphine Gay, qui a été mise en musique par M. de Beauplan.

— Oh! vous parlez de la romance sur la Reine Hortense, qui y est représentée en pélerinage à Paris? Vous avez raison ma mère, c'est une très-jolie romance et je vais vous la chanter.

La jeune fille commença à chanter d'une voix émue les vers composés par Delphine Gay, qui devait être plus tard Madame Émile de Girardin : —

> Soldats, gardiens du sol Français,
> Vous qui veillez sur la colline,
> De nos remparts livrez l'accès,
> Laissez passer la pélerine.
>
> Les accents de sa douce voix
> Que nos échos ont retenue,

SUR LA REINE HORTENSE

Et ce luth qui chanta Dunois
Vous annoncent sa bien venue.

Sans peine on la reconnaîtra
A sa pieuse rêverie,
Aux larmes qu'elle répandra
Aux noms de France et de patrie.

Son front couvert d'un voile blanc,
N'a rien gardé de la couronne;
On ne devine son haut rang
Qu'aux nobles présents qu'elle donne.

Elle ne vient pas sur ces bords
Réclamer un riche partage,
Des souvenirs sont ses trésors
Et la gloire est son héritage.

Elle voudrait de quelques fleurs
Parer la tombe maternelle,
Car elle est jalouse des pleurs
Que d'autres y versent pour elle.

Soldats, gardiens du sol Français,
Vous qui veillez sur la colline,
De nos remparts livrez l'accès,
Laissez passer la pélerine.

MÉMOIRES

CHAPITRE XLVII.

CONCLUSION

A la fin, le triste pélerinage d'Hortense eut un terme, elle revint à Arenemberg, au milieu des montagnes de la Suisse, et vécut comme autrefois dans sa villa, avec sa magnifique vue sur le lac de Constance, ses îles, et ses rives pittoresques.

Honneur au canton de Thurgovie qui offrit un asile à la Reine déchue, quand presque tous les souverains de l'Europe, sans excepter ses parents, la persécutaient et la chassaient de leur territoire !

C'est à Arenemberg qu'Hortense se reposa, après toutes les vicissitudes et les déceptions d'une vie si agitée. Son cœur était brisé par le coup terrible qu'il avait reçu à la mort de son fils bien-aimé, son esprit s'attrista en voyant la dureté et la cruauté du monde, et l'ingratitude de ceux qui, dans leurs craintes lâches et leur égoïsme, avaient renié la plus sacrée et la plus impérissable de toutes les religions, la religion des souvenirs.

Combien de cœurs qui, autrefois, lui avaient voué amour et gratitude, l'avait oubliée ! Combien

SUR LA REINE HORTENSE

de cœurs qu'elle avait comblés de bienfaits l'avaient abandonnée à l'heure du danger ! Mais dans la mansuétude et la magnanimité de son cœur, elle pardonnait à tous et les plaignait au lieu de les haïr. Elle en avait fini avec le monde !

Pendant les dernières années de sa retraite à Arenemberg, Hortense écrivit le récit triste et émouvant de ses voyages à travers l'Italie, la France, et l'Angleterre, voyages qu'elle avait entrepris dans l'héroïsme de son amour maternel pour sauver son fils. Cet ouvrage, sans prétention et partout rempli de talent, est un monument à la mémoire d'Hortense, qui s'élève plus haut que des colonnes de bronze ou de marbre. Ces dernières ne parlent qu'aux yeux, et son livre s'adresse aux cœurs. Il fut écrit après une vie de chagrins et de déceptions, écrit par une exilée, mais il révèle un esprit distingué digne d'une femme aussi noble que dévouée à son pays.

En voici la conclusion : —

« Le renouvellement de notre sentence d'exil, qu'on vient de voter en France, prouve clairement qu'on nous soupçonne encore. Nous n'avons pas trouvé un seul champion qui élevât la voix pour nous, et ceci augmente l'amertume de l'exil; cependant, je désire du fond de mon cœur que ceux qui nous ont oubliés soient heureux, et que la France jouisse de la paix et de la prospérité.

» Le pays, je le sais, chérira toujours notre mémoire, car il n'oubliera jamais les beaux jours de l'Empire, sa gloire, sa grandeur, et les bienfaits constants qu'il a répandus sur la France.

» Je sens que j'ai le droit de parler ainsi, cela me réconcilie avec mon exil, et c'est une consolation que j'emporterai avec moi dans la tombe. »

Hortense vécut encore quelques années dans le calme et le silence, loin de tout ce qu'elle aimait, loin aussi du fils qui était son seul bonheur, son seul espoir ; soupçonnant peu quel brillant avenir la destinée lui réservait, et que le Louis-Napoléon qui, enfant, avait été chassé de France par les Bourbons; jeune homme, par les d'Orléans, monterait à Paris sur le trône Impérial, quand les Bourbons et les d'Orléans gémiraient à leur tour dans l'exil.

En 1837, Hortense s'éteignit.

Fatiguée d'une vie de malheurs et d'exil, après avoir longtemps langui, elle courba la tête et alla rejoindre dans un monde meilleur Napoléon et Joséphine.

FIN.

TABLE DES CHAPITRES

Chapitres.	Pages.
I.—Jours d'enfance.	1
II.—La prophétie.	13
III.—Conséquences de la Révolution.	23
IV.—Le Général Bonaparte.	34
V.—Le mariage.	40
VI.—Bonaparte en Italie.	47
VII.—Changement de sort.	52
VIII.—Bonaparte revient d'Égypte.	58
IX.—Un premier amour.	68
X.—Louis Bonaparte et Duroc.	75
XI.—Consul ou Roi?	87
XII.—La calomnie.	95
XIII.—Roi ou Empereur?	105
XIV.—L'héritier de Napoléon.	116
XV.—Pressentiments.	123
XVI.—Le Roi de Hollande.	134
XVII.—Junot, duc d'Abrantès.	143
XVIII.—Louis-Napoléon, marchand de violettes.	151
XIX.—Les jours de malheurs.	159
XX.—Les alliés à Paris.	168
XXI.—La Reine Hortense et l'Empereur Alexandre.	189
XXII.—Mort de l'Impératrice Joséphine.	199
XXIII.—Le retour des Bourbons.	206

TABLE DES CHAPITRES.

Chapitres.		Pages.
XXIV.—	Les Bourbons et Napoléon.	218
XXV.—	Madame de Staël.	229
XXVI.—	Vie à Bade.	256
XXVII.—	Madame de Krudener.	264
XXVIII.—	Jadis et à présent.	269
XXIX.—	Le salon de la Duchesse de Saint-Leu.	284
XXX.—	Une entrevue avec Louis XVIII.	297
XXXI.—	Retour de l'Ile d'Elbe.	308
XXXII.—	Les Cent-Jours.	325
XXXIII.—	Derniers adieux.	334
XXXIV.—	Exil de la Reine.	349
XXXV.—	La Sainte-Alliance.	361
XXXVI.—	L'enfance de Louis-Napoléon.	369
XXXVII.—	Révolution de 1830.	383
XXXVIII.—	Révolution à Rome.	389
XXXIX.—	La mort du Prince Napoléon.	398
XL.—	Fuite d'Italie.	407
XLI.—	Le pélerinage.	417
XLII.—	Louis-Philippe et la Duchesse de Saint-Leu.	427
XLIII.—	Départ de Paris.	435
XLIV.—	Un pélerinage en France.	442
XLV.—	Fragments de mémoires.	450
XLVI.—	Pélerinage.	457
XLVII.—	Conclusion.	464

Imprimerie Dupray de la Mahérie, boul. Bonne-Nouvelle, 26, impasse des Files-Dieu, 8.

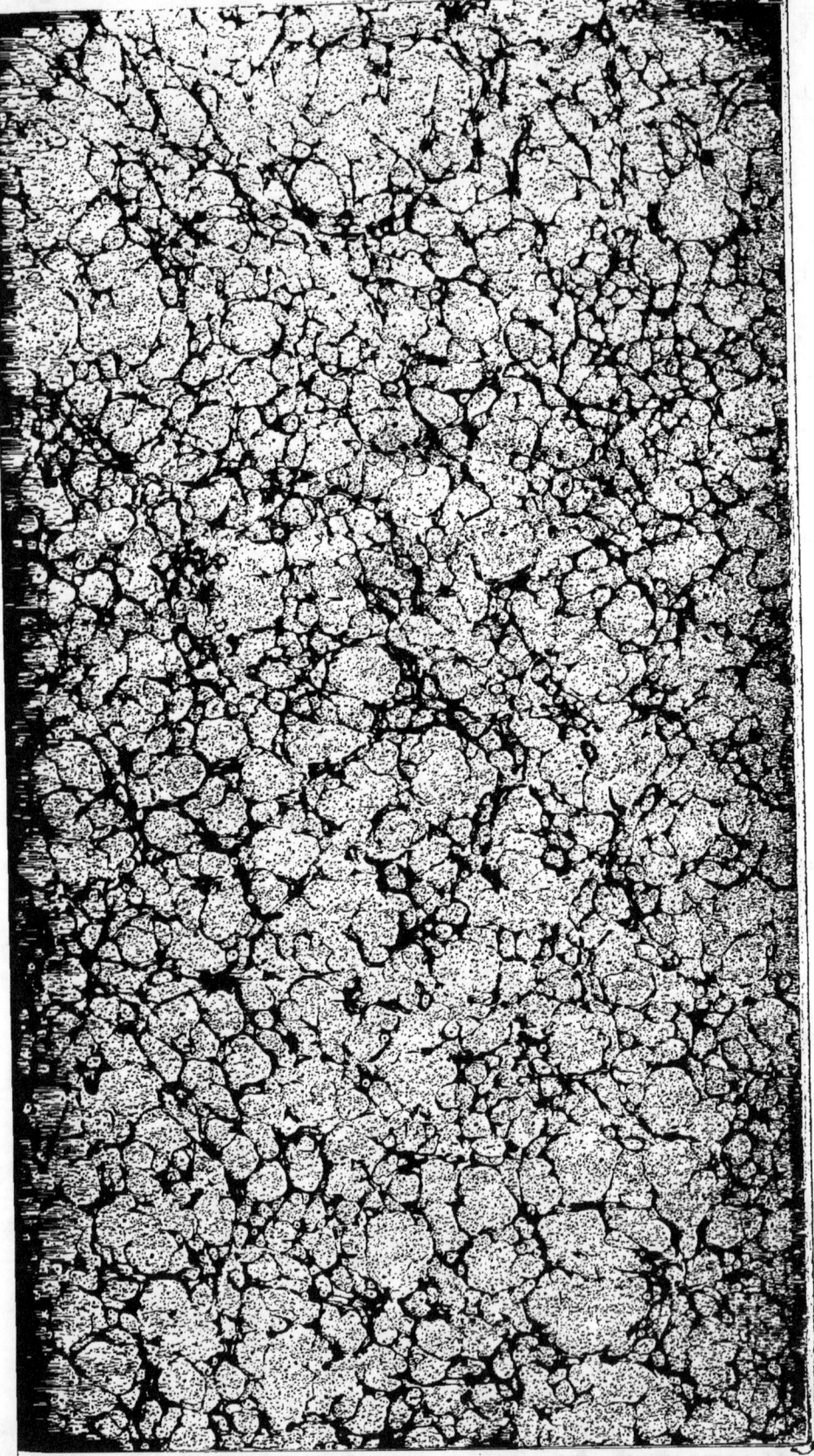

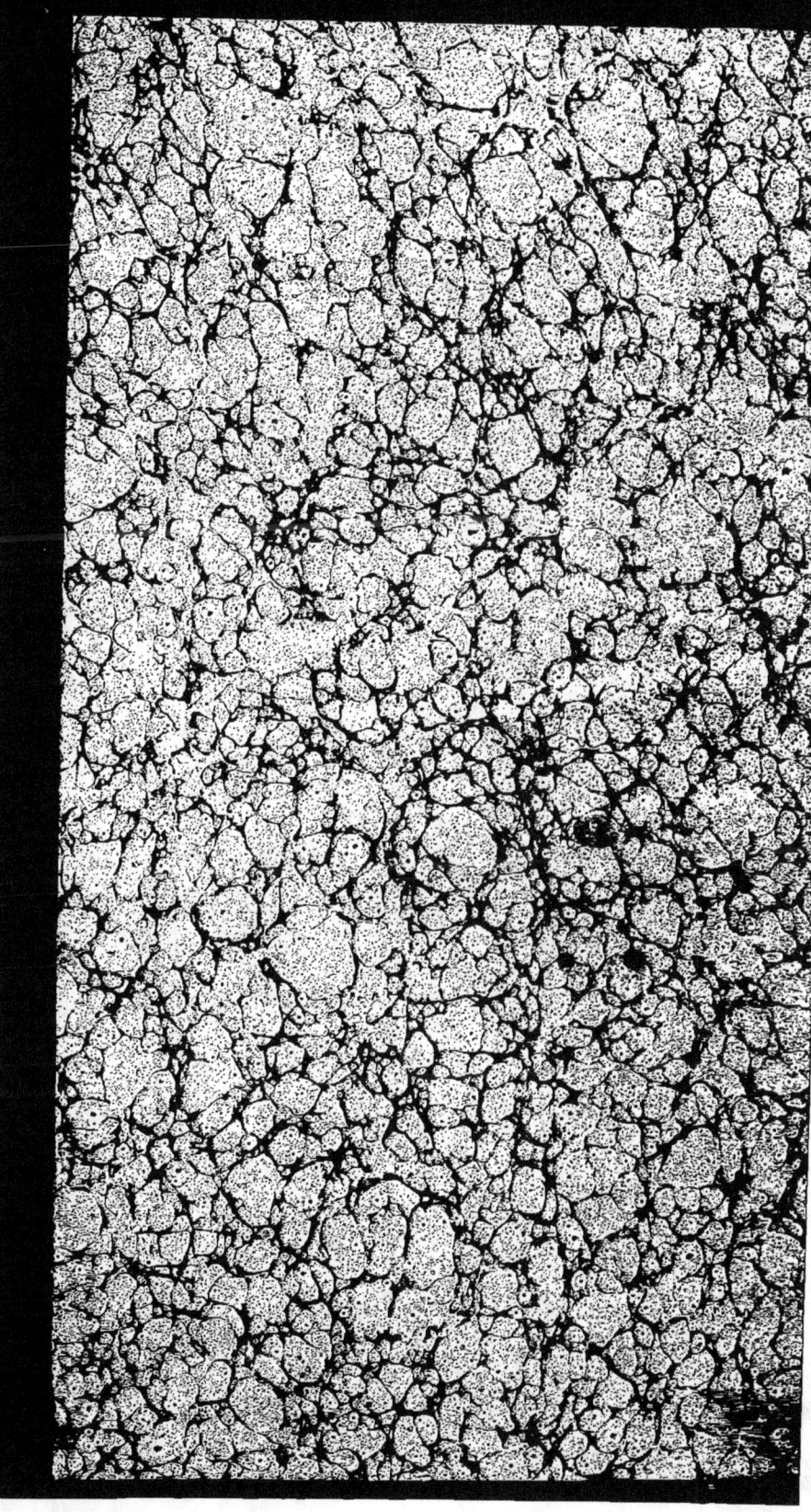

www.ingramcontent.com/pod-product-compliance
Lightning Source LLC
Chambersburg PA
CBHW050243230426
43664CB00012B/1813